Über dieses Buch

»Man kann Tarot-Karten zuverlässig deuten, wenn man sich an ihre Bilder und Symbole hält. Vorgefertigte Deutungsrezepte werden dem nicht immer gerecht; oft verstellen sie sogar den Blick auf die tatsächliche Symbolik. Andererseits sind Symbole vielschichtig und mehrdeutig; da ist es nicht immer leicht, den Überblick zu behalten oder überhaupt zu gewinnen. In dieser Situation leistet das vorliegende Buch eine willkommene Abhilfe: Für jede der 78 Tarot.-Karten werden jeweils die zehn wichtigsten Symbole kurz und prägnant mit ihren wichtigsten Aspekten beschrieben.« *(kup-Pressedienst)*

»Das Buch ist wie eine unglaubliche Werkzeugkiste (oder Nähkiste). Man versteht endlich alle Symbole und kann damit selbst sehr gut Karten deuten.« *(Pia Schneider)*

Die langjährige Erfahrung der Autoren machen *Tarot Basics* zu einem zuverlässigen Ratgeber und zu einem Praxisbuch mit vielen Insider-Tipps.

Über die Autoren

Evelin Bürger, am 03.05.1952 in Kiel geboren, studierte Sozialpädagogik und arbeitete viele Jahre in Frauenhäusern und Bürgerzentren in Köln, Mitbegründerin der Kölner Heiminitiative. 1989 gründete sie zusammen mit Johannes Fiebig den Königsfurt Verlag, der 2007 an die Königsfurt-Urania Verlag GmbH verkauft wurde. Ihre Schwerpunkte liegen in der intuitiven Arbeit mit Tarot, begleitet von Yoga, Gartenkunst und Tanz.

Johannes Fiebig, am 30.03.1953 in Köln geboren, studierte Sozialwissenschaften, Geschichte und Psychologie. Nach abgeschlossener Lehrerausbildung arbeitete er als Lektor. Seit 1984 ist er als freier Schriftsteller tätig, seit 1989 als Autor und Verlagsleiter. Seine Schwerpunkte liegen in der psychologischen Arbeit mit Tarot und anderen Symbolsprachen. Sein »Energieausgleich« sind Radfahren, Schwimmen, Kochen und die Musik.

Evelin Bürger und Johannes Fiebig haben zwei erwachsene Kinder und leben in Klein Königsförde am Nord-Ostsee-Kanal. *www.fiebig-und-buerger.de*

Evelin Bürger und **Johannes Fiebig** in der »Steinburg« ihres Gartens. – Evelin Bürger mit dem Plakat **»Entdeckung des Zufalls«**, herausgegeben von der Deutschen Physikalischen Gesellschaft zum 100. Geburtstag der Quantentheorie im Jahre 2000. Johannes Fiebig mit der Vinyl-LP **»Desire«** von Bob Dylan (1975); auf deren Cover ist *Die Herrscherin* aus dem Rider/Waite-Tarot abgebildet; seinerzeit einer der vielen Anstöße für die neue, weltweite Verbreitung des Tarot.

Johannes Fiebig · Evelin Bürger

TAROT BASICS WAITE

Tarot-Deutung – leicht gemacht

KÖNIGSFURT-URANIA

Wir danken den Teilnehmerinnen und Teilnehmern unserer Veranstaltungen, die durch ihre Erfahrungen und Beobachtungen zu der Fülle der Symboldeutungen in diesem Buch wesentlich beigetragen haben. Außerdem danken wir allen Kolleginnen und Kollegen, von denen wir vieles lernen konnten, namentlich Margarete Petersen, Luisa Francia, Rachel Pollack, Marion Guekos-Hollenstein, Judith Bärtschi, Hajo Banzhaf, Gerd B. Ziegler, Eckhard Graf, Jim Wanless, Klausbernd Vollmar und besonders Lilo Schwarz, die durch ihr Epoche machendes Werk »Im Dialog mit den Bildern des Tarot« (2005) bereits gekonnt den Weg für die Betrachtung der Detail-Symbole in den Bildern des Rider/Waite-Tarot geebnet hat. – E.B. / J.F.

Bibliografische Information der Deutschen Bibliothek
Die Deutsche Bibliothek verzeichnet diese Publikation in der Deutschen Nationalbibliografie; detaillierte bibliografische Daten sind im Internet über http://dnb.ddb.de abrufbar.

Originalausgabe
Krummwisch bei Kiel 2008

D-24796 Krummwisch
www.koenigsfurt-urania.com

Umschlag, Satz, Lithos: Stefan Hose, D-24357 Götheby-Holm, und Antje Betken, Oldenbüttel
Schreibarbeiten: Gabriele Rose-Keszler
Redaktion: Claudia Lignau-Lazar, Constanze Steinfeldt
Printed in EU

ISBN 978-3-89875-859-8 (Buch separat)
ISBN 978-3-89875-860-4 (Set: Buch & Karten in Pocket-Größe)
ISBN 978-3-89875-861-1 (Set: Buch & Karten in Standard-Größe)

Inhalt

Große Arkana/Trumpfkarten

Stäbe

Kelche

Schwerter

Münzen

10 Gründe für dieses Buch

- Wir wurden so oft danach gefragt.
- Nach rund 25 Jahren als Tarot-Autoren und -Seminarleiter wollen wir die gesammelten Erkenntnisse (auch für uns selbst) zusammenfassen.
- Wir machen es gern (Tarot-Bücher schreiben)!
- Das Leben ist zu kurz für schlechte Deutungen.
- In den Rider/Waite-Karten gibt es noch so viel Unbekanntes, das wir gemeinsam entdecken können. (Wir hoffen auf Leserzuschriften!)
- Im Hauptberuf sind wir als Verlagsmenschen eingespannt und können nicht so viele Vorträge oder Seminare geben, wie angefragt werden. Mit diesem Buch versuchen wir einmal mehr, diese Lücke zu schließen.
- Bei vielen Karten halten sich immer noch Vorurteile. Wir möchten Mut machen, genauer auf die Inhalte der Karten zu schauen, und sich eine eigene Meinung zu bilden.
- Damit möchten wir zugleich Mut machen, auch im Alltag genauer hinzuschauen, welche Bedeutungen sich hinter einem scheinbar »nur guten« oder »nur schlimmen« Ereignis verbergen können.
- Wir haben noch nie ein Buch in »Listenform« gemacht. Die Aussicht, kurz und knapp das Wichtige zusammenzufassen, war verlockend und hat den Blick fürs Wesentliche geschärft.
- Man kann sich mit Tarot (oder überhaupt mit einer Sache) 25 Jahre lang befassen, ohne dass es langweilig wird. (Im Gegenteil, es gibt noch Freuden »im Alter«, die man vorher nicht kannte.) Auch davon wollen wir berichten.

Evelin Bürger & Johannes Fiebig

Tarot-Deutung – leicht gemacht

Die 10 besten Tarot-Definitionen

- »Tarot ist Symbolik; andere Sprachen und Zeichen sind ihm fremd.« (Arthur E. Waite)
- »Tarot ist eine von vielen möglichen Treppen in Deine Tiefe.« (Luisa Francia)
- »Zwischen traumfeindlichem Intellekt und mystischem Firlefanz spricht nun das Tarot spielerisch die Intuition an.« (Die Zeit)
- »Tarot könnte man als Bilderbuch Gottes bezeichnen, oder man könnte es mit einer Art himmlischem Schach vergleichen, wobei die großen Karten nach ihren eigenen Gesetzmäßigkeiten auf dem gescheckten Brett der vier Elemente bewegt werden.« (Lady Frieda Harris)
- »Tarot ist spiritueller Poker.« (Mario Montano alias Swami Prembodhi)
- »Tarot ist das Yoga des Westens.« (Robert Wang sowie Hans-Dieter Leuenberger)
- »Tarot ist ein guter Diener, aber ein schlechter Herr.« (Hajo Banzhaf)
- »Tarot funktioniert, weil die Botschaften der Bilder auf dein Bewusstsein einwirken, das gleichzeitig sowohl auf deine Lebensrealität Einfluss nimmt, als auch einen größeren Willen erkennt und sich mit ihm in Einklang begibt.« (Gerd B. Ziegler)

»Tarot ist ein idealer Brückenbauer: Da, wo Sie zunächst nicht weiter kommen, bauen Sie sich durchs Kartenlegen eine Brücke. Die Symbole auf den Karten zeigen Ihnen neue Wege. Die probieren Sie aus. Und dann tun sich auch im wirklichen Leben neue Möglichkeiten auf.«

(Johannes Fiebig)

»Mit Stolz und Selbstbewusstsein sollte die Alte Welt zur Kenntnis nehmen, dass sie mit dem Tarot ein eigenständiges esoterisches System hervorgebracht hat – eine Schule der emotionalen Intelligenz, der Weisheit des Herzens und der Seele, die weder von Priestern der Pharaonen noch von kabbalistischen Schriftgelehrten konzipiert, sondern gleichsam vom kollektiven Unbewussten des Abendlandes hervorgebracht wurde.« (Eckhard Graf)

Die 10 wichtigsten Informationen zum Tarot

1. Tarot ist ein Kartenspiel mit **78 Karten**, die einen typischen Aufbau zeigen: 22 große und 56 kleine Arkana (»Geheimnisse«). Die kleinen Arkana teilen sich auf in die vier Reihen Stäbe, Kelche, Schwerter und Münzen.

2. Die Tarot-Karten entstanden in der italienischen Renaissance, um 1430 in **Mailand und Bologna**. Wer die ersten Tarot-Karten malte, ist heute offen; der hin und wieder erwähnte Bonifatio Bembo war es jedenfalls nicht. Spielkarten gab es schon mindestens 800 Jahre vor den ersten Tarot-Karten.

3. Mit Tarot wurden zum ersten Mal Trumpfkarten ins Kartenspiel eingeführt. Die Tarot-Karten wurden viele Jahrhunderte lang als **Gesellschaftsspiel** und »reines Kartenspiel« benutzt.

4. Erst im 19. Jahrhundert (genau genommen seit 1781) gibt es Anhaltspunkte für eine **esoterisch-symbolische Interpretation** der Tarot-Karten. Das 19. Jahrhundert erlebt die Blütezeit des klassischen

Okkultismus. Viele kleine Gruppen, meist getrennt voneinander, vertiefen sich in die Tarot-Symbolik. Daneben blüht im 19. Jahrhundert auch das Wahrsagen mit Karten jeder Art.

5 Der heutige Boom, die weltweite Verbreitung des Tarot-Kartenlegens beginnt in den **1970er Jahren** in der westlichen Welt.

6 Seitdem haben sich **neue Standards** eingebürgert, die uns heute weitgehend selbstverständlich sind: Der erste dieser Standards ist die große **Vielzahl von erhältlichen Tarot-Decks**. Es gibt inzwischen mehr als tausend verschiedene Tarot-Sorten. Viele hundert davon sind heute im Handel erhältlich.

7 Neu, doch heute selbstverständlich, ist auch die **große Zahl von Anwendungsformen** und Legemustern. Neben eine große Auslage mit vielen Karten, die an bestimmten Wendepunkten des Jahres oder der persönlichen Entwicklung gelegt wird, tritt vor allem die Tageskarte.

8 Die **Tageskarte** wird morgens oder abends gezogen, in der Regel ohne eine bestimmte Frage. Sie zeigt in einem Bild Lage und Aufgabe und einen Vorschlag für den nächsten Schritt.

9 Die Kenntnis der **vier Elemente Feuer, Wasser, Luft und Erde** und ihre Zuordnung zu den vier Farbreihen Stäbe, Kelche, Schwerter und Münzen ist ein Schlüssel der modernen Tarot-Deutung. Jede/r kann sich ein Bild davon machen (s. S. 28 f. und 76 ff.) und kann selbst beginnen zu deuten.

10 Die Karten werden heute fast überall als **Spiegel** verstanden. Das hat es weder in der Renaissance-Zeit noch im 19. Jahrhundert auch nur ansatzweise gegeben. Als Spiegel vermitteln die Tarot-Karten stets auch ein Angebot zur Selbsterfahrung. Und: Man kann nicht *für* andere in den Spiegel schauen (*mit* anderen – ja).

Die 10 beliebtesten Auslagen mit EINER Karte

1 **Die Tageskarte.** Sie stellt ein Tagesmotto dar: eine Chance oder eine Aufgabe für den Tag, einen besonderen »Hingucker«, Ihren täglicher Schutzengel, Ihren Wegbegleiter.

2 **Die Wochenkarte.** Sie stellt Ihr Thema für eine Woche dar. Eine Station des Tarot, eine bestimmte Symbolik oder Thematik wird damit wie durch ein Vergrößerungsglas für die betreffende Woche besonders hervorgehoben.

3 **Die Monatskarte.** Sie beschreibt in einem Bild Lage, Aufgabe und nächste Schritte für einen Monat. Eine Karte des Tarot wird damit besonders hervorgehoben und einer besonderen Untersuchung und Würdigung unterzogen. Und Sie wachsen mit!

4 **Die Jahreskarte.** Sie stellt Ihr Thema für ein ganzes Jahr dar. Sie wird zu Silvester, zum Geburtstag oder einem anderen Anlass gezogen. Die Jahreskarte vermittelt im Laufe des Jahres zumeist unterschiedliche Gesichter und Eindrücke. Das verstärkt ihren Reiz, denn so werden im Laufe des Jahres auch die betreffenden persönlichen Themen sehr viel klarer.

Zum praktischen Vorgehen:

- Überlegen Sie, welche Frage Sie an das Tarot stellen wollen. Nehmen Sie sich dazu etwas Zeit, wobei Sie sich bequem und aufrecht hinsetzen oder -stellen, gut durchatmen und nach innen lauschen.
  Dann formulieren Sie die Frage, die Ihnen am Herz liegt, so klar und deutlich wie Sie können!
- Wenn Sie eine Karte für einen Tag, einen Monat oder einen anderen Zeitraum ziehen, können Sie auf eine spezielle Frage allerdings verzichten und fragen: »Was hat das Tarot mir für den heutigen Tag / den kommenden Monat / usw. zu sagen?«
- Mischen Sie dann, wie Sie es gewohnt sind, alle 78 Karten.
- Halten Sie dabei die Bilder verdeckt, also nach unten gerichtet.
- Ziehen Sie dann auf die Art, die Sie gewohnt sind, mit Entspannung und Konzentration, nacheinander die erforderliche Anzahl von Karten, hier zunächst einmal eine Karte.
- Legen Sie die Karte verdeckt vor sich hin (bei mehreren Karten: in der Reihenfolge und der Gestalt des Legemusters).
- Die Karten werden nun einzeln aufgedeckt.
- (Bei mehreren Karten: Alle Karten zusammen zeigen Ihnen die Antwort des Tarot auf Ihre Frage.)

5 **Die Projektkarte.** Ihre Bedeutung entspricht den vorausgehenden Karten, nur wird sie nicht auf Woche oder Jahr bezogen, sondern auf die Dauer eines bestimmten Projekts.

6 **Die Lieblingskarte.** Diese Karte wird nicht gezogen, sondern ausgesucht. Welche Karte finden Sie am besten? Welche Karte ist im Moment Ihr Liebling?

7 **Die Persönlichkeitskarte.** Ziehen Sie aus den Ziffern Ihres Geburtsdatums die Quersumme: Zum Beispiel 03. 09. 1968 ergibt: 3+9+1+9+6+8 = 36. Liegt die Summe bei einer Zahl zwischen 1 und 21, so ist die Große Karte aus Ihrem Spiel, die die gleiche Zahl trägt, die zugehörige Persönlichkeitskarte. (*Große Karten* erkennt man daran, dass sie Ziffer *und* Untertitel tragen.) Ist zum Beispiel die Quersumme = 19, so ist die entsprechende Persönlichkeitskarte *XIX – Die Sonne.*

Beträgt die errechnete Quersumme 22, so gilt die 22. *Große Karte* – das ist *Der Narr* mit der Ziffer *0* – als betreffende Persönlichkeitskarte. Liegt die Quersumme jedoch, wie im obigen Beispiel, bei 23 oder höher, so müssen Sie aus der errechneten Quersumme noch einmal die Quersumme ziehen. Zum Beispiel ergibt dann 36 als weitere Quersumme 3 + 6 = 9; die Große Karte mit der gleichen Ziffer ist nun die zutreffende Persönlichkeitskarte, in diesem Beispiel *IX – Der Eremit.*

8 **Die Wesenskarte.** Wenn die Quersumme aus dem Geburtsdatum eine Zahl über 9 ergibt, zieht man daraus ein weiteres Mal die Quersumme und erhält die Wesenskarte (zum Beispiel: Persönlichkeitskarte ist die 14, daraus ziehen wir die die Quersumme 5, und entsprechend ist die Karte *V – Der Hierophant* die Wesenskarte oder der Kern). Wenn die Persönlichkeitskarte kleiner als 10 ist, fallen Persönlichkeitskarte und Wesenskarte zusammen. Dann kann man umgekehrt hochrechnen und die Karte aus den Großen Arkana mit derselben Quersumme als Ergänzung hinzunehmen. Beispiel: Die Persönlichkeitskarte ist *VII – Der Wagen.* Dann ist *VII – Der Wagen* auch schon die Wesenskarte. Und *XVI – Der Turm* ist in diesem Fall die persönliche Ergänzung, weil *VII* und *XVI* dieselbe Quersumme haben.

Generell ist die Wesenskarte eher spielerisch zu betrachten. Entscheidend ist und bleibt die Persönlichkeitskarte, weil sie etwas Typisches zum betreffenden Geburtsdatum beschreibt. Die Wesenskarte und die Karte mit derselben Quersumme sind jeweils eine Ergänzung zur Persönlichkeitskarte.

9 **Die Karte der Vollendung.** Für viele Deuter ist der *Narr* nicht nur eine Anfangskarte, sondern auch die 22. Große Karte, also *die* Karte der Ganzheit und der großen Vollendung. Nun ergibt sich meist eine Karte als *Differenz* zwischen Ihrer Persönlichkeitskarte und dem *Narr* (zum Beispiel: Persönlichkeitskarte ist die 14, die Differenz zum *Narr* ist gleich 22 – 14 = 8, die Große Karte Nr. VIII ist Ihre *Karte der Vollendung,* sie bezeichnet den Rest des Wegs, das Unbewusste, das es zu erhellen gilt, um die eigene Persönlichkeit zu vollenden).

10 **Quersumme oder Quintessenz.** Nach derselben Berechnungsmethode wie bei der Persönlichkeitskarte (s. Nr. 7) kann man nach Abschluss einer jeden Auslage die Ziffern der ausliegenden Karten addieren.

Dabei werden die Ziffern aller aufgedeckten Karten zusammengezählt (Hofkarten, wie Königin, Ritter usw., sowie *Der Narr* zählen als 0, und Asse zählen als 1). Mit der errechneten Quersumme verfahren Sie so, wie es oben für die Persönlichkeitskarte beschrieben wurde. Die Große Karte, deren Ziffer der errechneten Quersumme entspricht, ist die *Quersummenkarte* oder *Quintessenz.*

Die Bedeutung der Quersummenkarte lautet: Die Auslage an sich ist und bleibt vollständig; durch die Quersummenkarte kommt nichts Neues hinzu. Die Quersummenkarte stellt eine Zusammenfassung der Auslage dar, wie eine Überschrift, manchmal aber auch wie eine Kontrollkarte zur Gegenprobe.

Die 10 schönsten Legemuster

1 »Drei Tageskarten«

1 – Lage
2 – Aufgabe
3 – Lösung

2 »Orakelspiel«

1 – Das derzeitige Problem
2 – Der Weg heraus
3 – Die Zukunft, wenn Sie bereit sind, den Weg zu gehen

3 »Blick in die Zukunft – I«

1 – Aktuelle Situation
2 – Vergangenheit oder das, was schon da ist
3 – Zukunft oder das, was neu zu beachten ist

4 »Blick in die Zukunft – II«

1 – Schlüssel oder Hauptaspekt
2 – Vergangenheit oder das, was schon da ist
3 – Zukunft oder das, was neu zu beachten ist
4 – Wurzel oder Basis
5 – Krone, Chance, Tendenz

5 *»So geht's weiter«*

1 – Das kennen / haben Sie bereits
2 – Das können Sie gut
3 – Das ist neu
3 – Das lernen Sie nun dazu

6 *»Der Stern«*

1 – Wo Sie stehen
2 – Ihre Aufgaben
3 – Ihre Schwierigkeiten oder Ihre Reserven
4 – Ihre Stärken
5 – Ihr Ziel

7 *»Mut zur Lücke«*

1 – Das ist möglich
2 – Das ist wichtig
3 – Das ist mutig
4 – Das ist nichtig
5 – Das ist nötig
6 – Das ist heiter
7 – Das ist witzig
8 – Das führt weiter

8 »Der Weg«

1 – Darum geht es. Das sind die Chancen und Risiken im Zusammenhang mit der Frage.

Linke Säule = Bisheriges Verhalten:

2 – Bewußte Einstellung, Gedanken, Vernunftsgründe, Vorstellungen, Absichten, Verhaltensweisen, die der Frager »im Kopf« hat. Das rationale Verhalten.

3 – Unbewußte Einstellung, Wünsche, Sehnsüchte, die der Frager »im Herzen« trägt. Hoffen und Bangen. Das emotionale Verhalten.

4 – Äußere Haltung. Das Auftreten des Fragers und damit eventuell seine Fassade.

Rechte Säule = Vorschlag für zukünftiges Verhalten: die Bedeutungen entsprechen den Feldern 2–4.

7 – Bewußte Einstellung. Vorschlag für die rationale Vorgehensweise.

6 – Unbewußte Einstellung. Vorschlag für die emotionale Haltung.

5 – Äußere Haltung. So soll der Frager auftreten.

© Hajo Banzhaf, *Das Arbeitsbuch zum Tarot*, München 1989

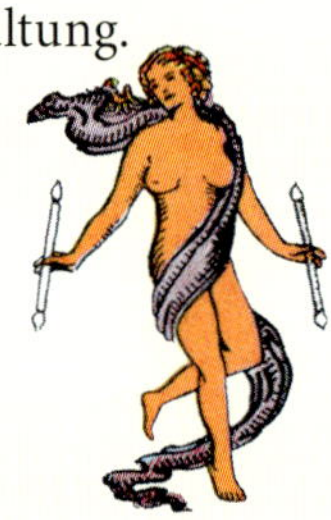

9 »Der Weg der Wünsche«

1 – Momentane Situation

2 – Wunschziel

3, 4, 5 – Brücke von **1** nach **2**

Bei dieser Auslage werden die Karten nicht gezogen, sondern ausgesucht. Zuerst wählen Sie mit Ruhe und Konzentration ein Bild für Ihre momentane Situation. Dann finden Sie eine für das, was sein soll, das heißt, für das, was Sie sich wünschen. Nehmen Sie sich dafür soviel Zeit wie Sie benötigen. Dann suchen Sie drei weitere Karten aus, die als Verbindungsstück, als Brücke dienen können, um von dem, was ist, zu dem gewünschten Ziel zu gelangen. Zum Schluß betrachten Sie die Karten durchgängig als einen Weg und eine Geschichte.

10 »Keltisches Kreuz« (Variante)

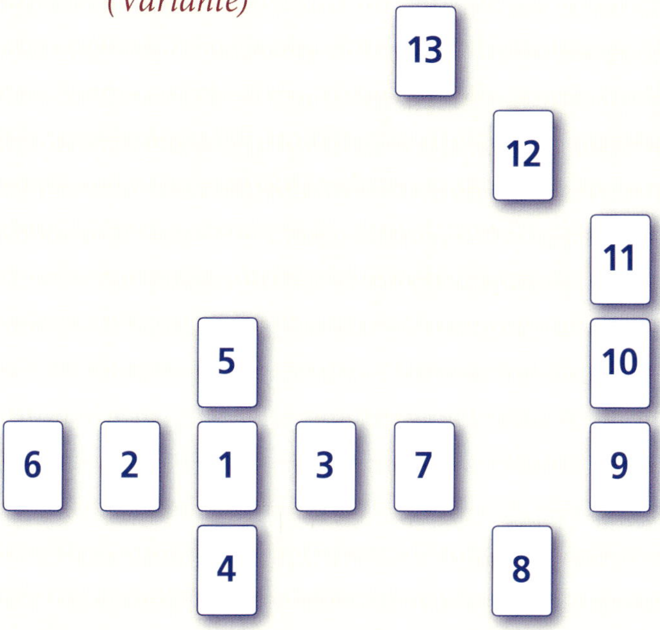

1 – Thema der Frage – Sie selbst
2 – Positive Ergänzung zu **1**
3 – Negative Ergänzung zu **1**
4 – Wurzel, Basis, Stütze
5 – Krone, Chance, Tendenz
6 – Vergangenheit oder das, was schon da ist
7 – Zukunft oder das, was neu zu beachten ist
8 – Zusammenfassung der Positionen **1–7**; Ihre innere Kraft, Ihr Unbewußtes
9 – Hoffnungen und Ängste
10 – Umgebung und Einflüsse von außen; Ihre Rolle nach außen
11, (**12**, **13** – nach Wunsch 1 – 3 Karten für diese Position ziehen) – Resümee oder ein Faktor, auf den Sie besonders aufmerksam gemacht werden, der bereits vorhanden ist und der für Ihre Frage besondere Bedeutung gewinnen wird

Die 10 wichtigsten Deutungsregeln

1 **Die Karten sind ein Spiegel.**

Mit den Karten ist es wie mit dem Spiegel an der Wand: Sie helfen uns, sich selbst besser zu sehen und zu verstehen; eine Garantie auf richtige Erkenntnis gibt es allerdings nicht. Wenn man sich zu Hause vor den Spiegel stellt und stets sagt: »Ich bin der (oder die) Größte, Schönste usw.« – oder »Ich bin der (oder die) Dümmste, Hässlichste usw.« –, dann wird man im schlimmsten Fall ein Leben lang damit Recht behalten! Es gibt keine Gewähr dafür, dass der Spiegel zu Ihnen spricht und selbsttätig Ihre etwas einseitige Auffassung korrigiert.

In der Tarot-Deutung aber stoßen wir auf bewährtes Handwerkszeug, das uns hilft, einseitige und willkürliche Wahrnehmungen *zu bemerken!* Dieses »Handwerkszeug« hat die hier folgenden Regeln zur Grundlage. Viele Arten der Erweiterung der Perspektive können wir mit den Tarot-Karten sehr gut trainieren. Wenn wir sie dann in den Alltag übernehmen, entdecken wir auch dort neue Lösungen.

2 **Jede Karte besitzt positive und negative Bedeutungen.**

Dies ist die wichtigste Regel, um in die ganze Bandbreite der Symbolik einzusteigen. Die Autoren haben noch keinen Menschen getroffen (sich selbst eingeschlossen), der spontan, aus sich heraus alle 78 Bilder positiv und negativ sehen kann. Dies setzt erst einen Erfahrungsprozess – mit Tarot und mit sich selbst – von einiger Zeit voraus.

3 **Sich auf tatsächliche Anhaltspunkte stützen.**

Bei manchen Karten geht uns schnell die Phantasie durch. Wir fürchten zum Beispiel, der Narr stürze von der Klippe. Tatsächlich ist dies eine Idee oder Vorstellung, die sich nicht unbedingt auf Anhaltspunkte im Bild stützen kann. Ob der Narr die Klippe herunterstürzt, ob er umkehrt oder ob unterhalb der Klippe ein weiterer Felsen ist oder noch etwas ganz Anderes, muss ewig Spekulation bleiben. An Hand der Karte ist dies nicht zu erkennen und folglich auch kein sinnvolles Thema.

Eine Deutung ist plausibel, wenn sie in sich schlüssig ist und für den Betrachter einen benennbaren Sinn ergibt – vorausgesetzt, dass sich die persönliche Deutung auf tatsächliche Anhaltspunkte im Bild stützt.

4 **Mit Subjektstufe und Objektstufe arbeiten.**
Diese Begriffe hat der Schweizer Psychologe C. G. Jung für die Traumdeutung entwickelt. Auf der »Objektstufe« betrachtet, stehen die Figuren und Szenen im Traum (oder hier in einem Tarot-Bild) für andere Personen und äußere Ereignisse. Auf der »Subjektstufe« betrachtet, sind dieselben Figuren und Szenen nun Spiegelbilder, Facetten der eigenen Person und innerer Ereignisse.
Ein Streit oder eine Auseinandersetzung im Traum oder in einem Tarot-Bild kann der Verarbeitung – oder auch der Vorbereitung – eines tatsächlichen Streits mit konkreten anderen Personen dienen. Der gleiche Traum, das gleiche Tarot-Bild kann jedoch auch eine innere Auseinandersetzung anzeigen.
Ob nun die Subjektstufe oder die Objektstufe mehr im Vordergrund steht, ist von Mal zu Mal unterschiedlich. Im Zweifelsfalle muss man eben beide Möglichkeiten bedenken.

5 **Assoziationen erkennen und einordnen.**
Seit gut zweihundert Jahren gibt es »Deutungsliteratur« zu den Tarot-Karten. In dieser Zeit haben sich ein paar allgemeine Standards eingebürgert, vor allem die Zuordnung der vier Farbreihen zu den vier Elementen. Die Kelch-Karten stehen danach für das Element Wasser und dieses wiederum für Seele und Psyche mit all ihren Aspekten.
Der persönlichen Assoziation fallen scheinbar ganz andere Themen ein, zum Beispiel beim Bild der *Vier Kelche*: »Wie schön war es im letzten Urlaub!«, »Es wird Zeit, mal wieder rauszukommen« oder »Diese Bildfigur mit den verkreuzten Armen nervt – wie mein Mann / das Kind / der Kollege usw., der nichts von mir wissen will ...«.
Solche persönlichen Assoziationen gehören einfach zum Kartenlegen; sie machen die Bildbetrachtung bunt und konkret. Allerdings: Nur mit persönlichen Einfällen und Assoziationen besteht die Gefahr, dass wir uns beim Tarot-Deuten im Kreise drehen und nur wiederholen, was wir sowieso schon denken. Deshalb ist es wichtig, beide Ebenen der Deutung – persönliche Assoziationen und Deutungsstandards – zu kennen und zu trennen.
Dann ergeben sich auch im Alltag oft neue Sichtweisen. Man erkennt, um beim Beispiel zu bleiben, dass man nicht irgendeinen Urlaub

braucht, sondern einen, bei dem man die Seele baumeln lassen kann und Zeit zur Besinnung hat. Oder man erkennt, dass der Mann / das Kind / der Kollege, die sich momentan verschlossen geben wie die Bildfigur, entweder selbst vollauf damit beschäftigt sind, bestimmte seelische Vorgänge zu verarbeiten. Oder dass es auf Grund dieser Reserviertheit für Sie jetzt an der Zeit ist, eine Besinnungsphase oder einen Urlaub einzulegen, um wieder in Kontakt mit den eigenen seelischen Wurzeln zu kommen.

6 Jede Karte stellt eine Ermunterung und eine Warnung dar.

Eine Karte wie die *Zwei Kelche* ermuntert dazu, seine Gefühle zu teilen und auszutauschen; sie warnt zugleich vor Halbherzigkeiten (halbierten Gefühlen). Die Ermunterung und die Warnung schließen sich nicht unbedingt gegenseitig aus, sondern können sich ergänzen.

Und dies gilt für jede Karte: Der *Turm* ermuntert dazu, sich zu öffnen und sich fallen zu lassen. Und er warnt vor einer mangelnden Standhaftigkeit oder vor Hochmut (»Hochmut kommt vor dem Fall!«). *Zehn Stäbe* warnen vor Selbstüberschätzung und übertriebener Anstrengung; sie ermuntern zu hundertprozentigem Einsatz und ganz bildlich dazu, seinen Neigungen zu folgen.

7 Es handelt sich um Symbolik: Nicht alles für bare Münze nehmen!

Die *Münzen* handeln von Geld, sie stehen aber auch für die Materie, für den Körper und generell für die Prägungen, die wir mitbekommen haben und die wir selbst veranstalten.

Die *Sonne* hat nicht zwangsläufig mit dem Wetter zu tun! Sie ist auch ein Symbol des Bewusstseins, ein Vater- oder Gottes-Symbol, Zeichen des Lichts, des Tags und vieles andere mehr.

Nach allgemeiner Auffassung beschreiben die *Schwerter* (auch) die Waffen des Geistes. Eine Karte wie *Sechs Schwerter* handelt demnach weniger von einer konkreten Bootsfahrt oder einem Umzug, obwohl solche Assoziationen vom Bild her möglich sind; vielmehr handelt es sich um eine geistige Bewegung, um einen gedanklichen oder mentalen Umzug, um die *bewusstseinsmäßige* Verbindung unterschiedlicher Ufer oder um die Suche danach.

8 Nehmen Sie sich Zeit, zu schauen, ohne sofort zu bewerten.

Üben lässt sich eine solche Unvoreingenommenheit am besten mit der möglichst regelmäßig zu ziehenden *Tageskarte*. Obwohl wir vom Tarot möglichst rasch eine klare Antwort auf unsere aktuellen Fragen haben wollen – und gerade weil dies so ist –, ist es hilfreich, wenn wir Geduld aufbringen und erst einmal schauen, ohne zu bewerten, was die gezogene Tarot-Karte uns sagt.

Dies ist im Übrigen der vielleicht wichtigste Unterschied zwischen Anfängern und Profis im Tarot: Der Anfänger denkt, das Wichtigste sei, welche Karte man *zieht*. Der Profi weiß, mindestens genau so wichtig ist, wie man die gezogene Karte *sieht!*

Je mehr wir uns auf das Bild einlassen, vielleicht einmal die Haltung der Bildfigur einnehmen oder verschiedene Perspektiven durchspielen – um so ergiebiger und oft auch unerwarteter ist die schließliche Lösung, die die Karten uns anbieten.

9 Eine Deutung ist erst abgeschlossen, wenn sie praktische Konsequenzen hat.

Den größten Nutzen aus dem Kartenlegen ziehen wir, wenn wir nicht nur theoretische Einsichten suchen, sondern auch praktische Konsequenzen ziehen. An den praktischen Ergebnissen erkennen wir, ob eine Deutung im persönlichen Sinne richtig ist.

10 Die Magie des Augen-Blicks auskosten.

Die Magie des Augenblicks erleben wir beim Kartenlegen gleich doppelt: Als Zauber der Augen, als Zauber des Spiels mit Ansichten und Perspektiven. Und zweitens als Zauber der Zeit, als Arbeit mit der Qualität der Zeit, mit der Magie des Moments.

Um diesen Zauber auszukosten, ist es gut, sich bei jedem Kartenlegen von den bisherigen Erfahrungen zu lösen. Wir sollten unsere Vorkenntnisse natürlich mitnehmen und berücksichtigen, aber wir sollten jeder Karte und jeder Auslage auch die Chance geben, dass wir sie offen, unvoreingenommen betrachten, als wäre sie unsere erste Tarot-Karte überhaupt.

10 hilfreiche Deutungstipps

1 Die »Rückseiten« haben »es« in sich.

Viele Karten zeigen eine Bildfigur, bei der sich wichtige Attribute im Rücken befinden. Der Rücken ist ein Ort des Schattens, unsichtbar, nicht wahrgenommen, wie die Siegfried-Stelle zwischen den Schulterblättern. Diese Karten verstehen wir erst in ihrem ganzen Gehalt, wenn wir erkennen, dass die Bildfigur möglicherweise gerade mit dem ein Problem hat, was im Bild vorhanden ist: Wir sehen, was sich in ihrem Rücken befindet; aber sie, die Bildfigur, hat dies möglicherweise noch nicht berücksichtigt und wahrgenommen.

2 Pars pro toto (Der Teil steht für das Ganze).

Die kleine Schnecke im Bild der *Neun Münzen* oder die unterschiedliche Anzahl der Vögel bei den Schwerter-Hofkarten: Diese Details besitzen (positive und negative) Bedeutungen, die zugleich typisch für die ganze betreffende Karte sind.

3 Die Farben erklären schon viel.

Weiß: Anfangszustand (wie ein unbeschriebenes Blatt) oder Vollendung und Heilung; Blendung, Leere oder geistiges Neuland.
Grau: Unbewusster Zustand oder bewusste Gleich–Gültigkeit, Gleichwertigkeit oder Vorurteilslosigkeit.
Schwarz: Das Unbekannte, das Innere der Erde oder eines Sachverhaltes, »black box«, sichtbarer Schatten, Seelenfinsternis oder seelisches Neuland.
Rot: Herz, Gemüt, Wille, Instinkt.
Gelb: Bewusstsein, Lebensfreude; Neid, geistige Dissonanz.
Orange: Lebenskraft, Mischung von Rot und Gelb.
Blau: (offener) Himmel/Luftraum und (klares) Wasser; Spiritualität.
Grün: Frisch, jung, verheißungsvoll, unerfahren, unreif.
Braun: Natur- und erdverbunden, bodenständig, geerdet, vegetativ.
Violett: Grenzerfahrung; Mischung von Blau und Rot.
Diese kurzgefassten Beschreibungen geben wesentliche Standardbedeutungen der Farben im westlichen Kulturraum wieder. Damit kann man zuverlässig deuten.

4 **Die Farbe des Himmels hat viel zu erzählen.**

Wenn Sie die Farbe des Himmels auf einer Karte in ihrer Bedeutung betrachten, gewinnen Sie einen einfachen, aber wichtigen Anhaltspunkt zur Deutung der Karte.

5 **In Zahlen nichts hinein interpretieren.**

Mit Zahlen kann man spielen und mit Zahlen kann man rechnen. Eine allgemein verbindliche *inhaltliche* Bedeutung besitzen Zahlen nicht. Mit Seriosität und Anspruch auf Gültigkeit kann man *nicht* sagen: »5 ist Krise« oder »6 ist Harmonie«.

Natürlich können Zahlen eine symbolische Bedeutung haben. Zum Beispiel verbinden sich die Zahlen »4711« oder »1968« oder »9/11« mit bestimmten Geschichten.

Und: Eine 1 kann für Einmaligkeit stehen, aber auch für Einheit, Einfalt, Einsamkeit und alle anderen Begriffe, in denen das Wort »Eins« steckt. Eine 2 findet sich in Begriffen wie »Zwei–fel« oder »Ent–zweiung« wieder; doch dann darf man passende Sprüche auch nicht vergessen, die in der Zwei eine Ergänzung und Verstärkung ausdrücken: »Doppelt gemoppelt hält besser«, »gleich und gleich gesellt sich gern«, »auf zwei Beinen lässt sich's laufen«.

Manche Zahlen lassen Wortspiele zu, die Zahl 7 und das Wort sieben (mit dem Sieb *sieben*) oder 8 und Achtung, Achtsamkeit!

Dennoch besitzen Zahlen keine allgemeingültigen, festgelegten Inhalte. Wenn es in dem einen oder anderen Deutungsbuch heißt: »Der krisenhafte Charakter der 5 zeigt sich im Bild daran, dass ...«, so unterschiebt der Autor des betreffenden Buches seine Sicht der Karte (dass es sich um eine Krise handelt) der Zahl 5, die als solche aber gar nichts dafür kann und schon gar nicht auf das Thema »Krise« abonniert ist. Wenn schon 5, dann auch die 5 Finger einer Hand, die eine starke Faust ergeben, oder das große Thema Quintessenz (wörtlich die fünfte Essenz, die fünfte Kraft).

Zuverlässig für die Tarot-Deutung ist im Allgemeinen nur der Funktionswert, zum Beispiel 2 + 3 = 5. Daraus ergeben sich spannende Übungen für Fortgeschrittene im Tarot[1].

[1] Diese finden Sie in: Evelin Bürger / Johannes Fiebig: Das große Buch der Tarot-Legemuster. Heyne-Verlag 2006, S. XY.

6 Die Proportionen sprechen Bände.

Im Bild der *Vier Stäbe* sind die Bildfiguren wesentlich kleiner als in anderen Bildern; sie kommen zu kurz. Oder sie besitzen eine Normalgröße und treten so klein auf, um die vergleichsweise riesige Höhe der Stäbe ins Bild zu bringen. Solches gilt sinngemäß für viele weitere Karten.

7 Blinde Flecken sind Tore zu neuen Aussichten

Wenn Sie eine Karte beim besten Willen nur positiv oder nur negativ sehen können, dann wissen Sie, dass Sie einen blinden Flecken in Ihrer Optik entdeckt haben. Oder wenn Sie mit einem Tarot-Spiel im Allgemeinen sehr zufrieden sind, aber bei einer bestimmten Karte den Eindruck haben, der Maler oder die Malerin habe sich hier verzeichnet, auch dann liegt in aller Regel ein solcher Hinweis auf einen blinden Punkt in der Optik vor.

Freuen Sie sich: Fast immer entsteht dieser blinde Fleck nicht durch die Tarot-Karten, sondern er ist auch sonst bei dem betreffenden Thema im Alltag vorhanden; die Tarot-Bilder machen ihn nur deutlich. Dann keine Eile, sondern nehmen Sie sich Zeit, um diesen blinden Flecken allmählich zu erhellen. Sie werden durch neue Aussichten belohnt!

8 Wenn keine Bildfigur vorhanden ist, sagt uns das etwas.

Einige Karten im Rider/Waite-Tarot zeigen keine menschliche Bildfigur, zum Beispiel *Acht Stäbe*. Jedes Mal eine Warnung vor Selbstverlust. Und jedes Mal eine Ermunterung zur Bewusstseinserweiterung im Umgang mit Vorgängen, die größer sind als die eigene Person.

9 Jedes Einzelsymbol ist doppeldeutig.

Ein Wolf (wie in der Karte *Der Mond*) kann ein böser Wolf sein, Symbol von Gier und Verschlingen / Überwältigung sein (wie der »böse Wolf« bei den Brüdern Grimm), aber auch ein Zeichen schützender Instinkte und Ur-Kräfte (wie in der Mythensammlung »Die Wolfsfrau«). So ist es mit jedem Detail in jeder Karte.

Und so wird das Tarot-Kartenlegen auch nach Jahren nicht langweilig, weil man stets wieder neue Bedeutungen an den Karten und ihren Symbolen entdeckt.

10 Die Hofkarten stellen entwickelte Persönlichkeiten dar.

Einen raschen Zugang zur selbstständigen Deutung finden wir, wenn wir uns mit den vier Farbreihen beschäftigen (vgl. S. 28 f.). Und wenn wir die Hofkarten (Königin, König, Ritter und Page/Bube) als Persönlichkeiten begreifen, die uns diese vier Elemente näher bringen.
Jede Hofkarte stellt einen Idealtypen dar, eine Person, die souverän wie eine Majestät mit dem betreffenden Element umgehen kann.
Die vier Typen von Hofkarten zeigen dabei unterschiedliche Nuancen und Charaktere:
Die Königin: intuitiv, beginnend, erkundend (Wasser-Typus),
der König: gründlich, intensiv, festigend (Feuer-Typus),
der Ritter: vergrößernd, erweiternd, Konsequenzen ziehend (Luft-Typus) und
der Page/Bube: macht etwas konkret aus oder mit dem betreffenden Elemenet (Erd-Typus).

Große und kleine Arkana – Übersicht

Die vier Farbreihen Stäbe, Kelche. Schwerter, Münzen machen 56 Karten aus. Diese 56 zusammen werden die *kleinen Karten* oder *kleine Arkana* genannt (Arkanum = Geheimnis, Arkana ist die Mehrzahl). Die fünfte Gruppe sind die 22 *Großen Karten* oder *Großen Arkana*, die »großen Geheimnisse« oder die großen Stationen des Tarot. Diese 22 »Großen Karten« erkennen Sie im Rider/Waite-Tarot daran, dass nur bei diesen am Kopf eine Zahl und am Fuß ein Untertitel angegeben sind.

Schlüsselbegriffe zu den 22 Großen Karten

I – Der Magier: Eigene Existenz. Fähigkeiten und Möglichkeiten

II – Die Hohepriesterin: Innere Stimme, eigene Meinung, der Sinn des Eigenen

III – Die Herrscherin: Natur (auch: Natürlichkeit, Selbstverständlichkeit, Spontaneität), Fruchtbarkeit, Erfahrungen als Frau / mit Frauen

IV – Der Herrscher: Selbstbestimmung, Pionier, Erfahrungen als Mann / mit Männern

V – Der Hierophant: Das Heilige in den Dingen des täglichen Lebens

VI – Die Liebenden: Paradies – verloren und wiedergefunden

VII – Der Wagen: Den eigenen Weg wagen – »Der Weg ist das Ziel«

VIII – Kraft: Wildheit und Weisheit. Sich selbst ganz annehmen.

IX – Der Eremit: Sein Leben in Ordnung bringen, es »bereinigen«

X – Rad des Schicksals: Steuerung des inneren und äußeren Wandels

XI – Gerechtigkeit: Erkenntnis des Anderen. Die wahren Bedürfnisse

XII – Der Gehängte: Passion. Das Höchste der Gefühle

XIII – Tod: Loslassen und ernten

XIV – Mäßigkeit: Lebensaufgaben, Lebensentwurf. Lösungen

XV – Der Teufel: Nötige Tabus einrichten. Falsche Tabus brechen

XVI – Der Turm: Befreiung, Feuerwerk, Verhärtungen erweichen

XVII – Der Stern: Sternenseele

XVIII – Der Mond: Wiederkehr des Verdrängten, Erlösung

XIX – Die Sonne: Platz an der Sonne, Bewusst-Sein

XX – Gericht: Der jüngste Tag ist heute

XXI – Die Welt: Alte und neue Welt, Ausbruch, Verwirklichung

0 / XXII – Der Narr: Naivität oder Vollendung, das Absolute

Die 10 wichtigsten Bedeutungen der Stäbe

Element: Feuer.
Grundbedeutung: Triebe und Taten.
Konkrete Botschaft: »Es muss etwas geschehen!«
Praktische Umsetzung: Sich bewegen, sich bewegen lassen.
Schlüsselbegriff: Der Wille.
Psychische Funktion (nach C.G. Jung)**:** Intuieren (Intuition, augenblickliches, ganzheitliches Erfassen).
Der Weg der Stäbe: Läuterung, Fegefeuer, Phoenix aus der Asche.
Das Ziel der Stäbe: Brennen! Ein Leben lang Feuer und Flamme sein, den »wahren Willen« ermitteln, sich ganz hineingeben und dadurch verbrauchte Energien zurückerhalten.
Assoziationen: Phallussymbol, Hexenbesen, Wurzel (auch: Vorfahre), Spross (auch: Nachfahre), Zweig, Wanderstab, Krückstock, Knüppel.
Motti: »Im Anfang war die Tat« – »Es gibt nicht Gutes, außer man tut es« – »Wie kann ich wissen, was ich will, ehe ich sehe, was ich tue.«

Die 10 wichtigsten Bedeutungen der Kelche

Element: Wasser.
Grundbedeutung: Gefühle, Verlangen, Glaube.
Konkrete Botschaft: »Auf die innere Einstellung kommt es an!«
Praktische Umsetzung: Es fließen lassen; etwas empfangen oder (von anderen) empfangen lassen.
Schlüsselbegriff: Die Seele.
Psychische Funktion (nach C.G. Jung)**:** Fühlen.
Der Weg der Kelche: Taufe, (seelischer) Tod und Wiedergeburt.
Das Ziel der Kelche: Fließen! Dem Wasser Halt geben, den Gefühlen Ausdruck verleihen! Der Kelch oder das Ufer ist die Begrenzung, die den Fluss zum Fließen bringt.
Assoziationen: Der weibliche Schoß, der Gral, Pokale, die »Tassen im Schrank«, Badewanne, Schwimmbad; Meer, Dusche, Trinken usw.
Motti: »Das Wasser ist die Quelle allen Lebens«. – »Und solang du das nicht hast, / Dieses: Stirb und werde! / Bist du nur ein trüber Gast / Auf der dunklen Erde.« – »Alles fließt, und das Harte unterliegt.«

Die 10 wichtigsten Bedeutungen der Schwerter

Element: Luft.
Grundbedeutung: Die Waffen des Geistes.
Konkrete Botschaft: »Das muss geklärt werden!«
Praktische Umsetzung: Etwas geistig durchdringen, ermitteln und beurteilen.
Schlüsselbegriff: Der Geist.
Psychische Funktion (nach C.G. Jung)**:** Denken.
Der Weg der Schwerter: Aus Erfahrungen lernen.
Das Ziel der Schwerter: Schweres leicht machen!
Assoziationen: Ritter, Ritterlichkeit, Mündigkeit, Schwerter zu Pflugscharen.
Motti: »Das Denken ist eines der größten Vergnügen der menschlichen Rasse.« – »Wissen ohne Gewissen ist Halbwissen.« – »Wer seine Lage erkannt hat, wie soll der aufzuhalten sein…«

Die 10 wichtigsten Bedeutungen der Münzen

Element: Erde.
Grundbedeutung: Talente (Geldstück sowie Begabung / Aufgabe).
Konkrete Botschaft: »Auf die Ergebnisse kommt es an!«
Praktische Umsetzung: Bestimmte Ergebnisse akzeptieren oder verwerfen und neue herstellen.
Schlüsselbegriff: Der Körper / Die Materie.
Psychische Funktion (nach C.G. Jung)**:** (Sinnliches) Empfinden.
Der Weg der Münzen: Die Vervielfältigung der Talente und deren Ernte.
Das Ziel der Münzen: Wohlstand und Wohlsein.
Assoziationen: Taler, Dollar, die zwei Seiten der Medaille, die Prägungen, die wir selbst erlebt haben und die wir bewirken. Die Spuren, die wir vorfinden, und jene, die wir hinterlassen.
Motti: »Was fruchtbar ist, allein ist wahr.« – »Ein Talent besitzen und es nicht gebrauchen, heißt es missbrauchen.« – »Wir haben die Erde von unseren Eltern geerbt und von unseren Kindern geliehen!«

Wichtige Symbole und Deutungen

Die 10 wichtigsten Symbole

Zauberstab – ❶

Ein Stab – zwei Enden: 1 teilt sich in 2, und aus 2 Polen wird 1. Der Zauberstab ist in sich ein Gleichnis dafür, dass wir die Dinge auflösen und neu verbinden können. **Auch:** I (Ich), Individualität, Einmaligkeit.

Roter Mantel – ❷

Energie, Leidenschaft, Wille, Herzblut (Liebe, aber auch Rache, Wut. **Positiv:** Für sinnvolle Ziele und Herzenswünsche leben. **Negativ:** Niedere Beweggründe, Egoismus, nur der eigene Wille zählt.

Weißes Gewand – ❸

Wie weißes Licht, in dem sich alle Farben des Regenbogens bündeln: Neuanfang und Vollendung. **Positiv:** Absichtslosigkeit, Unschuld, Offenheit. **Negativ:** Ahnungslosigkeit, immer wieder von vorne anfangen.

Stab, Schwert, Kelch und Münze

Mitgift, Gaben des Lebens, Aufgaben, die es zu meistern gilt – **die »magischen Werkzeuge«:** Wille, Intellekt, Gefühle, Körperlichkeit.

Tisch mit Markierungen – ❹

Werkbank, Realität, Opfertisch. **Der bisherige Wissensstand, auf dem der Einzelne aufbaut:** Das Erbe der Vergangenheit, überkommene Rätsel und Lösungen, vorhandene Probleme und schlummernde Schätze.

Rosen und Lilien

Erneut das Thema rot und weiß (s. Kleidung). **Der Rosengarten – positiv:** Verheißung von Glück und gutem Gelingen, Verwandlung der Erde in einen Garten. **Negativ:** Anspruchsdenken, Isolierung, Einsamkeit.

Liegende Acht / Lemniskate – ❺

Achterbahn. **Positiv:** Unendlichkeit, Ausgeglichenheit, permanente Bewegung, gute Schwingung, Lebendigkeit, Teilhabe an der Ewigkeit. **Negativ:** Sich im Kreise drehen, Ruhelosigkeit, Wiederholung ohne Wachstum.

Geste der Arme – ❻

»Wie oben, so unten.« Das Individuum als Bindeglied zwischen Himmel und Erde. Der Mensch als »Kanal« (channel). Verbindung von Möglichkeit und Wirklichkeit. Denken und Handeln auf einen Nenner bringen.

Schlangengürtel – ❼

Wie die liegende Acht ein Zeichen der Unendlichkeit, aber auch der »Wiederholung ohne Ende«. Symbol der Häutung, der immer wieder notwendigen Erneuerung. **Aber auch:** Gift, Verführung, Manipulation.

Gelber Hintergrund

Sonne, aber auch Sinnsuche und Neid, Gold und Gier. **Gefahr:** Zu nahe an die Sonne zu kommen, kann Verzauberung (Blendung) bewirken. **Positiv:** Erhellung auch der Kehrseiten = zuverlässiges Bewusstsein.

I-Der Magier

Die Karte der Einmaligkeit und der Einzigartigkeit. Auch Sie können zaubern und werden Wunder erleben. Jeder Mensch ist etwas Besonderes und besitzt einen eigenen, einmaligen Anteil an der Ewigkeit. So werden auch Sie manches wahr machen, das noch niemandem geglückt ist.

»Make a difference! Sei einzig und nicht artig!«

■ Grundbedeutung

Magie besitzt heutzutage eine erstaunlich persönliche Bedeutung: Es geht nicht um Requisiten, auch nicht um Tricks oder Willensakte. Auf einem *selbstständigen* Lebensweg machen wir Erfahrungen, »die noch kein Auge geschaut« hat, und (er-) finden immer wieder verblüffende Lösungen. Solcher Zauber ist unverwechselbar, aber nicht übernatürlich. Er steht uns immer zur Verfügung; er wächst und gedeiht mit der erfolgreichen Gestaltung der persönlichen Möglichkeiten.

■ Spirituelle Erfahrung

Mit sich, mit Gott und mit der Welt eins werden: Das Universum liebt Sie und braucht Sie!

■ Als Tageskarte

Erweitern Sie Ihren Horizont! Nutzen Sie alle Chancen!

■ Als Prognose / Tendenz

Solange der eigene Weg nicht beschritten wird, erscheint manches »wie verhext«. Bringen Sie Ihre Person ins Spiel – untersuchen Sie Ihre Begabungen und Aufgaben.

■ Für Liebe und Beziehung

Bei »Gott« und in der Liebe ist kein Ding unmöglich! Mit Konsequenz und Einfallsreichtum verwandeln Sie Ihre Welt in einen Rosengarten!

■ Für Erfolg und Glück im Leben

»Mehr Ideen pro PS«: Ihre ganz persönlichen Chancen kann Ihnen keiner vorführen und keiner wegnehmen.

Die 10 wichtigsten Symbole

Die Säulen B und J – ❶

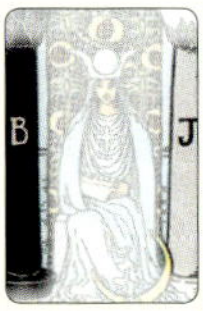

Der Legende nach die Säulen des alten Tempels von Jerusalem: B und J für Beelzebub und Jahve. Auch die Anfangsbuchstaben zweier Prinzipien namens Boas und Jakim, (Bedeutung wie Yin und Yang). **Auch:** »Jut« und »Böse«.

Der Vorhang

Er grenzt den Bereich des Eigenen vom großen Meer ab, dabei durchlässig für Rück-Verbindung. Auf der inneren Leinwand, der Projektionsfläche innerer Bilder und Träume, bildet sich die Arbeit der Seele ab.

Palme / Granatapfel – ❷

Das Eigene abgrenzen und andererseits öffnen; es nach B und J sortieren = Fruchtbarkeit des Seelenlebens. Dafür stehen auch Palme und Granatapfel, zugleich Sexualsymbole. Jedoch im Rücken der Priesterin.

Die Mondkrone – ❸

Die dreifache Mond- oder Isiskrone, nach der ägyptischen Muttergöttin Isis, erhalten in vielen Marien-Darstellungen. **Die drei sichtbaren Mondphasen, die drei Lebensstufen von Jungfrau, Frau und Greisin.**

Stierhörner / Mondsichel – ❹

Der astrologische Mond ist im Zeichen Stier erhöht (besonders stark). **Die Zeit der Matriarchate** = Frühgeschichte, Stierzeitalter. **Mond heute:** Nacht, das Eigene, das Seelische, das Unbewusste.

Die Schriftrolle – ❺

An die Thora (engl. Torah) und auch an eine Umschreibung von »Tarot« lassen die vier Buchstaben denken (vgl. *X – Das Rad des Schicksals*). **Heute:** Das Skript, das Drehbuch, der eigene Plan vom guten Leben.

Das Kreuz – ❻

Religion und Spiritualität. Im Herzen, in der Brust fügt die Seele die Eindrücke des täglichen Lebens zusammen und dividiert sie auseinander, hier entstehen die persönliche Meinung und die inneren Werte.

Das große Wasser

Die ozeanischen Gefühle, **das »Mehr« im Leben,** der Wasserkreislauf, Ebbe und Flut. Die Bildfigur hat die doppelte Aufgabe: dies alles zu *berücksichtigen*, wie auch das Private, ihr Eigenleben davon abzugrenzen.

Das fließende Gewand

Positiv: Fließend, dem Wasser nahe, verwoben mit Mond und Gezeiten. **Negativ:** Wie die »kleine Seejungfrau« zur Hälfte ein Meerwesen. – Nicht in Gefühlen versinken, sondern die eigene Existenz entwickeln.

Hellblauer Hintergrund

Himmel = Reich des Gottes und des Willens. **Hellblau** = (offener) Himmel; (klares) Wasser. **Positiv:** Heiterkeit, klarer Wille, klarer Geist. **Negativ:** »Blauäugigkeit«, Wunschdenken. Auch: »blau machen«, etwas »anhimmeln«.

II-Die Hohepriesterin

Aus der Geschichte kennen wir Orakelpriesterinnen wie die Pythia von Delphi, Sibyllen (Prophetinnen) wie die Kassandra von Troja sowie Tempel- und Ordensfrauen. Heute sehen wir sie, wie alle Bildfiguren im Tarot, vor allem als persönlichen Spiegel. Auch in Ihnen steckt eine!

Bilden Sie sich Ihre Meinung – und leben Sie danach!

■ Grundbedeutung

Jeder Mensch, jedes Wesen hat seinen eigenen Sinn. Der Vorhang im Bild symbolisiert die innere Leinwand, den Widerhall, den alle Eindrücke und Ereignisse im Seelischen finden. Zugleich betrifft der Vorhang auch konkret den persönlichen Wohn- und Geltungsbereich, den jeder Mensch braucht. Einmal geht es darum, sich diesen eigenen Raum zu schaffen. Ein anderes Mal geht es um die Öffnung der Türen nach außen.

■ Spirituelle Erfahrung

In der Meditation oder in Andacht die persönliche Bedeutung von Gedanken, Worten oder Taten verstehen.

■ Als Tageskarte

Fremde Rezepte helfen hier nicht. Vertreten Sie Ihre eigene Meinung.

■ Als Prognose / Tendenz

Sie sind immer Ihre eigene Wahrsagerin: Was Sie denken und glauben, wird für Sie Wirklichkeit, auch wenn es Einbildung ist. Begraben Sie daher sterilen Gehorsam und verstockten Eigensinn. Geben Sie sich und anderen eine Chance, so finden Sie zum *Sinn des Eigenen!*

■ Für Liebe und Beziehung

Das Geheimnis der Hohepriesterin ist ihre Fähigkeit, Gefühle, Bedürfnisse und Ahnungen wahrzunehmen, zu sortieren und zu benennen.

■ Für Erfolg und Glück im Leben

Hören Sie auf die innere Stimme!

Die 10 wichtigsten Symbole

Die Haltung der Bildfigur

Aufrecht, souverän, selbstverständlich, selbstgewiss, locker, bewegt, konzentriert. – Die Vermutung in Deutungsbüchern über eine Schwangerschaft ist Spekulation. Es gibt viele Arten der Fruchtbarkeit.

Zepter / Venuszeichen – ❶

Das Venus-Zeichen besteht aus Kreis und Kreuz = Sonne und Erde, Geist und Körper. Eben diese Einheit ist typisch für Venus und die *Herrscherin*: »mit Leib und Seele«, **die Einheit von Sinn und Sinnen.**

Das Blumengewand – ❷

Blumen = die Schönheit der Natur und das Erblühen eines Menschen. Die Blumen ähneln dem Venus-Zeichen. **Weiß, rot, grün:** die Farben des *Magier* und das Grün der Natur. Flower to the people – Brot und Rosen!

Das graue Herz – ❸

Ein großes Herz in ruhiger Vorurteilslosigkeit gibt jedem Wesen und jedem Trieb eine Chance sich zu bewähren. Ist das Herz aus Stein, kippt Eigensinn in Eigenliebe, die nichts mehr für andere übrig hat.

Roter Thron auf grauem Grund

Rot und orange = Herzblut und Leidenschaft, die Emotionalität der Herrscherin. Dieses ist jedoch vom großen Grau umgeben. **Positiv:** Gerechtigkeit. **Negativ:** »Steine statt Brot«, Verhärtungen, Lieblosigkeiten.

Sternenkrone / Lorbeerkranz – ❹

12 Sterne schmücken die Krone (ähnlich auch viele Marien-Darstellungen). **Sterne vom Himmel zu holen und auf Erden fruchtbar zu machen** (Lorbeerkranz), ist die (Auf-)Gabe der *Herrscherin* (s. Venus-Zeichen).

Getreide – ❺

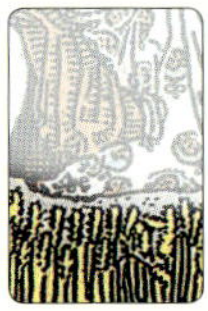

Inbegriff der Fruchtbarkeit und der Ernte im Leben. Nahrung (für Leib und Seele), sich selbst und andere nähren und gut gedeihen lassen. Wohlsein, Behaglichkeit, Sinnlichkeit, genießen, sich wohlfühlen.

Bäume / Wald

Die Natur kommt zu ihrem Recht: Jede Pflanze soll ihren Platz und ihre Chance erhalten. »Leben, einzeln und frei wie ein Baum / und brüderlich wie ein Wald, / das ist unsere Sehnsucht!« (Nazim Hikmet)

Wasserfall – ❻

Der Fluss ist mit der Quelle verbunden und lässt sich zugleich nach vorne fallen. Nicht nur der *Turm* kennt das Fliegen und Fallen! **Fluss nach vorne und Rückbindung zur Quelle** – beides zählt hier!

Die Farbe Gelb

Sonne, Bewusst-Sein, das Höchste und Heilige, aber auch Sinnsuche und Neid, Gold und Gier. **Gefahr:** Mit dem Rücken zur Sonne = Verdrängung. **Positiv:** Erhellung auch der Kehrseiten = zuverlässiges Bewusstsein.

III-Die Herrscherin

Die blühende Natur im Bild bezieht sich auf die Umwelt, aber auch auf die persönliche Natur. »Emotion«, der Ausdruck innerer Bewegtheit, ist in den alten Mythen auch typisch für die Venus. Diese Weiblichkeit zu leben, ist nicht nur für Frauen ein Thema, sondern auch für Männer.

Die Herrscherin und Liebesgöttin in Ihnen.

■ Grundbedeutung

»Die Herrscherin« erinnert an Kaiserinnen und Königinnen. Sie steht auch für die Große Göttin der Frühgeschichte, die dreifache Gottheit im Christentum und anderen Religionen, für Gottesmütter wie Isis und Maria und nicht zuletzt für die Göttinnen der Liebe wie Astarte, Aphrodite und Venus. Schließlich ist die Karte ein Spiegel der eigenen Fraulichkeit (und der weiblichen Seite im Mann). Sie reflektiert die persönlichen Erfahrungen als Frau und/oder mit Frauen, das Erbe der Mutter, Großmütter und Ahninnen.

■ Spirituelle Erfahrung

Die Genüsse von Sinn und Sinnlichkeit.

■ Als Tageskarte

Übernehmen Sie Fürsorge und Verantwortung für Ihr tägliches Wohlbefinden. Verbannen Sie falsche Göttinnen aus Ihrem Leben!

■ Als Prognose / Tendenz

Für Ihr Wohlbefinden: Setzen Sie (für Sie) passende Regeln fest und halten Sie diese ein!

■ Für Liebe und Beziehung

Wenn wir lieben und geliebt werden, blüht die persönliche Natur auf. Wo Sinn und Sinne ihre Chance erhalten, wächst die Liebe und mit ihr die Schönheit des Daseins.

■ Für Erfolg und Glück im Leben

Der Schlüssel: Natürlichkeit und Wohlbehagen.

Die 10 wichtigsten Symbole

Henkelkreuz / Crux ansata / Ankh-Kreuz – ❶

Hieroglyphe, hier etwas variiert. **Stilisierte Darstellung der männlichen Geschlechtsorgane:** Leben zeugen, Symbol für die Erneuerung des Lebens. **In Gold:** ewiges Leben. Auch Warnung vor Gier.

Reichsapfel / Goldener Apfel – ❷

Reichsapfel = Machtsymbol. Der goldene Apfel stammt aus Märchen und Mythen, steht für ewige Fruchtbarkeit, ewiges Leben. **Negativ:** König Midas: was er anfasste, auch die Nahrung, verwandelte sich in Gold.

Wüste / Neuland – ❸

Die Landschaft = öde und leer. **Negativ:** Durch Egoismus und Härte verdorrt die beste Fruchtbarkeit (Henkelkreuz, Goldapfel). **Positiv:** *Herrscher* = Pionier im Neuland; (nur) er kann das Ödland fruchtbar machen.

Vier Widderköpfe – ❹

Widder ist das erste Tierkreiszeichen im Jahr, **Osterzeit, Frühlingsanfang, Erneuerung des Lebens.** Auch in der christlichen Osterliturgie heißt es: Wo bisher eine Wüste war, soll ein Garten werden!

Die Rüstung

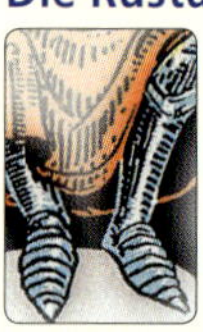

Positiv: gut gerüstet. Ritterlichkeit. Respekt, aber auch Schutz vor den anderen. **Negativ:** Ellenbogenpolitik, Arroganz der Macht, sinnlose Härte, unnötiger Ballast, »Koloss auf tönernen Füßen«.

Der Fluss – ❺

Es geht darum, dass der *Herrscher* mit sich und dem Leben im Fluss ist und bleibt. Nur wer sich ändert, bleibt sich treu. **Noch einmal die (Auf-) Gabe, Neues zu beginnen,** (mit sich) etwas anzufangen.

Schwarz – weiß – rot

Stufen der Alchemie: Das Schwarze (unten am Thron) = ungelöste Probleme und ungenutzte Chancen. Das Weiße (Bart und Haare) = Läuterung und Weisheit. Rot (im Bild dominierend) = neue Lösung, Erleuchtung.

Weißer Bart / Weiße Haare

Macht- und Potenzsymbol. Lebensweisheit, Erfahrung und Dauer. Aber auch umgekehrt = Neuanfang. »Der Meister ist der wahre Anfänger«, der Meister erkennt die täglichen Änderungen von Lage und Aufgaben.

Der graue Thron – ❻

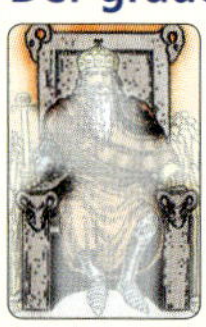

Der Würfel oder Kubus = Materie mit ihren vier Himmelsrichtungen. Der *Herrscher* steht für die Kraft von uns, **einen passenden Platz in der Welt zu finden** und diesen in Eigenregie zu gestalten.

Die goldene Krone – ❼

Die nach oben geschlossene Krone symbolisiert **eigene Autorität**; es wird keine höhere Macht anerkannt. **Auch:** Das goldene Scheitel- oder Kronen-Chakra; ein »Goldkopf«. **Gold =** Bewusstsein, aber auch Gier.

IV-Der Herrscher

Herrscher im eigenen Leben zu sein; sich selbst zu regieren; der oder die Erste zu sein; vor Unbekanntem nicht zurückzuschrecken; eine Wüste zu erforschen und sie in einen Garten zu verwandeln – dies ist die große Kraft des »Herrschers«. Diese Gabe gilt selbstredend für Männer wie für Frauen!

Der Herrscher und Frühlingsgott in Ihnen.

■ Grundbedeutung

Kaiser und Könige, Zeus, Jupiter und viele andere Vater-Figuren gehören zu dieser Bildgestalt. Sie ist ein Spiegel der eigenen Männlichkeit (und der männlichen Seite in der Frau). Die Karte betrifft die persönlichen Erfahrungen als Mann und/oder mit Männern, das Erbe des Vaters, der Großväter und Ahnen. »Der Herrscher« ist die Kraft in uns, die neue Lebensmöglichkeiten erkundet. Der Widder (s. Thron) ist der Pionier in uns, das erste Zeichen im Tierkreis, der »absolute Beginner«.

■ Spirituelle Erfahrung

»Der Mensch kann alles ertragen, wenn er sich ertragen kann« (anonym).

■ Als Tageskarte

Setzen Sie Ihren Pioniergeist ein. Untersuchen Sie die Lage. Schaffen Sie eigene Tat-Sachen.

■ Als Prognose / Tendenz

Viel ist gewonnen, wenn man diese Karte nicht nur als Bild einer äußeren (familiären oder staatlichen) Ordnung versteht, sondern auch als Symbol der persönlichen Selbstbestimmung.

■ Für Liebe und Beziehung

Jede Beziehung erfordert auch Pionierarbeit, um Probleme zu meistern und neue Liebesmöglichkeiten zu finden.

■ Für Erfolg und Glück im Leben

Jeder Mensch bringt etwas Neues in diese Welt. Dieses Neue will erschlossen werden.

Die 10 wichtigsten Symbole

Die Bildfiguren

Die Gretchen-Frage: »Wie hältst du es mit der Religion?« Alle drei Bildfiguren machen den »Hierophanten« aus. Außerdem zeigt das vorliegende Bild viele Details des christlichen Papstes.

Die grauen Säulen – ❶

markieren ein großes Gebäude (Lehrgebäude, Gemeinschaft der Gläubigen). **Gefahr:** Versteinerung. **Chance:** Nachhaltigkeit! **Grau =** Gleichgültigkeit und Unbewusstheit; oder Neutralität, Gleichmut und Toleranz.

Die Tiara / Die dreifache Krone – ❷

Krone des Papstes. Dieser gilt als *Stellvertreter Gottes* auf Erden und als »Pontifex maximus«, das bedeutet größter *Brückenbauer!* **Die dreifache Krone steht für diese Brücke zur dreifachen Gottheit.**

Der dreifache Bischofsstab – ❸

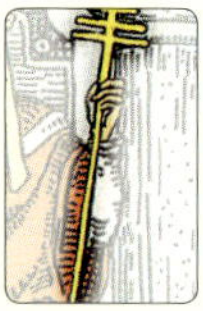

Hirtenstab. Ein Bischofsstab hat zwei Kreuze. Drei Kreuze übereinander besitzt wieder nur der Papst als *Oberhirte*. In diesem Sinne besagt die Karte: **Wir sollen keine Schafe, sondern Schäfer sein!**

Die Schlüssel – ❹

Der erste Papst Petrus wurde von Jesus eingesetzt, mit Schlüsselübergabe: »Was du auf Erden binden wirst, soll auch im Himmel gebunden sein. Und was du auf Erden lösen wirst, soll auch im Himmel gelöst sein.«

Die Dreiheit

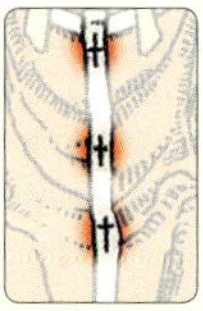

Vielfach im Bild. **Religiös =** die Dreifaltigkeit Gottes. **Auch:** Kult der Großen Göttin (Jungfrau, Mutter, Königin). Drei Welten (Himmel, Welt, Unterwelt), drei Bewusstseinsebenen (Über-Ich, Ich, Es).

Die Tonsur – ❺

Wenn die Haare an der obersten Stelle des Kopfes rasiert werden, spricht man von einer Tonsur. Sie ist bei einigen Mönchsorden bis heute üblich und demonstriert die geistige Offenheit für Gott.

Lilien und Rosen

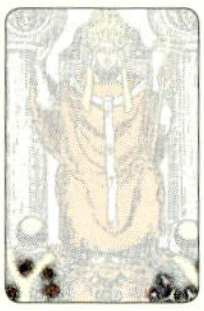

Wie beim *Magier* und einigen anderen Karten, so treffen wir auch hier auf diese beiden Blumen in weiß und rot als Zeichen für Lauterkeit und Liebe, als Basis für jede echte Religion.

Der Segensgruß – ❻

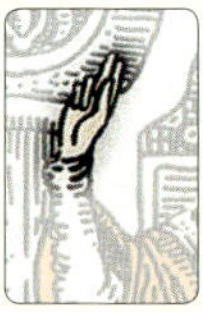

Wie oben – so unten. Ein Teil ist sichtbar, ein anderer ist unsichtbar. Wie im Himmel, so auf Erden. *Sich regen bringt Segen.* Das gilt nicht nur für Priester, sondern für alle, wenn sie etwas *Sinnvolles* tun.

Die Quintessenz

Die V der Karte und die fünf Finger der segnenden Hand deuten auf die *Quintessenz*, das Wesentliche hin (wörtlich die *fünfte Essenz*). Stärken und Schwächen sind ein Geschenk Gottes. Was Sie daraus machen, zählt.

V-Der Hohepriester

»Hierophant« bedeutet im Griechischen: der Heiliges verkündet. »Hierophant« hieß der Hohepriester in manchen antiken Einweihungsschulen. Daran erinnert die Karte ebenso wie an den Papst der katholischen (bzw. vormals der gesamten christlichen) Kirche. Wie jede Karte – ein Spiegel für Sie!

Der Schlüssel liegt bei Ihnen!

■ Grundbedeutung

Was einst die Aufgabe der Priester und Hohepriester war, ist heute Thema für uns alle: Wie finden wir persönliche Antworten für die großen und kleinen Geheimnisse des Lebens? Wie organisieren wir entsprechende Feste und Feierlichkeiten?

Große wie kleine Bildfiguren symbolisieren persönliche Stärken und Schwächen, sie zusammen führen zur Quintessenz, dem »göttlichen Funken«, dem Heiligen in jedem Menschen, das oftmals verschlossen und ›eingemacht‹ ist!

■ Spirituelle Erfahrung

Jeder ist ein spiritueller Lehrer für jeden, wenn er etwas Heiliges zum Vorschein bringt.

■ Als Tageskarte

Weihen Sie andere in Ihre Geheimnisse ein, und öffnen Sie sich für die Bedürfnisse der anderen.

■ Als Prognose / Tendenz

So erkennen Sie den »Sinn des Lebens«: Was Sinn macht, belebt die Sinne.

■ Für Liebe und Beziehung

Welche Ereignisse, welche Tage im Jahr, welche Wendepunkte im Leben für Sie und für die Ihnen Nahestehenden sind jeweils von Bedeutung? Gestalten Sie diese großen und kleinen Anlässe aus Betroffenheit und mit Hingabe. Es gibt nichts Wichtigeres.

■ Für Erfolg und Glück im Leben

Der Schlüssel: die eigene Kompetenz.

Die 10 wichtigsten Symbole

Paradies – alt und neu

Eva verführte Adam mit dem Apfel, und Gott verwies beide des Paradieses. Weniger bekannt ist die Tatsache, dass die *Wiederkehr des Paradieses* am Jüngsten Tag ebenso fest zur christlichen Tradition gehört.

Baum des Lebens – Baum der Erkenntnis – ❶

Unabhängig von dieser Paradiesgeschichte deuten die beiden Bäume auf die Polaritäten des Lebens hin, speziell auf die Prinzipien des Weiblichen und Männlichen, Natur und Wille, Erde und Feuer.

Der Engel – ❷

Der Engel überbrückt diese Polaritäten und sorgt für die Verbindung zum Höchsten, zu Gott. **Positiv:** Symbol größerer persönlicher Möglichkeiten. **Negativ:** Überflieger, Beobachter, Besserwisser, Idealist.

Der Abstand – ❸

»Ein wunderbares Zusammenleben (...), wenn die Menschen (...) den Abstand zwischen einander (..) lieben, (...) so können sie einander ganz betrachten und vor dem Hintergrund eines weiten Himmels« (R.M. Rilke).

Die Nacktheit

Negativ: Schamlosigkeit, Unverschämtheit, Rohheit. **Positiv:** Offenheit, Ehrlichkeit und – last not least – Erotik und Lust. Die Karte mit der Ziffer 6 ist auch *die* Hauptkarte des Tarot für den Sex.

Die Wolke – ❹

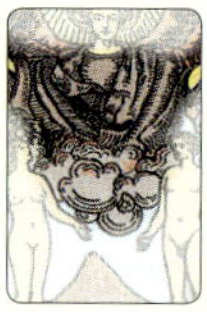

Wolke und Engel schieben sich wie eine Zwischenetage zwischen Sonne und Liebende. Je grauer die Wolke ist, desto weniger durchlässig ist sie auch und umso mehr stehen die beiden Liebenden unten im Schatten.

Der Schatten

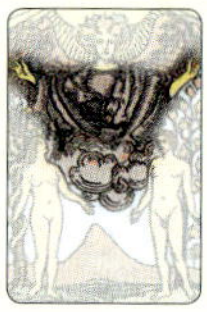

Letzteres entspricht dem psychologischen Begriff des Schattens, dem Schatten des Unbewussten, der als das Unbemerkte, das Unsichtbare auftritt. »Wie aus heiterem Himmel« kann sich daraus Streit entwickeln!

Die Sonne

Positiv: der Engel verbindet die Menschen mit dem Höchsten. **Negativ:** die Menschen sind von der Sonne *durch* ihn sowie die graue Wolke getrennt: durch ungeklärte Ideale, graue Gedanken, undurchsichtige Ziele.

Der Berg – ❺

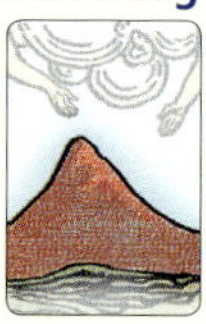

Als Warnung bedeutet er: ein Berg von Schwierigkeiten, der zwischen den Liebenden steht und zu überwinden ist. **Im positiven Sinne** ist er Zeichen der gemeinsamen Gipfelerlebnisse und Höhepunkte.

Die Schlange – ❻

Sie warnt vor platten Trieben und falschen Instinkten. Als geringelte Schlange, wie hier im Bild, ist sie jedoch auch ein Zeichen der Höherentwicklung, der Weisheit durch Lernen aus Erfahrung.

VI-Die Liebenden

Viele Menschen kennen die Geschichte von der Vertreibung aus dem Paradies. Weniger bekannt, jedoch ebenfalls Teil der Bibel und anderer Traditionen, ist die Geschichte von der Rückkehr ins Paradies, vom ewigen Leben, das am Jüngsten Tag beginnt. – Nun, der jüngste Tag ist: heute!

Die Hoch-Zeiten des Lebens …

■ Grundbedeutung

Wir sehnen uns nach Liebe, aber wir fürchten uns manchmal auch davor, zu lieben oder geliebt zu werden.

Solange wir nach unserer »besseren Hälfte« suchen, besteht die Gefahr, dass wir uns halbieren. Oder die Suche nach Übereinstimmung: Es kann nur einen geben, der Sie voll und ganz versteht: Sie selbst. – Man soll nicht vom Partner verlangen, was man selbst erfüllen kann. Und man soll vom Partner nicht erwarten, was nur »Gott« schenken kann: Seelenfrieden, Erlösung und Erfüllung.

■ Spirituelle Erfahrung

Das Verschwinden des Schattens in der Sonne …

■ Als Tageskarte

»Liebe dich selbst, und es ist egal, wen du heiratest« (Eva-M. Zurhorst).

■ Als Prognose / Tendenz

Liebe ist eine Wahl: Wer liebt, hat von allem mehr im Leben als jemand, der nicht liebt!

■ Für Liebe und Beziehung

Letztlich verliert die Liebe ihre Beschränkung auf Beziehung und Familie und wird zu dem, was sie immer auch schon war: Das neue Paradies …

■ Für Erfolg und Glück im Leben

Liebe entsteht und besteht durch gemeinsame »Schöpfungen«. Ohne ein Plus, ohne dass etwas Produktives dabei erwächst, besteht keine Beziehung für längere Zeit.

Die 10 wichtigsten Symbole

Die Sphinxe – ❶

Die Sphinxe stehen für die Rätsel des Lebens. Zu beachten ist, dass die Sphinxe den Wagen nicht ziehen. Da ist keine Deichsel. Sie laufen nur voraus: Die Rätsel von heute sind der Weg von morgen.

Der steinerne Wagen – ❷

Der Kubus ist das »Karma«, der Zeit-Raum, in den wir für dieses Leben gestellt sind. Man kann aus seiner Lebensgeschichte nicht einfach aussteigen, man kann ihr aber immer wieder eine neue Richtung verleihen.

Der Wagenlenker mit Lorbeerkranz – ❸

Der obere Teil des Wagens steht für unsere Subjektivität, für alles, was wir selbst entscheiden können und müssen.

Sternenkrone und Sternenzelt – ❹

Unendlichkeit des Alls, Schönheit

und Ordnung des Kosmos. **Auch:** Symbol der Freiheit und Unabhängigkeit sowie der persönlichen Wahrheit (vgl. *XVII – Der Stern*).

Die Mondgesichter – ❺

Lachen und weinen, die Polaritäten des Seelenlebens. Der Wagen steht für das Fahren, das heißt für die Erfahrung, die Lebens- und Selbsterfahrung. Daraus bildet sich die Persönlichkeit.

Die Rüstung

»Harte Schale – weicher Kern«. Schutz, Rüstung, bereit und gerüstet sein für die weitere Entwicklung. **Auch:** Panzer, die »Persona«, das Korsett, die Fassade, die man nach außen vorspielt.

Zauberstab / Wanderstab

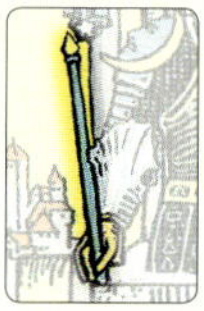

Ebenfalls Zeichen des Bereit- und Gerüstetseins, Zeichen der Wanderschaft und des Vertrauens, des Stützens auf die eigene Kraft. Hinweis auf die Zauberkraft *(Der Magier)*, die uns bei allen Erfahrungen begleitet.

Die geflügelte Sonne – ❻

In der Antike Zeichen allwissender Sonnengottheiten. Bei Harry Potter der *Schnatz*, der beim Spiel über Sieg oder Niederlage entscheidet. Hier: Symbol der inneren Mitte, der persönlichen Sonne auf der Lebensreise.

Lingam und Yoni – ❼

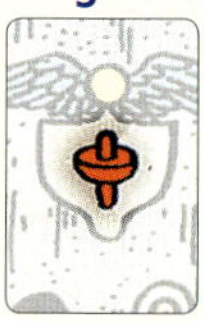

Traditionelle indische Darstellung der weiblichen und männlichen Geschlechtsorgane. Hier weniger sexuell, sondern generell als Ausgleich der Gegensätze zu sehen. Wird oft als Kreisel erkannt, was auch passt!

Stadt, Land, Fluss

Im Hintergrund sehen wir Vater Stadt und Mutter Natur. Wie immer, ist der Bildfigur das Geschehen in ihrem Rücken eventuell unbewusst. Daher Gefahr der Verleugnung oder Unkenntnis der eigenen Herkunft.

VII-Der Wagen

Der Wagen steht für die Erfahrung der eigenen Persönlichkeit, die sich aus der bewussten Steuerung (Wagenlenker) wie aus den Antrieben des Unbewussten, des Karma, der Lebensgeschichte (steinerner Wagen) zusammensetzt. Die Sphinxe stehen (besser: liegen hier) für die Rätsel des Lebens.

Einen eigenen Kurs wagen.

■ Grundbedeutung

Die Sphinx-Rätsel vor sich, Vater Stadt und Mutter Natur hinter sich, die Sterne über sich, Pflichten und Lüste auf den Schultern – der beste Ausgleich all dieser Anforderungen ist die Formulierung der richtigen *Wünsche!* Der »Weg der Wünsche« ist der Weg der Erfüllung sinnvoller Wünsche und der Aufhebung unberechtigter Ängste. Solange Sie auf diesem Weg unterwegs sind, lohnt sich alles, was Sie tun. Umgekehrt bleiben auch die schönsten Errungenschaften wertlos, wenn Sie Ihnen auf diesem Weg der Wünsche nicht weiterhelfen.

■ Spirituelle Erfahrung

Der Weg ist das Ziel.

■ Als Tageskarte

Der »Wagen« besagt, Sie müssen etwas *wagen:* Ihre Wünsche formulieren und danach leben.

■ Als Prognose / Tendenz

Sie können aus Ihrem Wagen, Ihrem »Karma« nicht aussteigen, aber Sie können ihm eine neue Richtung vorgeben.

■ Für Liebe und Beziehung

Eine gute Karte für frischen Wind in der Beziehung: Geben Sie sich und dem Partner jeweils einen Wunsch extra frei!

■ Für Erfolg und Glück im Leben

Entwickeln Sie Ihren persönlichen Geschmack – Vorlieben und Gewohnheiten, die Ihnen gut tun. Vertreten Sie Ihren Standpunkt, Ihre Meinung von ganzem Herzen.

Die 10 wichtigsten Symbole

Die Haltung der Bildfiguren

Mit ihrer rechten Hand krault die weiße Frau den Löwen, ihre linke liegt von oben auf seinem Maul. Beide = krummer Rücken. **Positiv:** Sorge, Fürsorge. **Negativ:** Unselbstständigkeit.

Der rote Löwe – ❶

Ein altes Symbol nicht nur für Triebkraft und Feuer, sondern auch für den Willen und speziell den wahren Willen. In der Alchemie der frühen Neuzeit eines der höchsten Symbole. Kultivierung des Willens.

Die weiße Frau – ❷

Die weis(s)e Frau, die Weisheit der Natur, die Unschuld, die das Wilde zähmt. Löwenbändigerin, die die Kräfte, die in diesem Planeten und in jedem von uns stecken, fördert und fordert.

Das Löwenmaul – ❸

im Schoß der Frau: Lebendigkeit, Lust und Sexualität bringen Grundanlagen des Menschen zusammen: Wildheit und Weisheit, Instinkt und Vernunft, Selbsterhaltung und Fortpflanzung. Das fordert und gibt Kraft.

Frau und Tier I

Wir treffen auf ein Urbild: Die Schöne und das Biest, King-Kong und die Weiße Frau, Prinzessin und Tiergemahl (im Märchen) – allesamt Bilder für die Erlösung und Erlösungsbedürftigkeit der Natur.

Frau und Tier II

»Alles Vergängliche /
ist nur ein Gleichnis; /
das Unzulängliche, /
hier wird's Ereignis; /
das Unbeschreibliche, /
hier ist's getan; /
das Ewig-Weibliche, / zieht uns hinan«
(Schlussworte aus Goethes »Faust«).

Die Blumenkränze

Blumen = die Schönheit der Seele eines jeden Lebewesens. Die Erde zu einem Garten zu machen, wo jede Blume in ihrem eigenen Wesen erblühen kann, diese Flower-Power gibt uns die Karte mit auf den Weg.

Die liegende Acht – ❹

Achterbahn. **Positiv:** Unendlichkeit, Ausgeglichenheit, permanente Bewegung, gute Schwingung, Lebendigkeit, Teilhabe an der Ewigkeit. **Negativ:** Sich im Kreise drehen, Ruhelosigkeit, Wiederholung ohne Wachstum.

Die blauen Berge – ❺

Positiv: Den »Himmel auf Erden« schaffen; Gipfelerlebnisse, Ekstase.
Negativ: Die blauen Berge befinden sich im Rücken der Bildfigur. Sie müssen sich zunächst umsehen.

Der gelbe Himmel

Sonne, aber auch Sinnsuche und Neid, Gold und Gier. **Gefahr:** Zu nahe an die Sonne zu kommen, kann Verzauberung (Blendung) bewirken. **Positiv:** Erhellung auch der Schattenseiten = zuverlässiges Bewusstsein.

VIII-Kraft

Weis(s)e Frau und roter Löwe greifen den Archetyp von der Schönen und dem Biest auf. Die Erlösung der einen hängt mit der Erlösung des anderen zusammen. So steht diese Karte auch für eine persönliche Kultur, in der es uns gelingt, die schöpferischen Kräfte zum Blühen zu bringen.

Die Schöne und das Biest – Sie sind beide!

■ Grundbedeutung

Der rote Löwe und die weiße Frau verkörpern die kraftvollsten Seiten der menschlichen Natur: Als *Wildheit* und *Weisheit* steigern sie Lebendigkeit und Lebenslust.

Zugleich warnen sie vor deren unbewussten Varianten, die man *Anima und Animus* nennt. Diese äußern sich in »tierischen« Trieben und in einem »wilden Denken«, das so unbewusst verläuft wie bei einem Zauberlehrling, der nicht überblickt, was er sagt und bewirkt.

■ Spirituelle Erfahrung

»Wie unten – so oben«: Der Mensch hat zwei Lustzentren – eins zwischen den Beinen und eins zwischen den Ohren!

■ Als Tageskarte

Das Glück ist es, als ganzer Mensch anwesend zu sein, alle Kräfte im Brennpunkt des Augenblicks zu versammeln.

■ Als Prognose / Tendenz

Der Schlüssel zur Kraft ist die Erlösung der Lust!

■ Für Liebe und Beziehung

Vergessen Sie sinnlose Ideale und lustlose Aktionen. Geben Sie der »Kraft« eine neue Chance!

■ Für Erfolg und Glück im Leben

Mit voller Kraft zu leben, heißt, im gegebenen Augenblick vollständig anwesend zu sein. So ist dies auch die Karte der Höhepunkte und der Gipfelerlebnisse (s. blauer Berg) in der Sexualität – und in jedem anderen Bereich des Lebens.

Die 10 wichtigsten Symbole

Die Haltung der Bildfigur

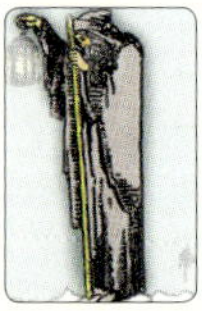

Er schaut nach innen und nach außen. Er ist zu- und abgewendet. Bei ihm ist alles grau, doch er bringt Licht und Farbe. Der Bart spricht für sein Alter, doch der Schnee auch für etwas Neues, Jungfräuliches.

Laterne und Nachtwächter I – ❶

Traditionell ein doppeldeutiges Symbol: Einerseits gilt er als Zeichen der Wachsamkeit in der Nacht. Andererseits ist er ein Begriff für Verschlafenheit und mangelndes Agieren am Tag (»Nachtwächterstaat«).

Laterne und Nachtwächter II

Im biblischen Gleichnis von den klugen und den törichten Jungfrauen sind es allein die klugen Jungfrauen, die zu ihrer Lampe zusätzlich Öl mitnehmen. Sie sind bereit, als der rechte Bräutigam erscheint.

Der sechszackige Stern – ❷

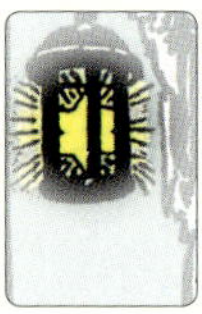

Hexagramm, David-Stern, heute Teil der israelischen Flagge. Hier jedoch keine politischen Hintergründe, sondern **Zeichen der Verbindung zweier Dreiecke (Himmel und Erde), das göttliche Licht in uns.**

Der gelb-goldene Stab – ❸

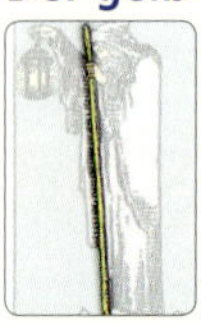

Das Licht aus der Laterne bestimmt auch die Farbe des Stabes. Dabei geht es um **das Licht und die Kraft**, die jeder Mensch in seiner Eigenart, in seiner Individualität mit auf die Welt bringt.

Die graue Kleidung

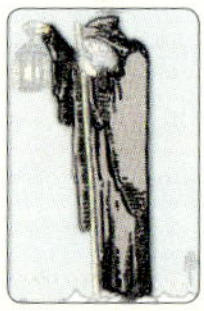

Sie warnt vor **Unbestimmtheit und persönlicher Unterentwicklung.** Sie ermuntert zu Unvoreingenommenheit, bei der das eigene Licht und der eigene Weg (Stab) wichtiger sind als äußere Rollen und Trachten.

Der grün-graue Himmel

Zusammen mit der grauen Kutte drückt die Farbe des Himmels noch einmal **Zurückgenommenheit und Konzentration auf das Wesentliche**, eben das eigene Licht und den goldenen Stab, den Funken Gottes, aus!

Der weiße Bart – ❹

Der Bart ist traditionell ein Kraft- und Potenzsymbol. Manchmal auch ein Begriff der Verkleidung oder des Verstecks (»zugewachsen«). Der weiße Bart = **Altersweisheit, Vollendung und Neuanfang** (vgl. Schnee).

Der Schnee – ❺

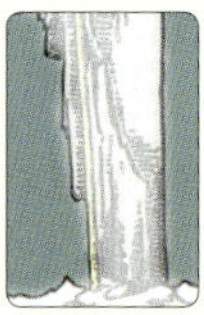

Einen Teil von sich vergessen oder sogar eingefroren haben. Oder: Der Schnee als **Metapher** (wie ein weißes Blatt) für **Vollendung und Neuanfang:** Zeichen dafür, dass man seine Probleme bereinigt hat!

Platzierung der Bildfigur

Wie der weiße Schnee dafür steht, dass man die Erde heilt und heiligt, so auch der Ort in der Anhöhe, von dem aus man sein Leben überschauen und mit sich, **mit Gott und der Welt ins Reine kommen** kann!

IX-Der Eremit

Nur vordergründig steht der »Eremit« für Einsamkeit oder Verlassenheit. Tatsächlich besitzt er eine weitergehende Botschaft, die für Sie persönlich von besonderer Bedeutung ist. »Der Eremit« verkörpert einen Menschen, der zur gegebenen Zeit seine Probleme löst, ohne etwas unter den Teppich zu kehren.

»Halte dein Licht bereit …«

■ **Grundbedeutung**
Die Vorstellung, dass ein Eremitenleben automatisch mit Askese und Verzicht verbunden sei, heißt die Sache von der falschen Seite betrachten. Ein Eremit hat die materielle Seite abgelegt. Für ihn ist dies nicht Verzicht, sondern Loswerden von Ballast, um ein Leben »in der Gegenwart Gottes« zu führen. Dieses Ziel aber bedeutet in den verschiedenen Religionen die Umschreibung des höchsten Glückzustandes. Hinter dem vordergründigen Verzicht steckt oftmals eine besondere Glückserfahrung. Diese soll Ihnen Wegweiser auch in Ihren aktuellen Fragen sein.

■ **Spirituelle Erfahrung**
Ein Weg zu und mit »Gott«.

■ **Als Tageskarte**
Manchmal signalisiert diese Karte Rückzug, öfter jedoch ruhige, verstärkte Bemühungen, Unwichtiges loszuwerden und sich auf das Wesentliche zu konzentrieren.

■ **Als Prognose / Tendenz**
Sie werden Schulden ablösen, im materiellen wie im moralischen Sinne! Das wird Ihnen gut tun!

■ **Für Liebe und Beziehung**
Eine gute Karte, um bestehende Probleme zu lösen!

■ **Für Erfolg und Glück im Leben**
Bevorzugen Sie für Ihre Fragen solche Lösungen, die zu dauerhaften Regelungen führen und die die Probleme nicht vertagen, sondern anpacken.

Die 10 wichtigsten Symbole

Die Sphinx mit Schwert – ❶

Die Sphinx = mythisches Rätsel, das sich unter anderem aus den vier Elementen Feuer, Wasser, Luft und Erde zusammensetzt: Wie das Bild insgesamt, so drückt auch die Sphinx die **Einheit in der Vielfalt** aus.

Die Schlange Typhon oder Seth – ❷

Seth gilt in der ägyptischen Spätzeit als **Verkörperung des Bösen** und Zerstörerischen, sein griechischer Name Typhon. Er bezeichnet hier allgemein ein negatives oder **abwärtsführendes Prinzip**.

Der Gott Anubis – ❸

Anubis = ägyptischer Gott mit Hunds- oder Schakalskopf, der die Seelen auf dem Weg zur Wiedergeburt begleitet. Er steht für ein **positives, aufbauendes Prinzip**. – Seth und Anubis = Auf und Ab des Schicksals.

Vier Elemente/Vier Evangelisten – ❹

Lukas, der Stier – Erde. Markus, der Löwe – Feuer. Johannes, der Adler – Wasser (Symbolreihe Skorpion – Schlange – Adler), Matthäus, der Engel oder Jüngling – Luft. Viele weitere Entsprechungen.

Die lateinischen Schriftzeichen

T – A – R – O: Diese Buchstaben lassen sich zu den folgenden Wörtern zusammensetzen: Rota Taro Orat Tora Ator: **Das Rad des Tarots verkündet das Gesetz der Hathor, der ägyptischen Göttin des Schicksals.**

Die hebräischen Schriftzeichen

J – H – V – H : Das Tetragrammaton (das Vier-Buchstaben-Wort), der unaussprechliche Name Gottes **J–A–H–V–E** oder **J–E–H–O–V–A. Auch:** die vier Elemente: J = Feuer, H = Wasser und auch Erde, V = Luft.

Die alchemistischen Zeichen

Wie in den Bildecken, wie in der Sphinx, wie im Hebräischen auch hier die vier Elemente: Merkurius (oben) = Luft, Sulfur oder Schwefel (rechts) = Feuer, Wasser (unten) = Wasser und Salz (links) = Erde.

Der dreifache Kreis

Wir sehen drei Kreise (mit dem Mittelpunkt, der Nabe, sind es zusammen vier Stufen oder Ausdehnungen). Wieder geht es um **Vielfalt und Einheit**, um das **Innere und das Äußere, Mikrokosmos und Makrokosmos**.

Speichen und Nabe des Rades

Die Speichen führen von innen nach außen und umgekehrt. **Die doppelte Aufgabe:** Einmal über sich hinauswachsen und die Welt entdecken. Ein anderes Mal sich zurücknehmen und zur eigenen Mitte finden.

Buch und Flügel – ❺

Der Mensch ist das einzige Lebewesen, das auch aus den Erfahrungen anderer lernen kann! Vorhandene Lösungen, **eigene und fremde Erfahrungen** vom guten Gelingen sind Bildungsstoff, der uns beflügelt.

X-Rad des Schicksals

Glück will gefunden und erkannt werden. Darin liegt die Bedeutung der aufgeschlagenen Bücher: Es geht weniger um Belesenheit als um Bildung, das eigene Weltbild, ein Verständnis von Zusammenhängen – so dass wir im Schicksal unser Glück und unsere Chancen erkennen können.

»Glück ist Talent für das Schicksal.« (Novalis)

■ Grundbedeutung

Die Sphinx ist ein Wesen, das sich aus elementaren Gestalten zusammensetzt: Stier-Körper (Erde), Löwen-Pranken und -Schwanz (Feuer), Engel/Mensch-Gesicht (Luft) und Adler-Flügel (die Flügel sind hier durch das Schwert ersetzt; Wasser). Vielfalt und Einheit, Kontinuität und Wandel – dies drückt allein schon die Sphinx aus. Und die weiteren Sprachen und Symbole wiederholen und vervielfältigen diese Aussagen: das Bild überrascht durch Vielfalt und Einheit auf vielen Ebenen.

■ Spirituelle Erfahrung

Glück will gefunden werden – und oft bekommen wir es einfach geschenkt!

■ Als Tageskarte

Achten Sie auf Zusammenhänge zwischen unterschiedlichen Lebensbereichen. Machen Sie sich Ihr eigenes Bild!

■ Als Prognose / Tendenz

Die Zusammenarbeit mit dem Schicksal wächst mit der liebevollen, aber auch kritischen Annahme von »Zufällen«. Für Sie beginnt eine große Zeit!

■ Für Liebe und Beziehung

Über den Tellerrand hinauszuschauen, gibt Ihnen mehr Toleranz für den Partner – und mehr Spielraum auch dann, wenn Sie ihn einmal *nicht* verstehen können!

■ Für Erfolg und Glück im Leben

Die Zeit ist reif für größere Zusammenhänge und bessere Lösungen!

Die 10 wichtigsten Symbole

Die Haltung der Bildfigur

Wie beim *Magier* drückt die Haltung der Arme den Grundsatz »wie oben, so unten« aus (besonders, wenn man die Arme um Waage und Schwert verlängert). Ein »Kanal«, der Himmel und Erde miteinander verbindet.

Waage und Schwert – ❶

Die klassischen **»Waffen des Geistes«**. Waage = abwägen und ermitteln. Das Schwert dient der Vollstreckung, aber auch der Bildung des Urteils, indem man Schnitte macht, etwas untersucht und einteilt.

Libra und Lust – ❷

Nur wer die Wahl hat und Alternativen kennt, kann Lust entwickeln. Vielleicht hängen deshalb in vielen Sprachen die Waage und das Gewogene (Libra) mit Freiheit (Liber, liberty) und Lust (Liebe, Libido) zusammen!

Das rote Gewand – ❸

Der bewusste Umgang (mit den Waffen des Geistes) mit den Trieben und Emotionen (dargestellt durch das dominierende Rot des Gewandes): Entweder geistige Kontrolle und Zensur oder bewusste Umsetzung der Lust!

Rot – weiß – grün – ❹

Rot (mit violett, s.u.) und grau dominieren: Herz und Verstand. **Der (gelb-) grüne Umhang** steht für Natürlichkeit und Wachstum, warnt vor Unreife. **Ein bisschen Weiß (Brosche):** ein Stück Offenheit.

Die Drei und Vier der Krone – ❺

Mehr als nur Jura: Die drei »Zinnen« der Krone und das viereckige Juwel darunter spielen mit Dreiheit und Vierheit als Inbegriff von **weiblicher und männlicher**, von **spiritueller und materieller Welt**.

Das dritte Auge – ❻

Das dritte Auge wird angedeutet (wie auch bei der Karte *Zwei Schwerter*). Es steht für die **höhere Einsicht** und für die **Aufhebung von Widersprüchen**.

Graue Säulen / Grauer Boden

Grau ist die Farbe der Neutralität, des Gleichmuts und der Toleranz. Auf der anderen Seite Symbol der Gleichgültigkeit und Unbewusstheit. Die Gefahr der Versteinerung und die Chance der Nachhaltigkeit!

Der violette Vorhang

Im Farbspektrum liegt das Violett an der Grenze zum Unsichtbaren. Das Schwert ragt über den Vorhang hinaus, Zeichen der Sensibilität und Feinfühligkeit, die hier gefordert ist: »Die Waage« misst das Vage.

Der gelbe Hintergrund

Der violette Vorhang grenzt das strahlende Gelb ab: **Negativ:** Sonne, klares Bewusstsein versteckt hinter Regeln und Gesetzen. **Positiv:** Eifer, Neid, Wahn oder Gier (= gelb) begrenzt durch Regeln und Gesetze.

XI-Gerechtigkeit

Hier geht es um eine Grenzerfahrung, die uns deutlich macht, dass etwas größer ist als wir. »Gerechtigkeit« ist kein abstraktes Prinzip, sondern die praktische Frage danach, wie wir eigenen, anderen und fremden Bedürfnissen Genugtuung und Befriedigung widerfahren lassen.

Je genauer die Ermittlung, um so liebevoller das Urteil!

■ Grundbedeutung

Das vorherrschende Rot ist die Farbe des Herzbluts. Der »gerechte«, richtige Umgang mit der Libido (Triebenergie, Lust) aber ist mit einem anderen Wort – Liebe! Denn Liebe ist nicht nur ein Gefühl; Liebe ist die Entscheidung, eine Situation anzunehmen, sich zu kümmern und sich auf sich selbst, auf andere, auf ein Erbe oder eine Aufgabe wirklich einzulassen. Liebe ist ein Bewusstseinszustand. Lieben heißt einfach wacher sein, mehr erfahren und besser wahrnehmen.

■ Spirituelle Erfahrung

»Je mehr Erkenntnis einem Ding innewohnt, desto größer ist die Liebe ...« (Paracelsus).

■ Als Tageskarte

Aus spiritueller Sicht lebt, wer liebt.

■ Als Prognose / Tendenz

»Unsere Erfahrungen verwandeln sich meist rasch in Urteile. Diese Urteile merken wir uns, aber wir meinen, es seien die Erfahrungen. Natürlich sind Urteile nicht so zuverlässig wie Erfahrungen. Es ist eine bestimmte Technik nötig, die Erfahrungen frisch zu erhalten, so dass man immerzu aus ihnen neue Urteile schöpfen kann« (B. Brecht).

■ Für Liebe und Beziehung

Diese »Technik« heißt *Gerechtigkeit in jeder Beziehung.*

■ Für Erfolg und Glück im Leben

Mut zur Kritik, Mut zum Lob sind in Ihren aktuellen Fragen gefordert.

Die 10 wichtigsten Symbole

Die Haltung der Bildfigur I

Das Bild geht auf germanisch-keltische Vorlagen zurück. Der Gott Odin und der große Zauberer Merlin verbringen jeweils Tage und Nächte in dieser Position. Auch schamanische Rituale kennen das Hängen.

Die Haltung der Bildfigur II

Arme und Kopf = Dreieck; die Beine ein Kreuzzeichen und eine umgekehrte Vier. Dreieck und Kreuzzeichen zusammen **= alchemistisches Zeichen für Feuer: Sulfur** (vgl. Karte *X*), also auch eine feurige Station.

T-Kreuz / Tau-Kreuz I – ❶

Ein Strich mit einem Querstrich ist der griechische Buchstabe Tau (lat. T). Das Tau-Kreuz ist gleichzeitig das **Symbol des bekannten Heiligen Franz von Assisi**, der gesagt hat: »Was du suchst, ist das, was sucht«.

T-Kreuz / Tau-Kreuz II

Negativ: Der Querbalken begrenzt die Entwicklung des senkrechten Stabes; durch Passivität oder Fatalismus beschränkt man seine höheren Möglichkeiten. **Auch:** T als Zeichen für »Pause« sowie für »Sackgasse«!

T-Kreuz / Tau-Kreuz III

Positiv: Das »Ende der Fahnenstange«, die höchsten Entwicklungsmöglichkeiten sind erreicht und finden ihren krönenden Abschluss. **Tau-Kreuz** = das höchste Glück, das Wunderbare und das »Höchste der Gefühle«!

Die Höhe

Der »Gehängte« besitzt einen klaren Standpunkt; nur dass dieser nicht auf der Erde, sondern im Himmel lokalisiert ist. Hier geht es um eine surreale Welt, d. h. wörtlich: **Eine Welt über der Wirklichkeit.**

Das Hängen – ❷

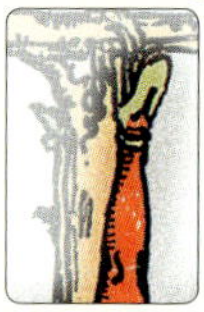

Die Karte warnt vor vielen Arten der Abhängigkeit. Sie ermuntert dazu, mal Pause zu machen („zu chillen und abzuhängen"). Vor allem aber ermutigt sie dazu, sich an das zu hängen, woran man glaubt.

Der Strahlenkranz – ❸

Wer sich mit seiner ganzen Existenz an das hängt, was ihm heilig ist, erlebt die höchsten Stufen seelischer Kraft. **Der Heiligenschein** (lat. Nimbus) **ist ein Symbol für Mächtige, Erleuchtete oder Heilige.**

Das Band am rechten Fuß – ❹

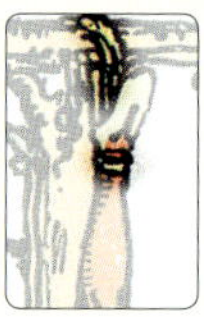

Rechtes Bein = bewusste Seite: Es geht um Leidenschaft, Passion und Glauben, denen wir uns bewusst hingeben. **Warnung:** vor den Fallstricken eines märtyrerhaften Eifers und vor lähmenden Obsessionen.

Die Umkehrung

So oder so: Immer hängen wir davon ab, was wir glauben. Umso wichtiger, dass dies kein Aberglaube oder Unglaube ist. **Daher nötig:** Phasen der Prüfung, in denen wir uns und unsere Werte auf den Kopf stellen.

XII-Der Gehängte

»Der Gehängte« besitzt einen durchaus üblichen, einen klaren und eindeutigen Standpunkt; nur dass sein Bezugspunkt eben nicht auf der Erde, nicht irdisch definiert ist. Sein »Standpunkt« ist die himmlische, transzendente Perspektive.

»Upside down you turn me ...« (Diana Ross)

■ Grundbedeutung
»Der Gehängte« glaubt an das, woran er hängt. Und er hängt an dem, woran er glaubt. Tragisch, wenn sich der Glaube als Aberglaube herausstellt. Es kommt daher darauf an, den eigenen Glauben zu prüfen. Dafür ist es manchmal notwendig, alles auf den Kopf zu stellen. Andererseits gibt das Bild natürlich auch einen Hinweis auf eine unangemessene Passivität, auf einen Menschen, der »sich hängen lässt«.

■ Spirituelle Erfahrung
Metanoeite – griechisch: *Kehret um und wandelt Euch!* (Wahlspruch des heiligen Franz von Assisi, dessen Wahrzeichen ein T-Kreuz ist).

■ Als Tageskarte
Untersuchen Sie die Anhaltspunkte, die Sie für Ihre Vermutungen besitzen.

■ Als Prognose / Tendenz
Auf die eine oder andere Weise ist hier das »Ende der Fahnenstange« erreicht: eine Passion, die entweder eine große Leidensgeschichte *oder* eine erhebende Leidenschaft anzeigt.

■ Für Liebe und Beziehung
Der Kopf befindet sich hier an unterster Stelle, der Bauch darüber. Das kann der Hinweis auf eine andere Art von Weisheit sein, die Sie nur erlangen, wenn Sie sich ausliefern.

■ Für Erfolg und Glück im Leben
Bewusstseinswandel, und Sie sehen die Welt mit neuen Augen.

Die 10 wichtigsten Symbole

Der schwarze Reiter – ❶

Auch diese Karte ist ein Spiegel: Hier heißt es nicht nur loszulassen. Sondern auch, aktiv etwas zu beenden. Warnung vor Härte und ungerechtfertigten Aggressionen. Ermunterung zu positiven, konsequenten Aktionen.

Das weiße Pferd – ❷

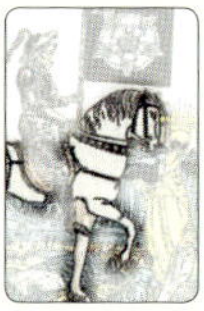

Das Pferd symbolisiert Kraft, Lebendigkeit und Triebleben. Die Farbe Weiß steht für Vollendung und Neuanfang. – Der Kontrast schwarz-weiß verweist auf die größten Extreme des Lebens.

Standarte mit Erntekrone – ❸

Die große Blume mit fünf Ähren (Pentagramm, Spitze nach unten) zeigt vor allem eins: **Hier geht es um Ernte!** Der Sensemann will in erster Linie nicht zerstören. Der Beruf des Schnitters ist die Ernte!

Der König ohne Krone – ❹

Der Tod des Egos, das Ende der weltlichen Macht. **Negativ:** Kontrollverlust, Ohnmacht. **Positiv:** »Den Hut ziehen«, Respekt vor den Gesetzen von Leben und Tod als Teil der Selbst-Regierung des *Herrscher*.

Der Bischof ohne Stab – ❺

Anders als der König können die Kinder und der Bischof / Hohepriester dem Tod gegenüber treten. Doch der Stab des Bischofs liegt am Boden; der Prozess von Tod und Wiedergeburt ist größer als seine Macht.

Die Mädchen / Kinder – ❻

Das größere Mädchen wendet sich ab. Nur das (kleine) Kind und der Priester schauen den *Tod* an. Als Erwachsener müssen wir Kind oder Priester sein, um den Tod als normalen Teil des Lebens zu akzeptieren.

Die Seelenbarke – ❼

Ein Bild aus der ägyptischen Mythologie, das sich in vielen Religionen wiederfindet: **Das Schiff, das die Seele vom Tod zur Wiedergeburt geleitet.** So steht diese Karte auch für die Wandlungen im Leben.

Die Himmelspforte – ❽

»Knocking on heaven's door«: Mit dem Tod ist nicht einfach Schluss. Man kann menschlich schon lange tot sein, bevor man stirbt. Und man kann noch lange leben, nachdem man bereits gestorben ist.

Die Ewige Stadt – ❾

Ein Bild aus dem Neuen Testament: Die Ewige Stadt (oder das Ewige Jerusalem) ist das Paradies, das am Jüngsten Tage wiederkehrt. Nun, der jüngste Tag ist heute! Und auch Tod und Wandlung sind Tagesthema.

Der graue Himmel

Die goldene Sonne kann untergehen oder aufgehen. Der graue Himmel warnt vor Indifferenz und Gleichgültigkeit, hier gegenüber dem Tod als Teil des Lebens. Und er ermuntert zu einem ruhigen, unaufgeregten Geist.

XIII-Tod

Etwas geht zu Ende. Wenn etwas Schönes sein Ende erfährt, sind wir traurig; geht jedoch etwas Schlimmes zu Ende, freuen wir uns. Das Bild besagt aber auch: Es gibt etwas zu erledigen. Ihre »positive Aggression« ist gefragt, die Kraft, notwendige und einschneidende Veränderungen vorzunehmen.

Loslassen, um zu ernten: Der »Gevatter Tod« will ernten!

■ Grundbedeutung

Die Trauer über Tod und Verlust ist unvermeidlich. Doch verdrängen Sie nicht die Ängste vor dem Tod. Man kann tot sein, lange bevor man stirbt. Und man kann leben, lange nachdem man gestorben ist! So oder so bedeutet der Tod nicht Nichts: Der »Gevatter Tod« will etwas ernten – daher tritt er in vielen Darstellungen als Sensemann, als Schnitter auf! Hier trägt der Schwarze Reiter eine *Erntekrone* in seiner Standarte.

■ Spirituelle Erfahrung

»Und solang du das nicht hast,/ Dieses: Stirb und werde!/ Bist du nur ein trüber Gast/ Auf der dunklen Erde« (J.W.v. Goethe).

■ Als Tageskarte

Welche Früchte sind jetzt reif – welche Resultate fehlen Ihnen noch? Was passt nicht mehr zu Ihnen?

■ Als Prognose / Tendenz

Die Wirkungen des eigenen Lebens gehen über den Tod hinaus. Umso dringender die Frage, was Sie in diesem Leben erleben, gestalten und ernten wollen.

■ Für Liebe und Beziehung

Schaffen Sie Platz für einen neuen Sonnenaufgang.

■ Für Erfolg und Glück im Leben

Wenn ein Leben Früchte tragen soll, muss im passenden Rhythmus das Nötige für die gewünschte Ernte getan werden. Es ist nie zu spät, damit zu beginnen.

Die 10 wichtigsten Symbole

Ein Engel auf Erden

Der Engel ist die einzige Bildfigur. Hier führt kein Weg daran vorbei, sich mit seinen »himmlischen« Möglichkeiten zu befassen. Es geht um das »Höhere Selbst«, aber auch um unrealistischen Idealismus.

Die Brustplatte / Das Amulett – ❶

Die Dreiheit für Weiblichkeit und Spiritualität, die Vierheit für Männlichkeit und Materialität: Seine Gegensätze in eine produktive Spannung bringen. (Über dem Amulett: die 4 hebräischen Buchstaben J-H-V-H.)

Mischung / Verflüssigung – ❷

Widersprüche werden überbrückt und aufgehoben, indem man zwischen ihnen eine Spannung erzeugt und etwas in Fluss gerät! Das rechte Maß der Dinge ist eben auch die rechte Spannung, der rechte Gegensatz.

Die drei Ebenen – ❸

Unten: die Pole (Land und Wasser) noch unversöhnt. **In der Mitte:** die Widersprüche in Beziehung, es beginnt zu fließen. **Oben:** Einheit (das dritte Auge) und Unterschiede in ganzer Spannweite (große Flügel).

Der lange Weg – ❹

Der berühmte wahre Wille, Lebensentwurf. **Ziel:** Die richtigen Lebensaufgaben, die wir / die uns zu einer glücklichen Lösung führen! **Warnung** vor Umständlichkeit, falschen Idealen und langwierigen Prozeduren.

Das blaue Wasser

Das Blau des Wassers wiederholt sich in den blauen Bergen. Spiritualität (Geist und Seele), die den Ursprung und auch die Zielrichtung bestimmt. Das Hellblau warnt auch vor »Blauäugigkeit« und Wunschdenken.

Die blauen Berge – ❺

Symbol für die *Hochzeit von Himmel und Erde*, das Geheimnis der Vereinigung, von dem die ganze Karte handelt. **Praktisch:** Die eigene Bestimmung finden – eben in der Lebensform, die für uns am meisten *stimmt!*

Sonne / Drittes Auge – ❻

Der Kopf des Engels und die Sonne über den Bergen = ähnliche Form. Beide sollen sich entsprechen. Wenn der persönliche Wille und der »Wille« des Schicksals übereinstimmen, werden große Dinge möglich!

Der graue Himmel

Allerdings: Sonne im Rücken der Bildfigur. **Warnung** vor unbemerkten, vergessenen Absichten. Der graue Himmel warnt vor Gleichgültigkeit bei den Lebenszielen. Und er ermuntert zu einer neutralen Ermittlung.

Feuer-Flügel – ❼

Ihre Spannbreite überragt das Bild: Stets neue Möglichkeiten, kein Ende finden. **Negativ:** Fegefeuer, Perfektionismus, Flucht ins Gigantische. **Positiv:** Läuterung, das Unendliche mit dem Nötigen verbinden!

XIV-Mässigkeit

Schon in der Antike war die Mäßigkeit eine der vier Kardinaltugenden. Es geht um das Maß der Dinge und um die höchsten Ziele im Leben. Die Karte ermuntert uns, die Widersprüche des Lebens in die Hand zu nehmen.

Eine lustvolle Verwandlung der Welt …

■ Grundbedeutung

Als »Hochzeit von Himmel und Erde« bezeichneten die Alchemisten das *mysterium coniunctionis* (das Geheimnis der Vereinigung), für sie das Ziel des »Großen Werkes« (opus magnum).

Das größte Werk aber sind Lebensaufgaben. Davon handelt der lange Weg im Bild, von Aufgaben, die so groß sind, dass sie eine ganze Lebensspanne erfordern; Ziele, die den »Engel« in Ihnen, Ihr höheres Selbst, Ihre größeren Möglichkeiten wachrufen und zur Geltung bringen!

■ Spirituelle Erfahrung

Wir durchleben ein »Fegefeuer«, eine Läuterung, solange das rechte Maß noch nicht gefunden ist.

■ Als Tageskarte

Nehmen Sie die wirklichen Widersprüche Ihres Lebens in die Hand, …

■ Als Prognose / Tendenz

… umso mehr gelingt es Ihnen, die Dinge so zu nehmen, wie sie sind, und – nicht dennoch, sondern gerade deshalb – dem persönlichen Willen zum Erfolg zu helfen.

■ Für Liebe und Beziehung

Durch Ihr Tun schaffen Sie neue Tatsachen – und erschaffen sich selbst immer wieder neu. Es ist wichtig, den Partner daran teilhaben zu lassen.

■ Für Erfolg und Glück im Leben

Richten Sie sich eine »Kreativitätswerkstatt« im Tagesablauf ein, wo Sie regelmäßig auftanken.

Die 10 wichtigsten Symbole

Die Haltungen der Bildfiguren

Parallelen zu *VI – Die Liebenden* und *V – Der Hierophant* sind offensichtlich. Möglicherweise haben die beiden »Liebenden« mit viel Mühe die große Teufelsfigur auf ihrem Stein aus dem Dunkeln hervorgezogen.

Die Hörner – ❶

Zeichen der noch nicht zivilisierten Natur. Hier geht es also weniger um Seitensprünge (»sich die Hörner aufsetzen«), als um alles Ursprüngliche und Unzivilisierte in uns, das Fluch oder Segen sein kann.

Fledermausflügel / Krallen – ❷

Fledermaus: ein Tier von besonderer Sensibilität in der Nacht, kann sich auch im Dunkeln bestens orientieren. Die Krallen an den Füßen: Vogel, Element Luft. – Der »Teufel« als Erd-Geist!

Der dreieckige Kopf – ❸

Das Pentagramm mit der Spitze nach unten warnt vor negativer Energie, die »alles herunterzieht«. Und sie ermutigt zu einer persönlichen Quintessenz, deren Spitze nach unten gerichtet, also geerdet ist.

Der Bocks-Unterleib – ❹

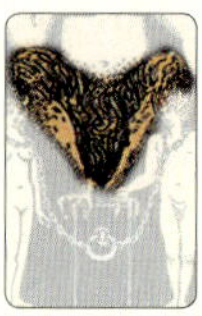

Vorurteile loslassen! Der Bock steht für Trieb und Instinkt, wie jedes Tier. Lassen Sie nicht zu, dass jemand zum »Sündenbock« abgestempelt wird. **Und umgekehrt:** Tun Sie, worauf Sie »Bock« haben.

Der Kubus – ❺

Symbol der Materie. Der schwarze Kubus (in manchen Religionen das zentrale Heiligtum, so die Kaaba in Mekka) ist im abendländischen Sinne ein Symbol der unbearbeiteten Materie und des unerforschten Selbst.

Die Ketten – ❻

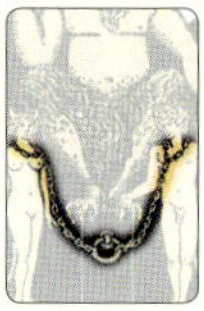

Sie warnen vor Abhängigkeit, besonders vor einem »Teufelskreis«. **Positiv** ist dies jedoch die Karte des Yoga (wörtlich »Joch«). **Freiwilligkeit:** die Ketten liegen lose. Annahme der materiellen Gebundenheit.

Die Fackel

Sie steht für unsere Aufgabe, **Licht ins Dunkle zu bringen**, das heißt konkret Positives und Negatives unterscheiden. Beim »Teufel« sind aber Positives und Negatives (etwa Anziehung und Abstoßung) zunächst gemischt.

Das Handzeichen – ❼

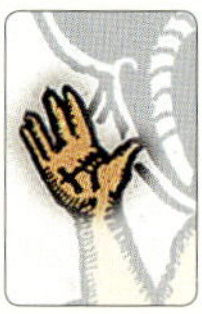

Gegenteil oder Erweiterung des Segenszeichens des *Hohepriester*. Hier: alle Finger geöffnet, alles offen sichtbar. Wir schauen in eine »Black box« hinein, entdecken unbekannte Sehnsüchte oder unbekannten »Mist«.

Die Schwänze – ❽

Wie die Hörner: Der Mensch ist nicht nur als Engel vom Himmel auf die Erde gekommen, sondern einst auch als Affe von den Bäumen geklettert. **Die Reste der ursprünglichen Natur in uns gilt es zu gestalten.**

XV- Der Teufel

Sobald diese Karte auftaucht, wird signalisiert, dass die Schwelle des Tabus überschritten ist. Was zuvor unterschwellig vorhanden war, wird nun sichtbar. Eben darin liegt der Vorteil, aber auch die Aufgabe.

Lassen Sie sich nicht ins Bockshorn jagen!

■ Grundbedeutung

Auf der einen Seite stellt der Teufel eine Art *Vampir*, eine wirkliche Last und Belästigung dar. Davor fürchten wir uns zu Recht. Diesen Teil der Finsternis können wir loswerden, wenn wir ihn endlich erkennen.

Auf einer ganz anderen Seite verkörpert der Teufel ein *Kellerkind*. Das ist ein Teil von uns, den wir bisher stiefmütterlich oder stiefväterlich behandelt haben, obwohl wir insgeheim und mit Recht eine Sehnsucht nach ihm empfinden. Diesen können wir nun heimholen.

■ Spirituelle Erfahrung

»Bringe Licht ins Dunkel, und du findest alten Mist – und neue Schätze!«

■ Als Tageskarte

Ihnen bietet sich die Chance, ein paar alte »Hörner« abzustoßen.

■ Als Prognose / Tendenz

Wenn Sie Licht ins Dunkle bringen, zerfällt der »Vampir« zu Staub, und das »Kellerkind« gewinnt Form und Farbe.

■ Für Liebe und Beziehung

Es ist kein Fluch und keine Schande - - meist ist es ein Zeichen von Qualität, wenn in einer Beziehung auch die »verflixten Schattenseiten« zum Vorschein kommen.

■ Für Erfolg und Glück im Leben

Nehmen Sie sich alle nötige Zeit, sich dem Unbekanntem zu stellen und unterscheiden zu lernen, was Sie davon nutzen können und was nicht.

Die 10 wichtigsten Symbole

Die Haltungen der Bildfiguren

Die Haltungen der beiden Bildfiguren drücken **nicht nur ein Fallen**, sondern möglicherweise **auch ein Fliegen** aus. Denken wir daran, dass auch Fallschirmspringen und Turmspringen beliebte Hobbys sind.

Der Turm – ❶

Er ist Schutzturm, Wachturm, bietet Höhe und Überblick, Macht und Sicherheit. Auf der anderen Seite ein Elfenbeinturm, Überheblichkeit und Isolation, Einkapselung, das Leben im Turm eher eine Gefangenschaft.

Zwischen Himmel und Erde

Man sieht nicht den Moment des Absprungs oder des Hinauswurfs. Und auch nicht, wo und wie die beiden landen. Die besondere Energie des Bildes besteht im Fliegen und Fallen, im **Sein zwischen Himmel und Erde**.

Die Explosion – ❷

Zuerst denkt man: Der Blitz hat eingeschlagen. Aber der Turm mit Blitz und Flammen ist auch ein **Orgasmussymbol**, ein Inbegriff der stärksten Energien des Menschen in der Sexualität und in allen Lebensbereichen.

Die Goldtropfen – ❸

22 Tropfen in Form des hebräischen J (für Feuer). Hinweis auf Pfingsten (»Heiliger Geist« in Gestalt von Feuerzungen). Goldtropfen der Gnade oder Feuersturm der Zerstörung – gegensätzliche Hoch-Energien.

Der Blitz – ❹

Die gezackte Form erinnert an ein W. Wie der Zauberstab des *Magier* für das I (Ich) stehen *kann*, so das W für das »We« (wir). Im Guten wie im Schlechten haben die höchsten Lebensenergien mit *anderen* zu tun.

Die Flammen – ❺

Flammen der Leidenschaft. **Negativ:** Zerstörung, Willkür, ungezügelte Aggressionen, die Feuerwehr rufen. **Positiv:** Feuer und Flamme sein, Einsatz- und Hingabebereitschaft, der göttliche Funke im Menschen.

Die schief liegende Krone –

Im Positiven wie im Negativen: Kontrollverlust, Öffnung, Ein–Wände und Vor–Wände werden hinfällig! **Negativ:** Mangelnder Selbstschutz, schwaches Ich. **Positiv:** Verlust der Selbstherrlichkeit.

Fallen und Fliegen – ❻

Das Fliegen ist ein alter Menschheitstraum. Und auch in unseren Nachtträumen spielen heute Fliegen und Fallen wichtige Rollen. Die »Angst vorm Fliegen« (Erica Jong) verlieren wir durch positive Gewohnheit!

Der schwarze Himmel

Negativ: Verlust der Horizonte, Verlust von Überblick und Orientierung. **Positiv:** Licht ins Dunkel. Kraft zum Neuanfang, zum Weg ins Unbekannte, zur Erleuchtung der Nacht. Der Weg zum *Stern*.

XVI-Der Turm

Die Karte warnt vor Größenwahn und mangelnder Standhaftigkeit. Es kann zu Erschütterungen kommen, doch da ist auch die (zwar durchdringende, aber sanfte) Ermutigung, persönliche Ein-Wände und Vor-Wände – den eigenen Elfenbeinturm – aufzugeben, wenn die Zeit dafür reif ist!

»Riders on the storm« / Sturmreiter – (The Doors)

■ Grundbedeutung

Der *Turmbau zu Babel* steht für den menschlichen Größenwahn. Ergebnis ist nicht nur die Zerstörung des Turms, sondern auch die »babylonische Sprachverwirrung«: Die Menschen verstehen einander nicht mehr. – Das Pfingstereignis stellt die Umkehrung davon dar: Der »Heilige Geist« kommt in Gestalt von Sturm und Feuerzungen auf die Jünger herab, diese beginnen zu reden, und jede/r hört sie in der Muttersprache. Statt Sprachverwirrung die Aufhebung der Sprach- und Verständigungsgrenzen.

■ Spirituelle Erfahrung

Pfingsten – die direkte Kommunikation von Herz zu Herz!

■ Als Tageskarte

Setzen Sie Ihre ganze Energie ein! Atmen Sie bewusst ein und aus!

■ Als Prognose / Tendenz

Es geht um Gefahrenvermeidung sowie um die Lust, einen Absprung zu wagen und sich ganz einzubringen. Eine Landung ist hier kein Thema. Bei dieser Karte geht es nur um das Dasein »draußen«, zwischen Himmel und Erde.

■ Für Liebe und Beziehung

Sie gewinnen mehr Liebe und Sie schützen sich besser vor gewaltsamen Zumutungen, je bewusster und direkter Sie agieren!

■ Für Erfolg und Glück im Leben

Leben Sie die Entwicklung als ein Experiment. Machen Sie die Augen auf!

Die 10 wichtigsten Symbole

Die Haltung der Bildfigur

Hingabe und Versunkenheit. Vielleicht auch Narziss, wie er sich in sein Spiegelbild verliebt. Oder die Bildfigur sucht vergebens nach ihrem Ebenbild, weil das bewegte Wasser kein Spiegelbild zurückwirft.

Die Krüge

Seelisches Fassungsvermögen, der Inbegriff unserer Gefühle. Gleichzeitig wird in alten Mythen auch der Mensch selbst als ein Gefäß in der Hand Gottes beschrieben, Teil des (Wasser-) Kreislaufs des Lebens.

Wasser zu Wasser/Wasser zu Erde – ❶

Darin drückt sich dieser kosmische Kreislauf aus. Aber auch: »Die Guten ins Töpfchen, die Schlechten ins Kröpfchen«. Ein Teil wird genutzt, die Erde fruchtbar zu machen. Der andere Teil fließt direkt zurück.

Die fünf Ströme – ❷

Mit dem Wasser des Lebens wird die Erde fruchtbar gemacht. Der Mensch als Teil der Schöpfung und als ihr aktiver Partner. Die fünf Ströme stehen auch für die Quintessenz eines jeden Menschen.

Die Nacktheit

Negativ: Warnung vor Unverschämtheit, Schamlosigkeit. **Positiv:** Persönliche Wahrheit, eine märchenhafte Schönheit (im europäischen Märchen bedeutet Schönheit im Allgemeinen die gelebte, echte Wahrheit).

Die acht achtzackigen Sterne – ❸

Hier erinnert die achtzackige Form der Sterne an Diamanten. Dieser ist ein altes **Symbol für den reinen, wahren, klaren und geläuterten Seelenkern,** der unveräußerlich und unzerstörbar in jedem Menschen ist.

Der Fuß auf dem Wasser – ❹

Negativ: Kein Zugang zu den Gefühlen, man kommt nicht ins Wasser hinein. Wie eine Vereisung, eine Unzugänglichkeit der Seele. **Positiv:** Das Wasser trägt, die Seele und der Glaube bieten Halt und Standpunkt.

Der Baum auf dem Hügel

Wie der Berg und der Gipfel im Hintergrund steht auch der Baum mit Wurzel und Krone für die **Verbindung zwischen Himmel und Erde**, für das allmähliche Empor- und Zusammenwachsen von Mikro- und Makrokosmos.

Der große Vogel – ❺

Der lange Schnabel deutet wohl auf einen Ibis-Vogel hin. Die alten Ägypter verehrten den Gott Thot (griechisch: Hermes) und stellten ihn mit einem Ibis-Kopf dar. Ein Ibis führte Noah nach dem Ende der Sintflut.

Der hellblaue Himmel

Himmel = Reich des Gottes und des Willens. **Hellblau** = (offener) Himmel; (klares) Wasser. **Positiv:** Heiterkeit, Lässigkeit, klarer Wille, klarer Geist. **Negativ:** »Blauäugigkeit«, Rausch. Auch: »blau machen«.

XVII- Der Stern

Der »Stern« ist ein Inbegriff unserer schönsten Hoffnungen, aber auch jener Wunschträume, denen es an Bodenständigkeit fehlt. Die Karte warnt vor Selbstverliebtheit oder Selbstverlorenheit. Sie ermuntert zur Suche nach dem eigenen Standort und dem persönlichen Beitrag im Kosmos.

A star is born – Sterne fallen nicht vom Himmel …

■ Grundbedeutung

All unsere Träume drehen sich um diesen Stern, die persönliche Wahrheit ist die Quelle unserer Träume. Diese Quelle kann nie versiegen; man muss sie nur finden und, wie es die Bildfigur zeigt, in die Hand nehmen und fruchtbar machen. Wenn dann der Stern nicht nur die Nacht, sondern auch den Tag erhellt, dann zeigt sich diese Wahrheit in ihrer ganzen Schönheit.

Manchmal warnt die Karte jedoch vor einer unangebrachten Schamlosigkeit oder Bloßstellung.

■ Spirituelle Erfahrung

Den eigenen Platz im Kosmos erkennen und annehmen.

■ Als Tageskarte

Offenbaren Sie sich, leisten Sie Ihren Beitrag! Legen Sie falsche Hemmungen und Schamgefühle ab, um sich in Ihrer persönlichen Schönheit zu präsentieren.

■ Als Prognose / Tendenz

Dem eigenen Stern folgen, heißt: klar werden und den eigenen Traum verwirklichen. Schlimme Erfahrungen wollen verarbeitet, schöne Hoffnungen zu Ende geträumt und verwirklicht werden!

■ Für Liebe und Beziehung

Tauen Sie vereiste Gefühle auf!

■ Für Erfolg und Glück im Leben

Stellen Sie Ihr Licht nicht unter den Scheffel, aber vergessen Sie auch nicht, dass Sie nur Teil einer viel größeren Milchstraße sind.

Die 10 wichtigsten Symbole

Keine Bildfigur?

Die Karte warnt vor Gefühlen wie in einer Vollmondnacht, die uns förmlich absorbieren. Wir tauchen unter, stehen erstarrt da oder bellen den Mond an. **Positiv:** Die Himmelpforte ist so weit offen wie sonst nie.

Sonne und Mond – ❶

Vollmond, Halbmond und Sonne vereint. **Negativ:** Tag und Nacht ist alles eins, der Tag ein großer Traum, in dem man nicht wach wird. **Positiv:** Der Mond wird ausgeleuchtet, die Wünsche der Nacht am Tag umgesetzt.

Mondgesicht – ❷

Auch wenn der Mond für die großen, die ozeanischen Gefühle steht, für das »kollektive Unbewusste«, so hat der Mond doch persönliche Züge. **Wir stoßen zuerst und zuletzt auf die persönlichen Geschichten.**

Goldtropfen – ❸

15 Goldtropfen in Gestalt des hebräischen J kennzeichnen ein glitzerndes Fluidum, den Übergang zwischen Himmel und Erde, **die Wanderung der Seelen**, die »Glühwürmchen«, den göttlichen Funken.

Hund und Wolf – ❹

Hund = gezähmt, Wolf = wild. Durch Triebe und Zwielicht führt der Weg. **Uralte Instinkte und ererbte Sehnsüchte** bestimmen und schaffen erst den Weg von den Wassern des Ursprungs bis in das Blau der Berge.

Krebs – ❺

Der Krebs steht für **uralte Gefühle und Instinkte.** Diese kommen hier zum Vorschein, auch sie wollen bearbeitet und erlöst werden. Oder auch sie entfleuchen wieder, tauchen in die Tiefe ab und verstecken sich.

Türme / Himmelpforte – ❻

Es ist sensationell, wie weit die Himmelspforte hier geöffnet ist. Am besten gehen wir einfach normal voran. Denn die Türme warnen vor Erstarrung, wie bei der biblischen Frau Lots, die zur Salzsäule erstarrt.

Der lange Weg

Der Lebensweg im Ganzen, Vereinigung von Welt und Anderswelt, unsere doppelte Heimat im Diesseits und Jenseits. Symbol des Glaubens und der großen Träume, die sich auf die ganze Lebensspanne beziehen.

Blaue und grüne Ebenen

Die unbewussten Urgründe (Krebstier) wie auch der gefühls- und glaubensmäßige Überbau (die blauen Berge) – beide Seiten gilt es zu erlösen und in die grüne Realität der Alltagsnormalität einzubringen.

Der hellblaue Himmel

Himmel = Reich des Gottes und des Willens. **Hellblau** = (offener) Himmel; (klares) Wasser. **Positiv:** Heiterkeit, Lässigkeit, klarer Wille, klarer Geist. **Negativ:** »Blauäugigkeit«, Rausch. Auch: »blau machen«.

XVIII-Der Mond

Der »Mond« ruft verborgene Regungen ans Licht, sogar den Krebs, d. h. tiefste, uralte Instinkte, und einen goldgeschmückten Himmel, der auf einmal zum Greifen nahe erscheint. Wie eine Vollmondnacht kann dies recht aufwühlend wirken. Hier ist Ihr Mut zu großen Gefühlen gefordert!

Der »Mond« steht für das kollektive Unbewusste, für die »ozeanischen Gefühle«.

■ Grundbedeutung

Mit dieser Karte erleben wir uns häufig in Stimmungen, die wir zunächst nicht einzuschätzen wissen. Die Gefahr besteht, von den seelischen Wechsellagen aufgesogen zu werden. Die große Chance liegt darin, dass wir uns in jede Kreatur einfühlen, dass wir überall zu Hause sind und eine erweiterte Identität erwerben: In jedem Ereignis, in jedem Geschöpf erkennen wir auch einen Teil des »Göttlichen« sowie der eigenen Person wieder.

■ Spirituelle Erfahrung

»Mitleiden und nicht anhaften« – lieben, Anteil nehmen, doch sich nicht mit seinen Emotionen identifizieren!

■ Als Tageskarte

Die großen Gefühle und »die letzten Dinge im Leben« sind Realitäten, die gelebt sein wollen wie alles andere auch.

■ Als Prognose / Tendenz

Die Verheißung dieser Karte ist die Verwandlung eines »trockenen« oder eines (sehn-) süchtigen Alltags in einen erlösten, beschwingten Lebensgenuss!

■ Für Liebe und Beziehung

Geben Sie den Nachtseiten Raum, ohne sich auszuliefern. Nehmen Sie Ihren Partner mit.

■ Für Erfolg und Glück im Leben

Machen Sie Ihren Frieden mit »Gott« und der Welt. Die Karte ermuntert Sie, das Herz zu öffnen und jede Selbstbefangenheit abzulegen.

Die 10 wichtigsten Symbole

Die Haltung der Bildfigur

Die Haltung des Kindes drückt Hingabe und Offenheit aus. Es geht um Reifung (eine späte Station in den Großen Arkana), das bedeutet **als Erwachsener wieder Kind zu sein**. Die riesige Fahne trägt es »mit links«.

Sonnengesicht – ❶

Wie die Karte *Mond* für das kollektive Unbewusste steht, so die *Sonne* für **das kollektive Wissen, Gewissen und Bewusstsein**. Sie steht für das Zentrum, von dem aus wir unser Leben organisieren (sollten).

Die 21 Strahlen – ❷

Die 21 Strahlen = **die übrigen Großen Arkana**. Ein Hinweis darauf, dass es hier nicht nur um »eitel Sonnenschein« oder Urlaubssonne geht, sondern darum, sich **alle Stationen des Lebens** ins Bewusstsein zu rufen.

Die rote Feder – ❸

Lebensflamme und Lebensfreude (vgl. *XIII – Tod* und *O – Der Narr*). Lebenskraft, Potenz, Lebendigkeit. Die rote Feder zeigt wie das rote Lebenslicht die Lebendigkeit der Seele und des »Herzens« eines Menschen.

Die rote Fahne

Wie eine große Rutschbahn unterstreicht sie den Aspekt der Hingabe an die Lebenskraft. Außerdem verbindet sie Höhe und Tiefe; sinngemäß Kindheit und Alter: »Das Ende ist mein Anfang« (Tiziano Terzani).

Das weiß-graue Pferd

Weiß = Unschuld und Weisheit. **Grau** = Vorurteilslosigkeit, Unbemerktes und Unbewusstes. Die Sonne im Rücken und die Kraft, die uns trägt (das Pferd), werden vielleicht nicht wahrgenommen.

Die Mauer – ❹

Sinnvolle Grenzen setzen und einhalten! Die Sonne steht zwar auch für die Welt des Höchsten und Heiligen und scheint in unseren Alltag hinein, doch ist dieser von dem Bereich des Absoluten auch unterschieden.

Die Sonnenblumen – ❺

Führt die Sonne zu Blendungen und zur Verdrängung der Schattenseiten des Lebens? Oder können wir mit dem Licht der Sonne die Tiefen erleuchten? Seit den Zeiten Vincent van Goghs sind Sonne und Schatten …

Sonne und Schatten – ❻

… untrennbar mit dem Motiv der Sonnenblume verbunden. Wir begegnen dem Schatten mehrfach im Bild: Der graue Schatten zwischen Blumen und Sonne. Die Schattierung am weißen Pferd. Die Sonne im Rücken.

Der hellblaue Himmel

Himmel = Reich des Gottes und des Willens. **Hellblau** = (offener) Himmel; (klares) Wasser. **Positiv:** Heiterkeit, Leichtigkeit, klarer Wille, klarer Geist. **Negativ:** jemanden oder etwas »anhimmeln«, Wunschdenken.

XIX-Die Sonne

Die »Sonne« symbolisiert tägliche Erneuerung, Licht und Wärme. Unseren Platz an der Sonne finden wir, wo wir aus vollem Herzen sagen können: »Es ist gut so!« Eine schöpferische, allseitige Entfaltung kennzeichnet den Weg sowohl des Sonnenlichts wie auch des menschliches Bewusst-Seins.

Jeder Tag ist ein Geburtstag.

■ Grundbedeutung

»Die Geburt ist nicht ein augenblickliches Ereignis, sondern ein dauernder Vorgang. Das Ziel des Lebens ist es, ganz geboren zu werden ... zu leben bedeutet, jede Minute geboren zu werden« (Erich Fromm).

Wir brauchen eine »permanente Geburt«, eine selbst gewollte Lebensgestaltung, die nicht durch Gewohnheit und Routine, sondern durch freie Wahl und freien Willen geprägt ist. An die Stelle eines herkömmlichen Verhaltens und Denkens tritt ein selbst gewählter Lebensstil.

■ Spirituelle Erfahrung

»Liebe Gott und tu, was du willst« (Augustinus).

■ Als Tageskarte

Lassen Sie sich nicht einmachen. Beseitigen oder umgehen Sie, was Ihre Weiterentwicklung und Ihr Wohlsein trübt.

■ Als Prognose / Tendenz

Was Ihnen bleibt, wenn Sie mit der Sonne altern und reifen, ist die offene Hingabe an die Welt. Sie gibt Ihnen eine spielerische Freude am Dasein.

■ Für Liebe und Beziehung

Eine lichtvolle Perspektive für die Partnerschaft: *Je länger, je lieber* – das gilt, wenn auch die Beziehung sich weiter entwickelt und jeder Partner genug Sonne bekommt.

■ Für Erfolg und Glück im Leben

Hüten und schützen Sie sich vor Blendwerk und Oberflächlichkeiten.

Die 10 wichtigsten Symbole

Das Jüngste Gericht

Die Bibel berichtet nicht nur vom Verlust des Paradieses (Adam und Eva, Sündenfall). Die Rückkehr des Paradieses am Jüngsten Tag ist weniger bekannt, dennoch fester Bestandteil der christlichen Tradition.

Die Haltungen der Bildfiguren

Die Haltung der Arme kann Abschied oder Versöhnung zum Ausdruck bringen. Beides kann hier wichtig sein: Es gilt, einen Strich unter alles Vergangene zu ziehen, keine »Leichen im Keller« zu behalten.

Fanfare mit sieben Strichen – ❶

Die Fanfare oder Posaune des Jüngsten Tags weckt **schlafende Energien und macht Tote wieder lebendig.** Auch Sie besitzen solche Kräfte – oder begegnen ihnen. **Auch:** Sie werden vieles zu hören bekommen.

Das orange-rote Kreuz – ❷

Wie jedes Kreuzzeichen ein Symbol der Unterscheidung und Verbindung. Die Aufgabe des Abschieds und der Trennung auf der einen Seite und der Versöhnung und der Vereinigung auf der anderen Seite.

Der Engel – ❸

Alle sieben Bildfiguren können Teile von Ihnen sein, so auch der Engel. Er steht für Ihre **Kraft zur Motivation** (Wachrütteln) **und zur Transformation**. Er warnt vor luftigen, bodenlosen Glaubenssätzen.

Die sechs Menschen

Wir sehen uns hier mit Familie, Sippe oder Freunden. Und: Alle sechs Figuren sind ein Spiegel, zeigen eigene männliche, weibliche und kindliche Seiten plus deren Schattenseiten. All dies will geklärt sein.

Die Nacktheit

Warnung vor Schamlosigkeit und Unverschämtheiten. Ermutigung zur Kraft, den Tatsachen unverhüllt ins Auge zu schauen. Offenheit, Ehrlichkeit, Schönheit und Wahrheit und nicht zuletzt Erotik und Lust.

Die offenen Kisten / Gräber – ❹

Es gibt keine »Black box« mehr. **Negativ:** Die Wiederkehr des Verdrängten. Bestimmte Wünsche oder Ängste kehren immer wieder, weil sie noch nicht erfüllt oder verarbeitet sind. **Positiv:** Erlösung, Aufrichtung, Gnade.

Die blau-weißen Berge – ❺

Nirwana oder »Eiszeit«: Alte Wünsche und Ängste werden aufgearbeitet – der Weg ins neue Paradies oder Herrschaft alter ungelöster Probleme. Ermunterung zu permanentem Neuanfang und Transformation.

Der hellblaue Himmel

Himmel = Reich des Gottes und des Willens. **Hellblau =** (offener) Himmel; (klares) Wasser. **Positiv:** Heiterkeit, Lässigkeit, klarer Wille, klarer Geist. **Negativ:** »Blauäugigkeit«, Rausch. Auch: »blau machen«.

XX-Gericht

Die biblische Überlieferung vom Jüngsten Tag dürfen wir wörtlich nehmen: Der jüngste Tag ist heute! Jeden Tag aufs Neue geht es darum, wach zu werden und alle Energien anzunehmen. Das bedeutet, Totes wirklich zu beerdigen. Und sich für die Geburt des Kommenden zu öffnen.

Der jüngste Tag ist heute.

■ Grundbedeutung

Starke Energien wirken auf Sie ein, und starke Energien stehen Ihnen zur Verfügung. Sie stehen vor der Aufgabe, aber auch vor der Chance der Aufarbeitung und des Wandels. Wesentliche Wünsche und Ängste, Schuldzuweisungen und Selbstvorwürfe müssen immer wieder durchgespielt werden, bis der Keller der Vergangenheit und das Firmament der Zukunft geklärt sind. Erst dann bedeutet Wiedergeburt eine neue Lebensqualität und nicht ständige Wiederholung.

■ Spirituelle Erfahrung

Die Erleichterung nach einer Beichte, Aussprache, Liebeserklärung …

■ Als Tageskarte

Ziehen Sie einen Strich unter das, was war. Versöhnen oder verabschieden Sie sich …

■ Als Prognose / Tendenz

Alles ist wichtig. Sie haben in der Vergangenheit gewählt und sind auch jetzt frei, sich neu zu entscheiden und den gewünschten Weg zu wählen.

■ Für Liebe und Beziehung

Lernen Sie verzeihen, ohne zu vergessen – und vergeben, ohne nachzutragen.

■ Für Erfolg und Glück im Leben

Eine Unterbrechung der täglichen Routine wirkt Wunder. Entwickeln Sie Leitbilder und Visionen, die den Erfahrungen und Bedürfnissen gerecht werden! Sie haben enorme Energiereserven.

Die 10 wichtigsten Symbole

Die Haltung der Bildfigur

Sie ist zu- und abgewandt, ruhig und in Bewegung, teilweise offen und teilweise bedeckt. Hin- und hergerissen, stets auf Trab oder aber harmonisch in Bewegung, **glücklich in der Aufhebung von Widersprüchen.**

Zwei Zauberstäbe – ❶

Der *Magier* besitzt einen Zauberstab (I, Ich). Die *Welt* trägt zwei Zauberstäbe **(Ich und Du)**. Damit lassen sich die vier Elemente auf einen Nenner bringen (Kreuzzeichen). Auch: es bleiben Unvereinbarkeiten.

Die roten Schleifen – ❷

Die beiden roten Schleifen stellen jeweils die Lemniskate, das Unendlichkeitszeichen dar. **Positiv:** Balance, Unendlichkeit, Lebendigkeit. **Negativ:** Gleichlauf, Wiederholung ohne Wachstum oder Reifung.

Der grüne Kranz – ❸

Lorbeerkranz und Totenkranz. Als Totenkranz betont er die Grenzen von Raum und Zeit, die uns in diesem Leben gesetzt sind. Als Lorbeerkranz steht er für den bleibenden Erfolg, wenn wir diesen Rahmen nutzen.

Die Ellipse

Eine Ellipse besitzt zwei Brennpunkte (passend zu den zwei Zauberstäben). – Manchmal muss man allerdings aus dem Rahmen fallen, um die vielen Widersprüche für sich auf einen Nenner zu bekommen!

Das hell-violette Tuch – ❹

»Jeder Aufstieg in große Höhen geschieht auf einer Wendeltreppe« (Francis Bacon). **Auch:** Symbol der Evolution, der DNA-Kette, »ein unendlich geflochtenes Band«. Außerdem Zeichen der persönlichen Ent–wicklung.

Die vier Elemente / Evangelisten – ❺

Jeder Mensch besitzt die Möglichkeiten aller vier Elemente (vgl. Karte *X*). Was man daraus macht, ist das wesentliche fünfte Element, die Quintessenz – auch diese wird dargestellt durch die Person in der Bildmitte.

Die (teilweise) Nacktheit

Warnung vor Niveaulosigkeit. Bestärkung der Kraft, den Tatsachen ins Auge zu schauen. Hier auch Geburt, Hochzeit, Tod, die Eckpunkte im Kreis der Lebens, die stets auch mit Nacktheit verbunden sind.

Die Welt der Frau I

Viele Legenden erzählen von einer Prinzessin oder einem Riesen, die in der Erde, in einem Berg eingeschlossen sind, sich dort drehen und wenden und auf ihre Erlösung warten. Auch dafür steht die Karte.

Die Welt der Frau II

Die Quersumme der XXI = III = *Die Herrscherin*. Dazwischen liegen 18 Schritte. 18 = *XVIII – Der Mond* = u. a. Erlösung. So zeigt *Die Welt* auch die *Herrscherin*, die gute alte Mutter Erde, in erlöster Form!

XXI-Die Welt

Sie haben zwei Zauberstäbe zur Hand: Es kommt nicht nur auf die Unterscheidung oder Verbindung einzelner Gegensätze an, sondern auf die aller vier Elemente. Jeder Mensch bekommt alle vier Elemente als Mitgift. Was Sie daraus machen, ist Ihr persönlicher Anteil, Ihre Teilhabe an der Welt!

Auf der Höhe der Zeit!

■ Grundbedeutung

Der grüne Kranz: Schutz und Erfolg, welchen »Mutter Erde« und die Welt uns bieten. Wir fühlen uns dann weit und wohl in unserer Haut. Vergleichbar ist diese Deutung mit mittelalterlichen Ikonen, in denen die ganze Person von einem Strahlenkranz (Mandorla) umgeben ist. Allerdings stellt der Kranz auch eine Grenze dar, eine Tretmühle, in der ein Mensch einzugehen droht (wie lebendig eingemauert), wenn er es versäumt, auch einmal aus dem Rahmen zu fallen.

■ Spirituelle Erfahrung

Nehmen Sie Anteil an der Welt, und die Welt wird Anteil an Ihnen nehmen. So leben Sie zweimal!

■ Als Tageskarte

Ihre Stärke und Ihre Aufgabe ist es jetzt, selbst ins Zentrum zu treten.

■ Als Prognose / Tendenz

Sie entwickeln ein Bewusstsein für die eigenen Grenzen und Gelegenheiten.

■ Für Liebe und Beziehung

Im Mittelpunkt der »Welt« steht das Bild einer Frau. Das bedeutet: Der Mann muss sich in der Frau erkennen, um die Welt zu verstehen. Und die Frau muss sich in der Welt erkennen, um sich selbst zu verstehen.

■ Für Erfolg und Glück im Leben

Fragen Sie nicht nur, was Sie beim Universum bestellen möchten; schauen Sie, was das Universum Ihnen mitgegeben und damit bei Ihnen bestellt hat.

Die 10 wichtigsten Symbole

Die Haltung der Bildfigur

Offen, mit den großen, breiten Flügeln und dem hochgereckten Kinn gleichsam bereit, abzuheben und sich in die Lüfte zu erheben. »Die Nase hoch« bedeutet aber auch Unsicherheit und Überheblichkeit.

Abgrund oder Terrassengelände – ❶

Am Bild kann nicht entschieden werden, ob die nächsten Schritte den *Narren* in einen Abgrund führen oder auf einen neuen Felsen, ein tieferes Gelände. Daraus lässt sich lernen, auf den Augenblick zu achten.

Die rote Feder – ❷

Lebensflamme und Lebensfreude (vgl. *XIII – Tod* und *XIX – Die Sonne*). **Lebenskraft, Potenz, Lebendigkeit.** Die rote Feder zeigt wie ein rotes Lebenslicht die Lebendigkeit der Seele und des »Herzens« eines Menschen.

Der weiße Spitz – ❸

Der Spitz ist ein aufmerksamer Wachhund. Entweder ist auch der *Narr* wach und spitz und bewusst in der Kraft der Gegenwart. Oder das Hündchen tritt als Warnung auf und zeigt, was dem Menschen neben ihm fehlt.

Die blau-weißen Berge – ❹

Nirwana oder »Eiszeit«: **Als *Narr* ist man wunschlos glücklich** – das heißt, man ist wieder im Paradies angekommen, oder es herrschen verdrängte alte Probleme. Nehmen Sie konkrete Wünsche und Ängste ernst!

Der gelbe Himmel

Strahlende Sonne, aber auch Sinnsuche und Neid. **Gefahr:** Zu nahe an die Sonne zu kommen, kann Absturzgefahr (Wahn) bedeuten. **Positiv:** Erhellung und Erleuchtng = kraftvolles, zuverlässiges Bewusstsein.

Die weiße Sonne – ❺

Auch: Weiße Rose und weißer Hund. **Negativ:** Farblosigkeit, Bewusstlosigkeit, Naivität, Tabula rasa. **Positiv:** Nirwana, Vollendung, Bereinigung, »leerer Geist« (ohne Identifikationen und Anhaftungen), Freiheit.

Der Nullpunkt

Die Null warnt vor einem Leben »außer Spesen nichts gewesen«. Vor ungenutzten Talenten. Andererseits: Wie in der Mathematik der Nullpunkt eines Koordinatensystems = der Bezugspunkt für alles = das Absolute.

Die gelben Stiefel – ❻

Positiv: Mit großer Bewusstheit geht der *Narr* seinen Weg, jeder seiner Schritte ist ihm bewusst. **Negativ:** Er sucht mit den Füßen statt mit Herz und Kopf. »Was man nicht im Kopf hat, muss man in den Beinen haben«.

Das Bündel am schwarzen Stab – ❼

Das berühmte »Päckchen«, das jeder Mensch zu tragen hat. Der schwarze Stab in der Hand steht für die eigenen Handlungen, die zunächst im Dunkeln liegen. **Aufgabe:** Seine Möglichkeiten spüren und begreifen!

0 / XXII-Der Narr

Die Figur des Narren verkörpert das Stück Offenheit und Unbestimmtheit, das in jeder Situation enthalten ist – gleichgültig, wie vertraut oder wie festgelegt sie auf den ersten Blick erscheinen mag. Dabei steht die Karte für Anfang und Ende, für Naivität oder höchste Vollendung.

»Das Leben ist wie eine Pralinenschachtel …«

■ Grundbedeutung

Null als Vorbild und Suche nach dem Absoluten: Innere Stille (siehe die weiße Sonne) ermöglicht den Verzicht auf äußere Vorbilder und festgelegte Erwartungen. Stille und Freiheit schaffen eine große Offenheit. Es entstehen Verbindungen und *Synchronizitäten* (Gleichzeitigkeiten) zwischen dem Einzelnen und dem Ganzen.

Man kann es auch das »Forrest-Gump-Prinzip« nennen: Zur richtigen Zeit an der richtigen Stelle sein. Mehr kann man nicht erreichen und bewirken. Und weniger wäre ein Verzicht auf vorhandene Möglichkeiten.

■ Spirituelle Erfahrung

Jetzt! Die Kraft der Gegenwart!

■ Als Tageskarte

Lassen Sie sich nicht verrückt machen. Es ist närrisch, sich über Ereignisse oder Konsequenzen Gedanken zu machen, die im jetzigen Augenblick einfach nicht beurteilt werden können.

■ Als Prognose / Tendenz

Die Erfüllung wesentlicher Wünsche macht Sie im guten Sinne wunschlos glücklich.

■ Für Liebe und Beziehung

Zwei »Narren«, die sich lieben, das sind auch *zwei »Nullen«*, die sich zu einer *Lemniskate* zusammenschließen – jener liegenden Acht, die für Unendlichkeit steht.

■ Für Erfolg und Glück im Leben

Als »Narr« sind Sie frei, Antworten nicht zu kennen und hinzuzulernen.

Die 10 wichtigsten Symbole

Die Haltung der Bildfigur

Beine und Arme sind offen. Die Haare mittellang. Die Bildfigur erscheint unverklemmt, handlungsbereit, interessengeleitet, aufrecht, gekrönt, nicht eng oder ängstlich, sie sichert ihre Handlungsfähigkeit.

Die schwarze Katze – ❶

Triebkraft, Eigenwilligkeit, Unberechenbarkeit, Kraft zu überleben (die »sieben Leben einer Katze«). **Negativ:** Gerissenheit, Heimtücke. »Armer schwarzer Kater«, Katzenjammer. Blinder Fleck, Stolperstein.

Die Sonnenblumen – ❷

(in der Hand und auf der Rückenlehne des Throns.) **Positiv:** Lebenskraft, Lebensfreude, sich immer wieder auf die Sonne ausrichten. **Negativ:** Nichtbeachtung des Dunklen, hier: fehlende Erde, keine Wurzeln.

Die Wüste, zweifarbig – ❸

Negativ: Verirrung, lässt sich ins Abseits drängen, lebt in ihrer eigenen Welt. **Positiv:** Schöpfungskraft. Wandlungskraft. Arbeit mit wechselnden Energiemustern. Die Kräfte zuspitzen (Pyramiden).

Der rote Schuh – ❹

Der linke Fuß mit rotem Schuh ist vorgestreckt, d. h. die unbewusste Seite reagiert zuerst. **Roter Schuh:** Herzblut und Wille bis in die Fußspitzen. Ganzheitliches Handeln, auch zu impulsive Aktionen.

Das graue Podest – ❺

Positiv: Neutralität, Unvoreingenommenheit, Bewusstheit in der Bewegung. **Negativ:** Teilnahmslosigkeit, Prinzipienreiterei, Härte. »Nachts sind alle Katzen grau«, Warnung vor unbewussten Träumen und Grundsätzen.

Die roten Löwen – ❻

Lust und Kraft. Symbol des wahren Willens. Zeichen für Mut, Wildheit, Sex, aber auch für unnötige Ängste, besonders die »Angst vorm Fliegen« sowie die Angst davor, zur Ruhe zu kommen. Warnung vor Angeberei.

Der Thron bis in den Himmel

Aufgabe und Fähigkeit, Himmel und Erde miteinander zu verbinden, also Theorie und Praxis, Wunsch und Wirklichkeit. Allerdings ist die Rückenlehne im Rücken und muss erst bewusst wahrgenommen werden.

Gelb und Grau

(Gewand sowie Wüste.) **Gelb:** Sonne, Bewusstheit, Wachheit. **Aber auch:** Neid, Blendung und Wahn. **Grau:** Vorurteilslosigkeit, Unvoreingenommenheit. **Aber auch:** Gleichgültigkeit, Teilnahmslosigkeit.

Der hellblaue Himmel

Himmel = Reich Gottes (»Macht des Schicksals«) und die Heimat des menschlichen Willens (»Des Menschen Wille ist sein Himmelreich!«). Um die glückliche Vereinigung von Schicksal und eigenem Willen geht es jetzt!

Königin der Stäbe

Sie gleichen dieser Königin. Die Karte unterstreicht Ihre königliche Würde und zugleich Ihre weibliche Seite! Sie besitzen und entwickeln einen königlichen, meisterhaften Umgang mit den Feuerkräften des Lebens. Ihr ganzes Können als Mensch mit viel Energie und (Über-)Lebenskraft ist gefragt.

Jetzt und auf die Dauer hilft nur Power!

■ Grundbedeutung

Die Meisterin der Grundtriebe: »Was treibt mich, was zieht mich an? Wo kann ich sein, wie ich bin?« – Wie jede Hofkarte zeigt diese Königin ein Idealbild, einen souveränen Umgang mit dem betreffenden Element, hier mit den Stäben (Feuer, Triebe, Taten, Wille). Sie sind wie diese Königin, oder so können Sie werden! Und / oder Sie treffen auf einen Menschen in Ihrem Leben, der dieser *Königin* entspricht.

■ Spirituelle Erfahrung

Der schöpferischen Kraft zu vertrauen, auch wenn scheinbar noch nichts da ist oder nichts mehr geht. Aus dem scheinbaren Nichts neues Leben schaffen.

■ Als Tageskarte

Lassen Sie die Katze aus dem Sack! Stehen Sie zu Ihrer Leidenschaft!

■ Als Prognose / Tendenz

Große Themen wie Lebenswille und Lebenseinsatz, Kreativität und Sexualität, Selbsterhaltung und Fortpflanzung, Karriere und Kinder können hier ins Haus stehen. Und ein ganz persönliches »Katz und Maus«-Spielen …

■ Für Liebe und Beziehung

Sorgen Sie für Spiel, Bewegung und Abenteuer! Machen Sie sich Ihre Jagdinstinkte bewusst!

■ Für Erfolg und Glück im Leben

Gegner und Hindernisse bieten in Wahrheit neue Chancen, gerade weil Sie dabei umdenken müssen.

Die 10 wichtigsten Symbole

Die Haltung der Bildfigur

Mischung aus Lockerheit und Konzentration. Der Körper ist etwas verdreht, drückt innere Bewegtheit aus. Im Detail weist die linke Hand / Faust auf seine aufmerksame Bereitschaft, vielleicht auch seine Ruhelosigkeit hin.

Der Salamander – ❶

Der Legende nach ist der Salamander das Tier, das durchs Feuer gehen kann, ohne darin umzukommen. So müssen auch wir Feuerproben nicht fürchten. Wir brauchen sie sogar, um zu wissen, was wir wirklich wollen!

Die kreisrunden Salamander – ❷

Der geschlossene Kreis unterstützt das Motiv der Wiedergeburt, das typisch für den Salamander ist. Er warnt allerdings auch vor einem Kreislauf der Wiederholungen, davor, sich im Kreis zu drehen.

Die schwarzen Löwen – ❸

Wille, Lebenskraft und Lebenslust. Da die Löwen aber wie die Salamander schwarz sind und sich auch noch im Rücken der Bildfigur befinden, Gefahr der Verdrängung; »gebranntes Kind scheut das Feuer«.

Rot-oranges Gewand / Haar (Haube) – ❹

Ganz, mit Haut und Haaren eingestellt auf: Feuer, Wille, Leidenschaft, Libido, Lust, Tatendrang mit Besonnenheit (gelb, Sonne) oder aber mit Neid oder Wahn (Gelb vor Neid, die Sonne als Blendung).

Gelber Umhang mit schwarzen Salamandern – ❺

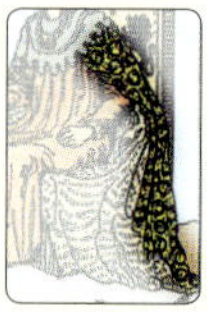

Der Umgang mit Sonne und Finsternis ist von entscheidender Bedeutung für das glückliche Gelingen der Projekte. Die Aufgabe, sich mit Licht und Schatten auseinanderzusetzen, an Erfahrung zu reifen.

Die grünen Schuhe / Der grüne Überwurf – ❻

Die Füße zeigen die wirklichen Schritte, die wir tun. Die Schultern symbolisieren unsere Verantwortung. Grün steht für Fruchtbarkeit, Wachstum, Natürlichkeit, aber auch für Unreife, Unausgegorenheit…

Die Flammenkrone – ❼

Feuer und Flamme, große Willenskraft, Feuer der Begeisterung. **Negativ:** Idealismus, »Kopfgeburten«. Wie dieser König können wir viel bewegen und erreichen. Großes Feuer braucht große Ziele, jedoch edle, gut überlegte.

Der Thron bis in den Himmel

Aufgabe und Fähigkeit, Himmel und Erde miteinander zu verbinden, das bedeutet Theorie und Praxis, Wunsch und Wirklichkeit. Allerdings existiert die Thronlehne hinterrücks, sie muss erst bewusst beachtet werden.

Der hellblaue Himmel

Himmel = Reich des Gottes und des Willens. **Hellblau** = (offener) Himmel; (klares) Wasser. Positiv: Heiterkeit, Lässigkeit, klarer Wille, klarer Geist. **Negativ:** »Blauäugigkeit«, Wunschdenken. Auch: »blau machen«.

König der Stäbe

Sie gleichen diesem König. Die Karte unterstreicht Ihre königliche Würde und zugleich Ihre männliche Seite! Sie besitzen und entwickeln einen königlichen, prachtvollen Umgang mit den Feuerenergien des Lebens. Ihre ganzen Kräfte als Mensch mit Mut, Lust und Willenskraft sind gefragt.

Es gibt nichts Gutes – außer man tut es!

■ Grundbedeutung

Der Meister des Wollens: »Was will ich in diesem Leben / mit diesem Partner / in diesem Augenblick erleben? Wie will ich leben?« – Wie jede Hofkarte zeigt dieser König ein Idealbild, einen souveränen Umgang mit dem betreffenden Element, hier mit den Stäben (Feuer, Triebe, Taten, Wille). Sie sind wie dieser König, oder so können Sie werden! Und / oder Sie treffen auf einen Menschen in Ihrem Leben, der diesem *König* entspricht.

■ Spirituelle Erfahrung

Wie der Salamander durchs Feuer gehen und sich wandeln. Feuerproben und eine persönliche Läuterung erleben.

■ Als Tageskarte

Gehen Sie für Ihre Herzenswünsche durchs Feuer – mit Geschick und ohne Sorgen.

■ Als Prognose / Tendenz

Sie werden vor Herausforderungen und Verlockungen, vor zwingende Notwendigkeiten und große Freiheiten gestellt.

■ Für Liebe und Beziehung

Selbständig zu handeln und »Tod und Teufel« nicht zu fürchten, bringt Ihnen Glück in der Liebe.

■ Für Erfolg und Glück im Leben

Prüfen Sie die Zwecke, für die Sie sich engagieren. Die Ziele müssen stimmen, damit Sie Ihre besten Kräfte mobilisieren!

Die 10 wichtigsten Symbole

Die Haltung der Bildfigur

Aufbäumend, stürmisch, wild, doch in anderer Betrachtung auch gezügelt und gezielt! Ross *und* Reiter zusammen machen das Bild aus. Ein rotbraunes Pferd ist ein »Fuchs«.

Rüstung, Sporen, Helm, Handschuhe – ❶

Positiv: Der sorgsame Umgang mit Feuer und Stäben bietet Schutz und Sicherheit. **Negativ:** Man kommt gleichsam aus seiner Haut nicht heraus, weil man sich auf etwas fixiert, vor etwas flieht oder ihm nachjagt!

Roter Federbusch und roter Schweif – ❷

Feuer und Flamme, Wille, Durchsetzungsvermögen, Power, aber auch »Ellenbogenmentalität«. **Auch:** Gebranntes Kind scheut das Feuer. **Auch:** »ein fliehendes Pferd« – ein Mensch, der nicht aufzuhalten ist.

Gelber Umhang – ❸

Sonne, Helligkeit, allgemeines Bewusstsein, aber auch Neid, Blendung, Wahn, Sinnsuche und Neid. **Gefahr:** Verdrängung von Schattenseiten. **Positiv:** Erhellung auch der Kehrseiten = zuverlässiges Bewusstsein.

Der kreisrunde Salamander – ❹

Der Legende nach ist der Salamander das Tier, das durchs Feuer gehen kann, ohne darin umzukommen. Der geschlossene Kreis – **positiv:** Wiedergeburt; **negativ:** Kreislauf von Wiederholungen, sich im Kreise drehen.

Die Wüste – ❺

Leere, Wildnis, Ödland. Hitze und Feuer in uns als Dürre, Versandung, Hitzigkeit. Oder Neuland des Willens, das scheinbare Nichts, aus dem wir durch unseren Willen etwas Neues schaffen.

Mit dem Stab in der Wüste

Negativ: Verirrung, Gefahr des Verdorrens, wir sehen buchstäblich einen Wüst–ling! **Positiv:** Eine Durststrecke überwinden, die Wüste zum Garten machen: Auch vor großen Aufgaben nicht zurückschrecken.

Die Pyramiden I – ❻

Wie die Pyramiden der alten Ägypter Zeichen der Klugheit und der Wissenschaft, des Geheimnisses und der Nähe zu den Göttern. Planvolles Vorgehen, spirituelles Wirken. – **Aber auch:** Grabräuber, Plünderer.

Die Pyramiden II

Allgemeines Symbol der Zuspitzung, der Energieumwandlung und -aufhebung. Symbol für Gipfelerlebnisse und Höhepunkte. Aufgabe der Erhöhung, der Vertiefung und der Zusammenfassung auf einem neuen Niveau.

Der hellblaue Himmel

Himmel = Reich des Gottes und des Willens. **Hellblau** = Himmelstiefe; (klares) Wasser. Positiv: Heiterkeit, klarer Wille, klarer Geist. **Negativ:** aus heiterem Himmel ein »blaues Wunder« erleben, Wunschdenken.

Ritter der Stäbe

Sie gleichen diesem Ritter. Die Karte unterstreicht Ihre Souveränität und zugleich Ihre männliche Seite! Sie besitzen und entwickeln einen meisterhaften, ganzheitlichen Umgang mit den Feuerkräften des Lebens. Ihre ganze Entschlossenheit als Mensch mit großer Erfolgs- und Einsatzbereitschaft ist gefragt.

Ein Wüstling – ein Draufgänger. Oder ein Wohltäter, der Leben in die Wüste bringt.

■ Grundbedeutung

Der Meister der Ziele: »Was will ich erreichen? Wie weit will ich gehen? Was ist mein Plan vom Glück?« – Wie jede Hofkarte zeigt dieser Ritter ein Idealbild, einen souveränen Umgang mit dem betreffenden Element, hier mit den Stäben (Feuer, Triebe, Taten, Wille). Sie sind wie dieser Ritter, oder so können Sie werden! Und / oder Sie treffen auf einen Menschen in Ihrem Leben, der diesem *Ritter* entspricht.

■ Spirituelle Erfahrung

Auf die Suche gehen. Eine Durststrecke durchqueren. Etwas aushalten, (sich) treu bleiben, etwas erreichen.

■ Als Tageskarte

Wo es am dunkelsten ist, wird Ihr Licht am meisten gebraucht. Dort finden Sie lohnende Aufgaben, die Ihre ganze Kraft erfordern und entfalten! Machen Sie sich jetzt auf den Weg!

■ Als Prognose / Tendenz

Sie müssen handeln, und im Handeln werden Sie erkennen, welcher Weg für Sie der richtige ist.

■ Für Liebe und Beziehung

Selbst die Führung und volle Verantwortung zu übernehmen, verheißt Ihnen Glück in der Liebe.

■ Für Erfolg und Glück im Leben

Verfeinern Sie Beobachtung und Anteilnahme! Intuition und Einsicht geben Ihnen das Gespür dafür, welche Grenzen Sie jetzt überwinden sollten und welche nicht.

Die 10 wichtigsten Symbole

Die Haltung der Bildfigur

Wie der Page oder Bube schauen Sie zu dem großen Stab auf. Auch die Wüste und die Pyramiden symbolisieren wichtige Eigenschaften von Ihnen selbst.

Die Größe des Stabes – ❶

Der Stab überragt die Bildfigur. Der Trieb ist größer als die Person. Zeichen der Unreife, aber auch der Jugend: Der Trieb für das Neue ist größer als die bisherige Erfahrung. Gilt für Junge und Junggebliebene.

Die rote Feder oder Flamme – ❷

Positiv: Große Begeisterung, Feuer und Flamme sein, bereit, sich großen Zielen (drei Pyramiden) zu widmen. **Negativ:** Falscher Enthusiasmus, Idealismus, Unverständnis, es geht »über die eigene Hutschnur«.

Die Wüste – ❸

Leere, Wildnis, Ödland. Hitze und Feuer in uns als Dürre, Versandung, Hitzigkeit. Oder Neuland des Willens, das scheinbare Nichts, aus dem wir durch unseren Willen etwas Neues schaffen.

Der Stab in der Wüste

Negativ: Verirrung, Gefahr des Verdurstens / Verdorrens, Hitze, Leere. **Positiv:** Eine Durststrecke überwinden, die Wüste zum Garten machen: Auch vor großen Aufgaben nicht zurückschrecken.

Die Pyramiden I – ❹

Zeichen der Klugheit und der Wissenschaft, des Geheimnisses und der Nähe zu den Göttern. Planvolles Vorgehen, spirituelles Wirken. – Aber auch: Grabräuber, Plünderer der Pyramiden.

Die Pyramiden II

Allgemeines Symbol der Zuspitzung, der Energieumwandlung. Symbol für Gipfelerlebnisse und Höhepunkte. Aufgabe der Erhöhung, der Vertiefung und der Zusammenfassung auf einem neuen Niveau.

Die Haltung der Hände – ❺

Mit beiden Händen zupacken – **positiv:** hand–eln, in die Hand nehmen, anfangen, buchstäblich begreifen. **Negativ:** Unsicherheit, nicht loslassen, sich an etwas klammern. Auch: Nur *eine* Sache zur gleichen Zeit.

Der kreisrunde Salamander – ❻

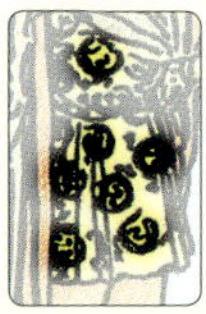

Der Legende nach ist der Salamander das Tier, das durchs Feuer gehen kann, ohne darin umzukommen. Der geschlossene Kreis – **positiv:** Wiedergeburt; **negativ:** Kreislauf von Wiederholungen, sich im Kreise drehen.

Der hellblaue Himmel

Himmel = Reich des Gottes und des Willens. **Hellblau** = (offener) Himmel; (klares) Wasser. **Positiv:** Heiterkeit, Leichtigkeit, klarer Wille, klarer Geist. **Negativ:** jemanden oder etwas »anhimmeln«, Wunschdenken.

Page / Bube der Stäbe

Sie gleichen diesem Pagen (oder Buben). Die Karte unterstreicht Ihre Souveränität und zugleich Ihre jugendlich-junge Seite! Sie entwickeln einen meisterlichen, unvorbelasteten Umgang mit den Feuerkräften des Lebens. Ihr ganzes Geschick als Mensch mit viel Begeisterung und Tatendrang ist gefragt.

Halten Sie sich an das, was Sie wachsen lässt!

■ Grundbedeutung

Die Abenteuer der Triebe und der Taten: »Wie kann ich so leben, dass ich das Leben spüre? (Dass ich nicht verkalke?)« – Wie jede Hofkarte zeigt dieser Page (Bube) ein Idealbild, einen souveränen Umgang mit dem betreffenden Element, hier mit den Stäben (Feuer, Triebe, Taten, Wille). Sie sind wie dieser Page (Bube), oder so können Sie werden! Und / oder Sie treffen auf einen Menschen in Ihrem Leben, der diesem *Pagen (Buben)* entspricht.

■ Spirituelle Erfahrung

Sich wundern. Sich entwickeln und wachsen. Über sich hinauswachsen.

■ Als Tageskarte

Erinnern Sie sich an reale Momente von Glück und Freude in Ihrem Leben! Dann beschließen Sie im Lichte Ihrer Glückserfahrungen, was Sie jetzt tun wollen.

■ Als Prognose / Tendenz

Von Routine nach Schema F werden Sie sich verabschieden. Da sind frische Kräfte in Ihnen und um Sie herum, an die Sie sich halten werden.

■ Für Liebe und Beziehung

Die Freude, zu leben, *da zu sein,* schenkt Ihnen immer wieder frischen Mut und neue Spannkraft!

■ Für Erfolg und Glück im Leben

Hüten Sie sich vor falschen »Kicks«, vor Energieschüben, die Ihnen über die Hutschnur gehen und Sie in die Wüste (Leere, Irre) führen.

Die 10 wichtigsten Symbole

Die Haltung der Bildfigur

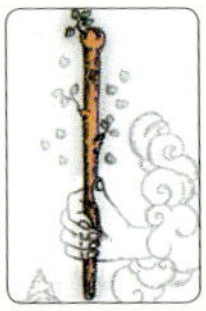

Wir sind wie der Stab: Aus den Kräften der Erde und des Lichts entstanden, ein Stück Lebenskraft, Spross der Vergangenheit, Energie der Gegenwart, Wurzel der Zukunft. Ohne sprossende Triebe – hölzern und tot.

Der Stab I

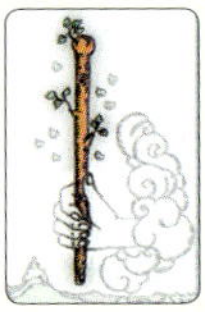

Das Holz, das dem Feuer Nahrung gibt. »Auf einen grünen Zweig kommen«, das Lebensfeuer, das in uns steckt. Aus Trieben formen sich Taten und der Wille. Feuerproben, Läuterung und Veredelung des Willens.

Der Stab II

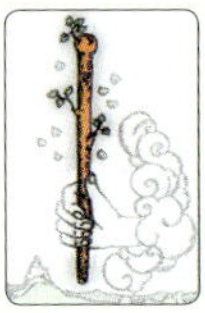

Phallus-Symbol, Hexenbesen, Knüppel aus dem Sack, Krücke, Stütze. Sowie: Wachstum, Alterung, Reifung, Nachwuchs. **Feuer:** Verwandlung von Masse in Energie, Verwandlung des Grobstofflichen in das Feinstoffliche.

Die Hand aus der Wolke – ❶

Der Stab ist Ihnen geschenkt worden. Sie sind ein Geschenk – für sich und die Welt. Nehmen Sie es an, und machen Sie etwas daraus. Begreifen Sie es, handeln Sie damit und bringen Sie Ihr Feuer zum Brennen.

Der graue Himmel

Positiv: Neutral, unvoreingenommen, gelassen, bewusste Gleich–Gültigkeit, Vorurteilslosigkeit. **Negativ:** Unbewusst, teilnahmslos, uninteressiert, statt »Feuer« eher »tote Hose« und / oder »Irrlicht«!

Die drei Bäume – ❷

Der Mensch als Bürger zweier Welten (Krone im Himmel, Wurzel in der Erde). Wachstum, Alterung, Reifung, Nachwuchs. Eltern und Kind, Selbstverwirklichung und Vermehrung, Selbstständigkeit und Gemeinschaft.

Fluss / Landschaft – ❸

Ein weites Land, große Aufgaben, vieles ist zu bewegen und zu bewältigen. Der Fluss steht für die Kontinuität im ständigen Wandel, für die Verbindung von Quelle und Mündung. Energetisch im Fluss sein und bleiben.

Schloss / Burg – ❹

Heimat, Schutz, Sicherheit, Geborgenheit, klare Identität, regiert weit übers Land, Frieden, Fortdauer. **Aber auch negativ:** Verschlossenheit, sich einmauern, Fremdbestimmung, Gefangenschaft, Aggression.

Die 18 grünen Blätter – ❺

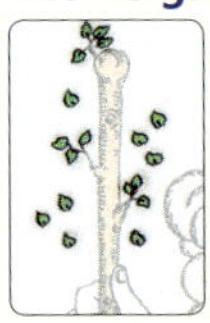

Grün ist die Farbe der Natur, der Lebendigkeit und des Wachstums und darum auch die Farbe der Hoffnung. Andererseits kann Grün auch Unreife, Unfertigkeit und Unausgegorenheit anzeigen. Die 18 Blätter verweisen …

Acht Blätter in der Luft – ❻

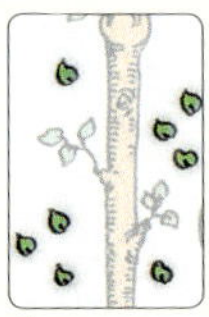

… auf die Karte *XVIII – Der Mond*: das Leben erneuern und erlösen, über sich hinauswachsen. Die fallenden oder fliegenden acht Blätter betonen den Übergang zwischen Himmel und Erde (vergleiche die *Acht Stäbe*).

Ass der Stäbe

Ein Geschenk des Lebens: Der Stab symbolisiert Ihre Lebens- und Wachstumskraft. Damit werden Sie sich wie der Fluss im Bild stets wandeln und sich doch treu bleiben. Und damit werden Sie wie die Burg weit in den Himmel ragen, weit in die Welt ausstrahlen und doch ihre feste Heimat immer behalten.

Hoch soll leben, was uns wachsen lässt!

■ Grundbedeutung

Die Stäbe sind das Holz, das dem Feuer Nahrung gibt. Die Pflanzentriebe an den Stäben drücken Lebendigkeit und Wachstum aus. Hier geht es um Triebe und Taten, um Macht, Erfolge, Abenteuer und alles, was unser Lebensfeuer höher schlagen lässt. Schlüsselbegriff ist der Wille, der im Feuer geschmiedet und geläutert wird. Mit dem Ass bietet sich Ihnen ein elementarer Zugang zu diesen Feuer- und Willenskräften! Greifen Sie zu!

■ Spirituelle Erfahrung

Für das, was man liebt, durchs Feuer gehen. Wachsen. Etwas gewinnen, das man zuvor noch nie erreicht hat.

■ Als Tageskarte

Nehmen Sie das Heft in die Hand! Begreifen Sie, was sich da entwickelt!

■ Als Prognose / Tendenz

Jede Stab-Karte stellt eine Aufforderung dar, etwas zu tun (aktiv) oder etwas geschehen zu lassen (passiv). Im Handeln finden Sie die gesuchte Antwort.

■ Für Liebe und Beziehung

Der Wille zu sich selbst und die Lust, über sich hinauszuwachsen und für andere da zu sein, sind Sprengstoff, aber auch Treibstoff einer Beziehung!

■ Für Erfolg und Glück im Leben

Holen Sie den »Knüppel aus dem Sack«, um Ihre berechtigten Ansprüche in die Tat umzusetzen. Zeigen Sie, wer Sie sind und was Ihnen lieb und wichtig ist!

Die 10 wichtigsten Symbole

Die Haltung der Bildfigur

Die zwei Stäbe spiegeln wichtige Energien, Triebe oder »Flammen« – Widersprüche in Ihnen oder zwischen Ihnen und der Welt. Solche, die es voneinander zu trennen, und solche, die es auf einen Nenner zu bringen gilt.

Die zwei Stäbe

Es geht um Grundfragen im Willens- und Triebbereich, wie Lustprinzip und Pflichtgefühl, Beruf und Familie, Selbstbehauptung und Hingabe, zwei Menschen, die man liebt, zwei Wege, die man gehen kann, …

Die Weltkugel – ❶

Der Ball liegt bei Ihnen! Studieren Sie, wie die Dinge in der Welt zusammenhängen. Machen Sie sich ein Bild. **Warnung:** Nicht »alles über einen Leisten schlagen«. Ein Modell zeigt nicht die ganze Wirklichkeit.

Das große Wasser – ❷

Meer: es gibt »mehr« im Leben! »Global denken, vor Ort handeln!« Ozeanische Gefühle und die Verbundenheit mit allem. Damit wir nicht in Einseitigkeit stagnieren (nicht nur einen Stab berücksichtigen) …

Landschaft / Große Bucht – ❸

… andererseits ist eine kluge Einteilung der Kräfte gefragt. Man muss beide Seiten (Stäbe) kennen, sich jedoch zu einem konkreten Weg entschließen und seine Kugel ins Rollen bringen, ehe die Zeit verrinnt.

Der blaue Berg – ❹

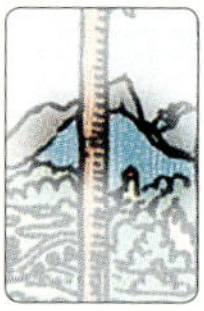

Als Seelenlandschaft zeigt die »Umgebung«, dass alles seinen Platz braucht, Höhen, Tiefen, Nähe, Ferne. So gelingt, was der blaue Berg symbolisiert: die Hochzeit von Himmel und Erde, von Wunsch und Wirklichkeit.

Die Burgzinne – ❺

Hohe Position, Überblick, Kontrolle, Herrschaft, Ruhe, Gelassenheit – jeweils sich selbst und / oder anderen gegenüber. Seinen Platz in der Welt suchen – finden – einnehmen. Aufbruch – Ankunft – Dasein.

Kreuz, Lilie und Rose – ❻

zeigen die drei klassischen Farben der Alchemie: von der Grobmaterie (schwarz) über die Läuterung / Verflüssigung (weiß) zur Fein- oder Hochenergie (rot). Energieumwandlung, geschickte Meisterung von Aufgaben.

Die Kleidung

Abgestimmte Rottöne, wohltemperiert: beherrschter Wille, Wille zur eigenen Herrschaft, Herr im eigenen Leben sein. **Positiv:** eigener Geschmack. **Negativ:** einseitig, wenig Abwechslung, wenig Platz für andere.

Der graue Himmel

Positiv: Neutral, unvoreingenommen, gelassen, bewusst (entsprechend: Mittelposition zwischen zwei Stäben). **Negativ:** Unbewusst, teilnahmslos (entsprechend: der Stab im Rücken wird nicht wahrgenommen).

Zwei Stäbe

Selbständig sein, selbst handeln, seinen Ball ins Spiel bringen, ein eigenes Modell entwickeln, eine persönliche Sicht vom Ganzen, sein eigener Herrscher sein. Aber auch: Opfer eigener Vorstellungen, Idealismus, Verwechslung von Modell und Wirklichkeit, Überheblichkeit, Unentschlossenheit.

Keine halben Sachen!

■ Grundbedeutung

Zwei Stäbe stehen für Grundenergien, für wichtige Triebe, die sich widersprechen oder ergänzen. Das bezieht sich auf eher banale Absichten. Es gilt aber auch für grundlegende Interessen und massivere Konflikte. Wer einen der beiden Stäbe vergisst, produziert Stückwerk (und scheitert). Wer Konflikte löst, indem er sie Stück für Stück abarbeitet, der erreicht Großes (und ist ge-scheit).

■ Spirituelle Erfahrung

»Was ist mein Anteil an der Welt? Was liegt in meiner Macht und was nicht?«

■ Als Tageskarte

Lassen Sie sich nicht in eine Zwickmühle treiben. Warten Sie, bis Ihr Entschluss fest steht. Dann zögern Sie nicht länger. Handeln Sie mit ganzer Macht.

■ Als Prognose / Tendenz

Große Aufgaben fordern Sie heraus. In Ihren aktuellen Fragen entwickelt sich etwas Neues, das nur Sie entdecken können.

■ Für Liebe und Beziehung

Mit bewussten Schritten zu großen Zielen!

■ Für Erfolg und Glück im Leben

Es ist möglich, auch große Ziele zu meistern. Auf einen groben Klotz gehört ein grober Keil. Der Erfolg hängt davon ab, dass Ihr Wille und Ihre Begeisterung ungebrochen sind.

Die 10 wichtigsten Symbole

Die Haltung der Bildfigur

Nur hier sehen wir eine Bildfigur, die dem Betrachter frontal den Rücken zeigt. **Positiv:** »Volle Kraft voraus!«, das ganze Augenmerk nach vorne! **Negativ:** Flucht nach vorne, sich selbst den Rücken kehren.

Zwei Ufer – ❶

Die Stäbe markieren verschiedene Triebe, Ziele und Absichten in Ihnen. Und die beiden gegenüberliegenden Ufer markieren Herkunft und Zukunft, Bekanntes und Unbekanntes, alte und neue Welt in Ihrem Leben.

Der Rücken der Bildfigur – ❷

Zwei Stäbe befinden sich hinter der Bildfigur, die diese kennt oder ignoriert. **Positiv:** Sie überwinden Widersprüche und Hindernisse. **Negativ:** Sie vermeiden die Auseinandersetzung mit unbequemen Widersprüchen.

Goldenes Meer – ❸

Erleuchtung, Vergoldung, glücklicher Moment, sonnige Aussichten. **Aber auch:** Spiegelung, Blendung, Trugbild. Einerseits winkt ein guter Übergang. Andererseits wirkt das Meer wie eine Wüste, Pläne drohen zu versanden!

Die Schiffe – ❹

Segelschiffe – mit oder ohne Beziehung zur Bildfigur? Hat sie ihre Schiffe ausgesandt? Ist sie in Begriff, in See zu stechen? Wartet sie darauf, abgeholt zu werden? Sind die Schiffe ohne sie abgefahren?

Das andere Ufer – ❺

Neuland, unbekanntes Land: Selbstentdeckung, neue Möglichkeiten. **Aber auch:** Ferne, Distanziertheit. Das A und O ist hier der Kontakt zu sich selbst: Kennt sich der Mensch im Mittelpunkt? Was sucht er? Was treibt ihn?

Der »schmutzig-gelbe« Himmel I – ❻

Einzig diese Karte zeigt einen Himmel, bei dem gelb und schwarz derart vermischt sind. Gelb und schwarz stehen für Sonne und Finsternis, für die Polaritäten des Lebens im Allgemeinen, für Bewusstes und Unbewusstes.

Der »schmutzig-gelbe« Himmel II

Diese Vermischung ist Chance und Aufgabe. **Positiv:** Aufhebung von Widersprüchen, Integration von Gegensätzen. **Negativ:** Widersprüche werden nicht angepackt, sie bestimmen jedoch die Atmosphäre.

Kleidung / Rüstung

Die Rüstung erinnert an *IV – Der Herrscher*: Gewappnet sein. Oder sich abschotten. Das Gewand in rot und grün steht für Herzenswünsche, die sich in Fruchtbarkeit und Natürlichkeit oder in Unreife und Naivität verwirklichen.

Das Stirnband – ❼

Wie bei den Karten *I – Der Magier* und *9 Stäbe*: Gerüstet sein, Achtsamkeit, eine rundum gerichtete Aufmerksamkeit (»Radar«). Erfordert gerade die Ansicht der Vorder- und Rückseiten von allem, auch von sich.

Drei Stäbe

Wie sehen Sie das Bild? (1) Hier freut sich jemand auf die Überfahrt. (2) Hier ist jemand zu spät gekommen. Die Schiffe sind abgefahren. (3) Man beobachtet von höherer Warte den Lauf der Dinge. (4) Man erwartet etwas oder hofft auf etwas. (5) Jemand weiß nicht weiter. (6) Jemand hat sich abgewandt …

Sehnsucht nach neuen Ufern?

■ Grundbedeutung

Ein Bild des Unternehmungsgeists, der Sehnsucht und der goldenen Erfüllung. Die Kunst, mit der Welt in Verbindung zu sein, an vielen Gestaden zu Hause zu sein. Zwei Stäbe stehen im Rücken der Bildfigur: Warnung vor unbewussten Trieben und Motiven, die hinterrücks wirken. Das abgewandte Gesicht: Warnung vor einer Flucht nach vorne. Die Lösung: Sich selbst ins Gesicht schauen. Wissen, was man tut. Und warum man es tut.

■ Spirituelle Erfahrung

»Was läuft denn da? Was hat das mit mir zu tun?«

■ Als Tageskarte

Klären Sie, was Sie erreichen wollen, was andere von Ihnen erwarten, was Ihre Aktionen bewirken, was Sie unterlassen oder versäumen, wer auf Sie wartet, wohin Sie wollen …

■ Als Prognose / Tendenz

Ein wenig Geduld – Sie werden eine gute Lösung finden, die Ihre Handlungsfähigkeit und Ihren Aktionsradius deutlich vergrößert.

■ Für Liebe und Beziehung

Warten Sie nicht darauf, dass Sie jemand abholt; werden Sie selbst aktiv! Nehmen Sie sich Zeit für sich und das Wesentliche!

■ Für Erfolg und Glück im Leben

Erweitern Sie Ihr Gesichtsfeld! Damit sehen Sie sich und Ihre Möglichkeiten in einem neuen Licht!

Die 10 wichtigsten Symbole

Die Haltung der Bildfigur

Die Stäbe sind außergewöhnlich hoch oder die Bildfiguren sind besonders klein. **Warnung:** Etwas macht Sie klein, Sie kommen zu kurz, Sie gehen im Trubel unter. **Positiv:** Hochenergie, Leben an einem Kraftort.

Die Perspektive

Das Tor und die Doppellinie markieren auch eine Schwelle. – Die beiden Bildfiguren in der Mitte können den Betrachter einladen, empfangen oder verabschieden. Sie können sich freuen oder um Hilfe rufen.

Die zwei Figuren in der Mitte – ❶

Für manche Betrachter ähneln diese beiden durch ihre Kleidung und ihre Haltung den Bildfiguren in der Karte *XVI – Der Turm*. Der *Turm* und diese Karte haben gemeinsam, dass beide von Hochenergien handeln.

Blüten – ❷

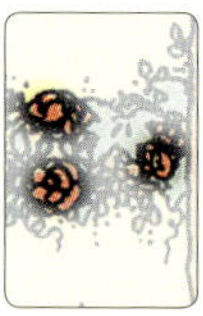

Nur diese aus den Stab-Karten zeigt solche Blüten: Ein *blühender Wille*. Entweder ein Stück Himmel auf Erden, *high energy*, eine Hoch–Zeit. Oder hochgereizte Erwartungen, Spielsucht, Besessenheit.

Früchte – ❸

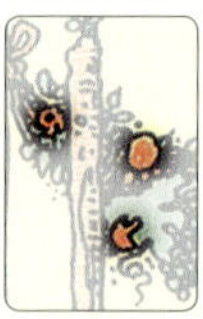

Nur auf dieser Stab-Karte sehen wir Früchte. **Positiv:** Ein fruchtbarer Wille. Sinnvolle Ziele werden gesetzt und erreicht. **Negativ:** Die Früchte sind für die Bildfiguren in weiter Ferne, zu hoch gepokert.

Die Girlande – ❹

Positiv: Zeichen des Erfolges, des Genusses, der Fruchtbarkeit (Blüten und Früchte). **Negativ:** Nur zwei Stäbe sind miteinander verbunden, ein Teil der Energien und Triebe wird nicht eingebunden, nicht erfüllt.

Die kleine Gruppe – ❺

Tänzer, Tanzkreis, Feiernde. Vom Bild her jedoch nicht eindeutig. Auch Händler, Ausgeschlossene, die nicht in die Burg können. Einerseits Leben und Lebendigkeit. Andererseits Geschäftigkeit ohne höhere Ziele.

Die Brücke – ❻

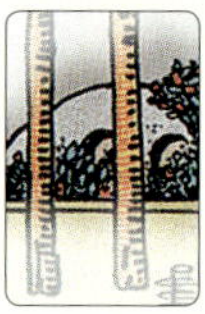

Sie erinnert deutlich an die Karte *Fünf Kelche*. **Hier:** Die Überbrückung von Gegensätzen und Triebkonflikten (den vier Stäben), die gelingt und / oder die zur Aufgabe ansteht.

Die Burg

Die größte Burg in diesem Deck. Sicherheit, Schutz, Geborgenheit, starke Identität. **Aber auch:** Verschlossenheit, fremde Herrschaft. **Vor ihren Toren:** Freiheit, Lebensfreude. **Auch:** kein Zugang zu eigener Größe.

Die Gesichter der Bildfiguren – ❼

sind kaum zu erkennen. Gesicht steht für Identität und Selbstachtung. Daran könnte es im Schatten der »Burg« mangeln. Es gilt, das Heft in der Hand zu behalten und die Widersprüche zum Tanzen zu bringen.

Vier Stäbe

Ein Bild der Hochenergien. Ein beschwingtes Lebensgefühl, Feiern, der Tanz des Lebens - energievoll, blühend, lustvoll und aufbauend. Aber auch: Kein Bild zeichnet die darin enthaltenen Gestalten so klein. Die Gefahr, zu kurz zu kommen oder zu einer Randfigur zu werden, ist nirgends so groß wie hier.

Feier oder Floskel? Hohe Genüsse und hohe Ansprüche? Empfang oder Abschied?

■ Grundbedeutung

Auffallend ist hier das Größenverhältnis von Stäben und Bildfiguren. Entweder besitzen die Bildfiguren ihre normale Größe; dann sind Stäbe im Vergleich riesig. Oder die Stäbe besitzen ihre normale Größe; dann sind die Bildfiguren vergleichsweise klein und winzig. Beides kann zutreffen: Feiern und Feste können uns beflügeln und in ungeahnte Höhe erheben. Oder sie können uns so »zerstreuen«, dass wir uns kaum noch wieder finden.

■ Spirituelle Erfahrung

Mut zur Lücke! Sich einlassen und die Widersprüche zum Tanzen bringen!

■ Als Tageskarte

Ihre aktuellen Fragen erfordern hohen Energieeinsatz. Man muss innerlich in die Tiefe wachsen, um im Außenleben neue Höhen zu bewältigen.

■ Als Prognose / Tendenz

Unerreichbare Ziele und übertriebene Erwartungen werden Sie erkennen und loslassen.

■ Für Liebe und Beziehung

Ein heißes Herz und ein kühler Kopf: Entscheidend ist, dass hier Platz bleibt für das selbständige Wachstum einer/s jeden Beteiligten.

■ Für Erfolg und Glück im Leben

Trauen Sie sich, lebendiger zu leben und mehr vom Leben (mit) zu bekommen. Das lässt Sie das Leben besser verstehen. Und öffnet Ihnen die Tür zu neuen Erfolgen!

Die 10 wichtigsten Symbole

Die Haltung der Bildfigur

Objektstufe (s. S. 19): Sie sehen eine Gruppe, ein Team in Beruf, Familie, Nachbarschaft. Sie sind darin verwickelt oder beobachten den Wettstreit. **Subjektstufe:** Fünf Flammen brennen in Ihnen und ringen miteinander.

Streit / Wettstreit – ❶

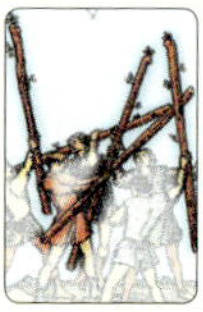

Reibung, Wärme, gemeinsam mehr erreichen. **Aber auch:** Missgunst, Kleinlichkeit. – Akido, Taek-won-do, Mikado. – Zimmerleute, Gerüstbauer. – Baustelle, Werkstatt, kreatives Chaos, Konzeptionslosigkeit.

Streit / Wettstreit II

Damit der Wille frisch und lebendig bleibt, sollen die verschiedenen Seiten in uns sowie zwischen uns und anderen täglich miteinander ringen. Was ich morgen will, soll ich nicht schon heute festlegen.

Die Größe der Bildfiguren

Der Vergleich mit den anderen Stab-Bildern ergibt: Nur diese Karte zeigt Halbwüchsige. **Positiv:** Mitten im Leben, mitten im Wachstum. Jung im Alter und / oder jung im Willen. **Negativ:** Halbgar, unausgegoren.

Halbstarke I

(Junge) Männer, die um den »größten« Stab wetteifern. Playboys, Spielkinder, Spielsüchtige, Spielführer und Spielverderber. **Halbstarke als Metapher:** Kräfte, von denen keine per se stärker ist als die andere …

Halbstarke II

Hier treffen sich: Unbewusster und bewusster Wille, aktiver und passiver, eigener und fremder Wille, der Wille des Menschen und die Macht des Schicksals. Dieses Spiel der Kräfte ist kein Kinderspiel.

Der Hut der roten Bildfigur – ❷

Der rote Hut (vgl. *Page/ Bube der Stäbe* sowie »Rotkäppchen«): Seien Sie auf der Hut! **Auch:** Nach oben abgeschlossen. **Auch:** Sich etwas in den Kopf setzen: Verstehen Sie, was Sie wollen. Tun Sie, was zu tun ist.

Gelb-grüner Boden – ❸

Anders als bei anderen Stab-Karten ist hier keine Wüste zu sehen. **Positiv:** Fruchtbarkeit, hier kann etwas wachsen, hier sind Natur und Lebendigkeit. **Negativ:** »Noch grün hinter den Ohren«, unreif, unfertig.

Die Farben der Kleidung – ❹

Die Gewänder der Bildfiguren verweisen auf diese verschiedenen Aspekte oder »Farben« des Willens. Ihre Bewegung, ihr stetes Sich-messen-und-vergleichen ist die Quintessenz einer lebendigen Willensbildung.

Der blaue Himmel

Himmel = Reich des Gottes und des Willens. **Hellblau** = (offener) Himmel; (klares) Wasser. **Positiv:** Heiterkeit, Lässigkeit, klarer Wille, klarer Geist. **Negativ:** »Blauäugigkeit«, Wunschdenken. **Auch:** »blau machen«.

Fünf Stäbe

Spiel, Wettkampf, Kräftemessen. Fünf Stäbe stellen auch die Quintessenz des Feuerelements dar: unseren Willen in seiner Entwicklung und Bewegung. Unterschiedliche Interessen und Neigungen – zwischen Menschen und / oder in einem Menschen – ringen oder wetteifern miteinander.

Das »spielende Gelingen« (Jean Gebser)

■ Grundbedeutung

Die Karte des Spiels und der permanenten Willensbildung. Dabei zeigt das Bild nicht etwa nur die Baustelle (des Willens), sondern auch unseren Willen, unser Wollen in seiner besten Ausprägung: als ein Auf und Ab, als permanente »Reiberei«, als Energiefluss, inneren Motor, Quelle der Lebendigkeit.

■ Spirituelle Erfahrung

»Der Mensch spielt nur, wo er in voller Bedeutung des Wortes Mensch ist, und er ist nur da ganz Mensch, wo er spielt« (Friedrich Schiller).

■ Als Tageskarte

Welche Bestrebungen des Willens entsprechen wirklichen Wünschen und können deshalb etwas bewegen?

■ Als Prognose / Tendenz

In Ihren privaten Beziehungen und Ihren beruflichen Aufgaben warten neue Alternativen darauf, dass Sie sie abklopfen und durchspielen.

■ Für Liebe und Beziehung

Sorgen Sie für Spielraum im Alltag: Dazu können Mußestunden oder etwa die Einrichtung eines eigenen Zimmers verhelfen.

■ Für Erfolg und Glück im Leben

Welche Willens- oder Kraftakte sind überflüssig, weil Sie etwas erzwingen wollen, das nicht mehr oder noch nicht aktuell ist?

Die 10 wichtigsten Symbole

Die Haltung der Bildfigur

Die Bildfiguren zeigen aktive und passive, bewusste und unbewusste Kräfte, Stärken und Schwächen: Sie selbst innerhalb einer Gruppe oder Truppe. Und / oder Ihre Kräfte der Selbstmotivation, Ihre Lebens-Führung.

Der große Reiter

Befehlshaber, Führer, Leitstelle, Sieger, Symbol des bewussten Willens. **Positiv:** Wahrer Wille, Leitlinie, einheitliche Führung, gute Nachrichten. **Negativ:** Anmaßung, Selbstüberschätzung, Arroganz, Standesdünkel.

Das graue Pferd – ❶

Triebe, Instinktnatur, was den Reiter trägt und bewegt, Symbol des unbewussten Willens. **Positiv:** Vitalität, erhöhte Lebenskraft und gesteigerte Lebendigkeit. **Negativ:** Animalisch, geistlos, triebgesteuert.

Das sichtbare Fußvolk – ❷

Der Wille zum Mitmachen, zur Anpassung oder zur bewussten Nachfolge. **Positiv:** Freiwilliges Engagement, aktive Beteiligung, bewusste Unterstützung. **Negativ:** Abhängigkeit, Unselbstständigkeit, Mitläufer.

Das unsichtbare Fußvolk (hinter dem Pferd) – ❸

Kaum sichtbar hinter dem Pferd, vor allem an den drei Stäben zu erkennen: Ein eher schattenhafter Wille, der Entscheidungen meidet und Dinge einfach geschehen lässt.

Der doppelte Lorbeerkranz – ❹

Siegerkranz, auch Totenkranz. Bedenke die Opfer! **Aber auch:** der Lohn der Mühen. **Ihre Aufgabe, Ihre Fähigkeit:** die Kunst, viele Interessen auf ein einheitliches Ziel zu lenken und gemeinsam in Bewegung zu setzen.

Ringreiten – ❺

Stab und Ring bestimmen auch den alten Brauch des Ringreitens: Ein Fruchtbarkeitskult, symbolisch für die Vereinigung des Männlichen und des Weiblichen. **Außerdem:** Kranz am Stab – Symbol des Höheren Selbst.

Das grüne Tuch – ❻

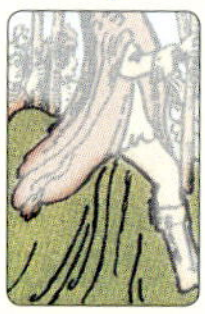

Hier ist etwas in Bewegung, das noch ganz grün ist. **Positiv:** Sehr viel Wachstum, Natur, Frische, Hoffnung. **Negativ:** Sehr viel Unreife, falsche Hoffnung (Idealismus), versteckte Triebe (verhülltes Pferd).

Die rot-gelbe Kleidung

Rot und gelb: Herz und Sonne. **Positiv:** Herzblut, Wille, Leidenschaft mit Besonnenheit, Wissen und Helligkeit. **Negativ:** Herzblut, Wille, Eifer mit Neid oder Wahn, Verdrängung des Dunklen und der Nachtseiten.

Der blaue Himmel

Himmel = Reich des Gottes und des Willens. **Hellblau** = (offener) Himmel; (klares) Wasser. **Positiv:** Heiterkeit, Lässigkeit, Klarheit. **Negativ:** »Blauäugigkeit«, Wunschdenken, Reise ins Unbestimmte.

Sechs Stäbe

Gemeinsam sind Sie stark! Ihnen gelingt es, die beteiligten Interessen unter einen Hut zu bringen! Sie formulieren Ihren Willen so überzeugend, dass Sie alle Ihre Kräfte in Bewegung setzen. So finden Sie auch die Unterstützung von anderen und / oder können sich dem Erfolg anderer anschließen.

Volle Kraft voraus! Gemeinsam durch dick und dünn!

■ Grundbedeutung

Der Reiter mit dem Lorbeerkranz, aber auch das Fußvolk sowie das Pferd und die Stäbe sind ein Spiegel: für Sie selbst und / oder für verschiedene Beteiligte in Ihrer aktuellen Situation. Zum guten Gelingen gehört es jetzt, viele Interessen gemeinsam auf den Weg zu bringen. Wenn Sie Stärken *und* Schwächen respektieren, können Sie nur gewinnen!

■ Spirituelle Erfahrung

An einem Projekt teilnehmen, das größer ist als jeder einzelne. Gewinnen durch gemeinsame Fortschritte.

■ Als Tageskarte

Übernehmen Sie Führung und Verantwortung. Schließen Sie sich würdigen Zielen an!

■ Als Prognose / Tendenz

In den aktuellen Fragen entwickeln Sie Ihre Kräfte und Ihren Willen weiter. Halbheiten werden überwunden!

■ Für Liebe und Beziehung

Kommen Sie aus sich heraus! Zeigen Sie Ihre Stärken und Ihre Schwächen, auch in der Liebe und der Sexualität.

■ Für Erfolg und Glück im Leben

Wenn es nur einen Sieger gibt, gibt es viele Verlierer. Ihr Maximum an Erfolg erreichen Sie, wenn alle / viele etwas gewinnen! Mit weniger sollten Sie sich nicht zufrieden geben.

Die 10 wichtigsten Symbole

Die Haltung der Bildfigur

Ob es sich hier nun um ein Spiel oder eine Auseinandersetzung handelt, die Stäbe und die verschiedenen Stufen im Bild haben immer auch mit Ihrer Entwicklung und Ihrer Anwesenheit im Augenblick zu tun.

Die Anhöhe – ❶

Positiv: Gute Position, sicherer Standort, Überlegenheit, Ausblick, Überwindung von Niedertracht und Kleinlichkeit. **Negativ:** Überheblichkeit, Anmaßung, Missachtung von »Kleineren«, Kontrollzwang.

Die Anhöhe II

Da die Stäbe generell von Energien (Wille, Triebe und Taten, Neigungen) handeln, gibt das Bild auch unterschiedliche Levels, unterschiedliche Energie- oder Motivationsebenen wieder.

Die Perspektive von unten nach oben

Sie haben sich empor gearbeitet. Die sechs unteren Stäbe markieren die Leiter (Karriere), die Sie bewältigt haben, und / oder Aufgaben, die Sie zu lösen haben und die Sie auf ein neues Energieniveau führen.

Die Perspektive von oben nach unten

Sie gehen in die Tiefe. Hier gilt es, Pflöcke einzurammen, Markierungen zu setzen, seine Projekte zu verwurzeln. **Auch:** »Vom hohen Ross steigen«, sich in die Niederungen des Alltags begeben.

Die Armhaltung – ❷

Nur eine Sache zur gleichen Zeit, Konzentration auf eine Hauptaufgabe. – Mögliche Abwehrhaltung, doch auch Annahme eines hochgereichten Stabes. Parallele zur Karte *I – Der Magier*: »Wie oben – so unten«.

Die Anhöhe III

Gipfelerlebnis, Höhepunkt, die Verbindung von Wunsch und Wirklichkeit. Die sieben Stäben zusammen lassen sich auch als ein großes Dreieck betrachten, das die Bildfigur nach oben und unten weit überragt.

Zwei verschiedene Schuhe – ❸

Stiefel: Schutz vor Bissen von kleinen Tieren und Niedertracht. **Der Schuh:** Leben in der Zivilisation. **Beides zusammen:** Verbindung von kultivierten und wilden Trieben. **Positiv:** Gesteigerte Lebendigkeit.

Die Farben Grün und Gelb – ❹

Positiv: Fruchtbarkeit und Wachstum. Berechtigte Hoffnung. Hier ist alles frisch. Man begegnet der (eigenen) Natur und Wildheit wieder. **Negativ:** Unreife und Neid. Unruhe, getrieben sein, falscher Ehrgeiz.

Blauer Himmel

Himmel = Reich des Gottes und des Willens. **Hellblau** = Himmelstiefe; (klares) Wasser. **Positiv:** Heiterkeit, klarer Wille, klarer Geist. **Negativ:** aus heiterem Himmel ein »blaues Wunder« erleben, Wunschdenken.

Sieben Stäbe

Auf den ersten Blick geht es um Kampf und Auseinandersetzung. Doch alle sieben Stäbe können auch zur Bildfigur gehören. Die Karte zeigt uns auch, wie wir uns auf ein neues Niveau einstellen – in Hektik, im Kampf (mit uns oder mit anderen) – oder indem wir Altes zurücklassen und Neues einpflanzen.

Was gestern war und was heute ist, sind wirklich zwei verschiedene Paar Schuhe!

■ Grundbedeutung

Die Karte der Energiearbeit. Wenn wir be-greifen und in die Hand nehmen, was los ist, können wir uns *entwickeln:* emporarbeiten und in die Tiefe steigen. Das ist eine Ermutigung, an Persönlichkeit zu wachsen und das eigene Licht zur Geltung zu bringen. Wenn wir nur begreifen, was wir selbst in der Hand halten, ist das Bild eine Warnung vor Blockaden, unnötigen Widerständen und Opfern.

■ Spirituelle Erfahrung

Das Floß verbrennen, wenn das neue Ufer erreicht ist!

■ Als Tageskarte

Tatsachen können durch Ihr Zutun verändert werden. Tatsachen sind eine Sache der Tat …

■ Als Prognose / Tendenz

Aktionismus und Ehrgeiz schaden jetzt nur. Entscheidend ist ein neues Niveau, ein unverkrampfter, überlegter Einsatz der Kräfte.

■ Für Liebe und Beziehung

Alles, was lebt, wächst. Und was wächst, macht mitunter Entwicklungssprünge. Darum geht es jetzt auch in der Liebe.

■ Für Erfolg und Glück im Leben

Sie befinden sich auf einem Entwicklungsweg. Sie lernen, mit größeren Aufgaben und immer vielfältigeren Energien umzugehen.

Die 10 wichtigsten Symbole

Die Haltung der Bildfigur

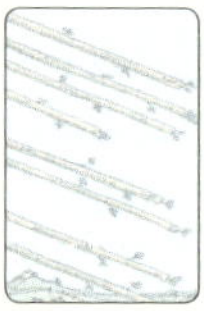

Eine der wenigen Karten, die keine Bildfigur zeigt. **Positiv:** Über sich hinaus wachsen, über den eigenen Schatten springen, Einsatz ohne Ego. **Negativ:** Selbstverlust, »sich aufreiben«, viel Rauch um nichts.

Perspektive I – ❶

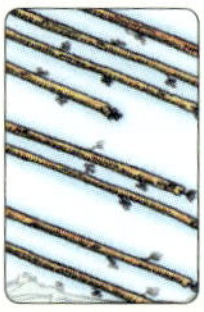

Die acht Stäbe befinden sich im Lande-Anflug. Etwas kommt auf Sie zu. – **Oder:** Die acht Stäbe befinden sich im Start, im Abflug, wie acht Speere, Lanzen oder Pfeile. Etwas will sich bewegen und erheben!

Perspektive II

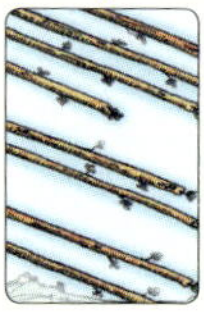

Eine Oktave, eine Tonleiter von Energien. **Das Bild der Jakobsleiter aus dem Alten Testament:** Engel bauen für Jakob eine Leiter, auf der er zwischen Himmel und Erde hinauf- und hinabsteigen kann.

Perspektive III

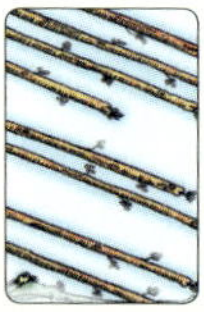

Acht Stäbe, die wie ein Bretterzaun oder eine Barrikade den Weg zum Haus / Schloss auf der anderen Flussseite verbauen. **Aber auch:** die Flügel der Begeisterung, gute Schwingungen, »anschnallen, um abzuheben!«

Perspektive IV

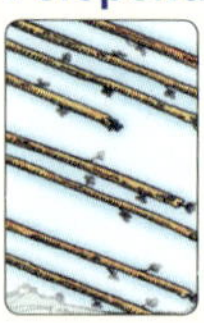

Es geht weder um Start noch um Landung, sondern vor allem darum, dass die Stäbe unterwegs und in Bewegung sind. **So bedeuten sie:** seinen Weg gehen, Verantwortung übernehmen, doch »nicht anhaften«, flügge sein.

Parallele Anordnung der Stäbe

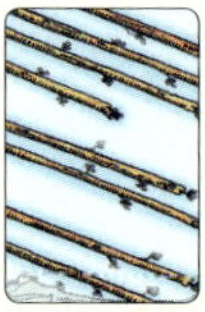

Koordinierung vielfältiger Aufgaben, Neigungen und Interessen. Wie ein Dirigent oder ein Dompteur gelingt es Ihnen, die unterschiedlichsten Aufgaben »auf die Reihe« zu bekommen. **Negativ:** Gleichmaß, Langeweile.

Die weite Landschaft – ❷

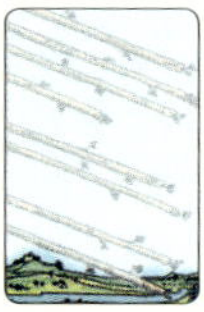

Ein weites Feld, große Aufgaben, vieles ist zu bewegen und zu bewältigen. Der Fluss steht für Kontinuität im ständigen Wandel, für die Verbindung von Quelle und Mündung. Energetisch im Fluss sein und bleiben.

Das Schloss / Haus – ❸

Suche nach Heimat. Das Haus ist einerseits das Ziel der Bemühungen, die Anstrengungen sind die Brücke zum Ziel. Aber auch: Wo man alle seine Energien zum Einsatz bringen kann, da ist man immer schon zu Hause.

Die Farben Gelb und Grün – ❹

Fruchtbarkeit und Wachstum. Aber auch Warnung vor Unreife und Neid (falscher Idealismus, »heiße Luft«). Die »acht Stäbe« können ein Sinnbild der Projektionen (lateinisch: Vorausgeworfenes) darstellen.

Blauer Himmel / Blauer Fluss – ❺

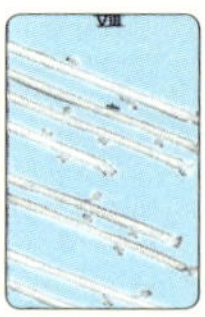

Blau: Gefühl, Seele, Geist, Kühle, Sehnsucht, Intensität, »Blauäugigkeit«. **Positiv:** Heiterkeit, Leichtigkeit, klarer Wille, klarer Geist. **Negativ:** jemanden oder etwas »anhimmeln«, Wunschdenken, Rausch.

Acht Stäbe

Viel Bewegung, eine (Ton-) Leiter gleichzeitiger Interessen und paralleler Entwicklungen. Zugleich eine der Karten, auf der keine Person zu sehen ist. Man bewegt viel, verliert sich aber selbst aus dem Blick. Oder: man steckt ganz in seinen Aufgaben und baut eine Brücke zwischen Himmel und Erde.

»Bleib auf dem Teppich – er fliegt ja schon!« (Johannes Fiebig)

■ Grundbedeutung

Stäbe verkörpern Lebensenergien – Triebe und Wunschziele lassen das innere Feuer brennen. *Acht* Stäbe stellen ein Muster recht zahlreicher Energien dar. Es ist eine Karte der mannigfachen »Energieübertragung«. Wie in der Überlagerung mehrerer Magnetfelder können sich die beteiligten Kräfte gegenseitig verstärken oder blockieren oder aufheben.

■ Spirituelle Erfahrung

Seine gebrochenen Flügel annehmen und wieder fliegen lernen!

■ Als Tageskarte

Große Aufgaben erfordern großen Einsatz, hier vor allem eine erhöhte Intuition und Achtsamkeit.

■ Als Prognose / Tendenz

Rechnen Sie mit Veränderungen auf vielen Ebenen, aber auch mit einem erhöhten Energieaustausch, der vieles leichter und manches möglich macht.

■ Für Liebe und Beziehung

Sorgen Sie für einen guten Energiefluss und für gute »Schwingungen«, im Umgang mit sich selbst und mit anderen.

■ Für Erfolg und Glück im Leben

Machen Sie sich bewusst, was Sie und andere wirklich bewegt. Dann werden Sie ohne jede Manipulation viele Energien unter einen Hut bringen!

Die 10 wichtigsten Symbole

Die Haltung der Bildfigur

Hier gilt es, eine große Vielfalt von Stäben (Trieben, Taten, Willens- und Wachstumszielen) zu managen. **Positiv:** Sie machen einen Schritt nach vorn. Mut zur Lücke! **Negativ:** Auch die letzte Lücke wird noch verbaut.

Die Verteilung der Stäbe I – ❶

Acht Stäbe und das grüne Land befinden sich im Rücken der Bildfigur, möglicherweise unbewusst, unbemerkt, hinterrücks. Schon lange spürt man vielleicht, dass etwas geschieht, aber versteht es nicht.

Die Verteilung der Stäbe II

Im positiven Fall kennt die Bildfigur ihre neun Stäbe, sie hat sich bewusst für einen entschieden und einen Schritt nach vorne gemacht. **Ganz bildlich:** Sie nimmt den Stab, der ihr am meisten am Herzen liegt.

Die Verteilung der Stäbe III

Ihre Aufgabe und Ihre Fähigkeit, viele Triebe und Taten, Geschehnisse und Ereignisse auf die Reihe zu bekommen und auch unterschiedliche Entwicklungen (unterschiedliche Höhen der Stäbe) zuzulassen.

Das Grünland – ❷

Grün ist die Farbe der Natur, der Lebendigkeit, des Wachstums und darum auch die Farbe der Hoffnung. Andererseits kann Grün auch Unreife, Unfertigkeit und Unausgegorenheit anzeigen. All dies im Rücken der Figur.

Der graue Boden

Positiv: Neutraler Standort jenseits von Vorurteil und Gewohnheit. Gelassenheit. **Negativ:** Unbewusstes Handeln, Unbestimmtheit, Teilnahmslosigkeit, vor allem gegenüber den Stäben und dem Grünland im Rücken.

Die Haltung der Hände – ❸

Nur eine Sache zur gleichen Zeit. Mit beiden Händen zupacken. **Positiv:** hand–eln, in die Hand nehmen, anfangen, buchstäblich be–greifen. **Negativ:** Unsicherheit, nicht loslassen, sich an etwas klammern.

Die Kopfbinde – ❹

Negativ: Verband, Verletzung, falsches Denken. **Ganz bildlich:** ver–rückte Orientierung. **Positiv:** wie bei *I – Der Magier*, *Drei Stäbe*. Gerüstet sein, Achtsamkeit, eine rundum gerichtete Aufmerksamkeit (»Radar«).

Der Blick – ❺

Der Blick kann intuitive Angst oder intuitive Achtsamkeit ausdrücken. **Intuition:** lateinisch, der schützende Blick, ganzheitliche Wahrnehmung. Man muss mitbekommen, was geschieht, um zu verstehen, was los ist!

Die Haltung der Bildfigur II

Mögliche Beschreibungen: Späher, Sportler, Jäger, Kämpfer, auf der Pirsch, Abenteurer, Einzelgänger. **Positiv:** Ein sehr achtsamer, aufmerksamer Mensch. **Negativ:** Ein Zauderer, »Zaungast«, bloßer Beobachter.

NEUN STÄBE

Ein Bild des Sondierens, vielleicht der Furcht oder auch der Aufmerksamkeit: Vieles ist in Wachstum, Veränderung und Wandel begriffen. Wie ein Jäger auf der Pirsch oder ein Kundschafter auf seinem Pfad besitzen und brauchen Sie eine allseitige Aufmerksamkeit, eine gesteigerte Wachheit.

Was geschieht denn hier?

■ Grundbedeutung

Stäbe symbolisieren Feuer und Triebe. Das satte Grün der Landschaft zeigt Wachstum und Reifung. Die unterschiedlichen Längen der Stäbe weisen auf verschiedenartige Entwicklungen zur gleichen Zeit hin. Weiß die Bildfigur von all dem, was hinter ihrem Rücken geschieht? Versteht sie, was los ist? Begreift sie, was ihr eigenes Ding ist?

■ Spirituelle Erfahrung

Vision Quest – die eigene Vision suchen und finden!

■ Als Tageskarte

Machen Sie einen Schritt nach vorn! Bauen Sie Ängste ab, und erfüllen Sie (sich und anderen) wichtige Wünsche!

■ Als Prognose / Tendenz

Es wird Ihnen gut tun, sich von alten Instinkten und Vermutungen zu lösen – und sich auf neue Bedürfnisse und Erfahrungen einzulassen.

■ Für Liebe und Beziehung

Lassen Sie überlebte Gewohnheiten hinter sich! Gehen Sie weiter als bisher!

■ Für Erfolg und Glück im Leben

Mut zum Gefühl und Mut zur eigenen Vision – nichts ist jetzt wichtiger und für nichts anderes ist dies die beste Karte!

Die 10 wichtigsten Symbole

Die Haltung der Bildfigur

Negativ: Überlastung, Überanstrengung. **Positiv:** Wenn man (wörtlich) seinen Neigungen mit ganzer Kraft folgt, kann man viel bewegen. Sich nach vorne fallen lassen, sich ganz hineingeben, bringt Glück.

Die gebündelten Stäbe

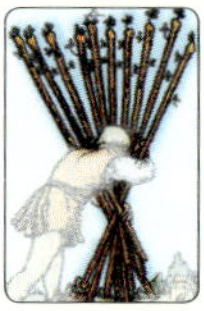

Ihre Fähigkeit und Ihre Aufgabe, viele unterschiedliche Stäbe (Triebe, Taten, Energien, Interessen) sowohl zu unterscheiden als auch zusammen zu bringen und zu vereinen: **Viele Stäbe? Nein, alle Stäbe!!**

Die gebündelten Stäbe II

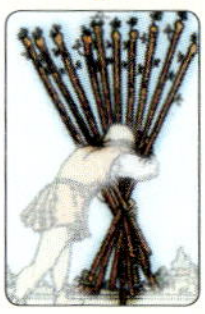

Die zehn Stäbe stellen ein Energiebündel dar. Und auch der Mensch, der sie trägt und bewegt, muss im übertragenen Sinne ein Energiebündel sein! Es geht hier um Ihren vollen, hundertprozentigen Einsatz!

Holz vorm Kopf – ❶

Negativ: Brett vorm Kopf. Man sieht den Wald vor lauter Bäumen nicht. **Positiv:** Man steckt seinen Kopf in die Dinge, die einen bewegen und die man selbst bewegt. Trieb (Stab) und Verstand (Kopf) wachsen zusammen.

Die geneigte Haltung – ❷

Negativ: Schwierigkeiten mit dem Loslassen, anstatt die Schwierigkeiten loszulassen. **Positiv:** So kommt man leichter voran. Man gibt sich ganz hinein, stößt mit der eigenen Nase darauf, hat die Nase vorn.

Das Haus I – ❸

Das Haus bedeutet Sicherheit, Schutz, Heimat, Wohlstand, Privatsphäre. **Auch:** Identität, Platz für das Eigene. Das Haus ist einerseits das Ziel der Bemühungen, die Anstrengungen ergeben, ebnen den Weg dorthin …

Das Haus II

… und andererseits: Wo wir unsere ganze Energie umsetzen und einsetzen, da lassen wir »hundert Blumen« blühen, da sind wir bereits zu Hause, während wir noch unterwegs sind. Heimat ist auch ein Energiezustand.

Der »schmutzig-gelbe« Boden – ❸

Die Vermischung von Sonne und Finsternis, von Licht und Schatten. **Negativ:** Gemischte Motive, unklare oder trübe Grundlagen. **Positiv:** Realismus, dabei Ausleuchtung von Schattenseiten und Gefahren.

Das rotbraune Gewand

Die gleiche Farbe wie das Pferd beim *Ritter der Stäbe*: Hier wie dort sehen wir einen »Fuchs«! **Positiv:** Klugheit der Triebe und Instinkte. **Negativ:** List, Vorteile auf Kosten anderer. **Auch:** Selbstüberlistung!

Der blaue Himmel

Himmel = Reich des Gottes und des Willens. **Hellblau** = (offener) Himmel; (klares) Wasser. **Positiv:** Heiterkeit, spirituelle Freude, klarer Wille, klarer Geist. **Negativ:** »Blauäugigkeit«, Wunschdenken, Rausch.

Zehn Stäbe

Eine beladene Gestalt – eine Warnung davor, das Leben unnötig schwer zu nehmen. Im positiven Sinne zeigt das Bild Hingabe und Erfolg: einen Mensch, der sich in seine Aufgaben ganz hinein gibt, der buchstäblich seinen Neigungen folgt, der Dinge bewegt und Ziele erreicht, die größer sind als er selbst!

»Brett vorm Kopf« oder »voller Einsatz« und »die Nase vorn«?

■ Grundbedeutung

Das Maximum der Stäbe: größter Einsatz, totale Willensanstrengung – im Guten wie im Schlechten. Entweder: Völlig auf dem Holzweg; Aufgabe des eigenen freien Willens; Energievergeudung. – Oder: *Alle* verfügbaren Lebensenergien, alle überhaupt greifbaren Triebe und Ziele annehmen. Optimaler Energieumsatz. Erfolg. Das Leben in die Hand nehmen und weitergeben.

■ Spirituelle Erfahrung

»Sein Kreuz auf sich nehmen!« Das Kreuz als Symbol ist älter als das Christentum und ist – vergleichbar dem Kreis oder dem Quadrat – ein Zeichen der Unterscheidung und Vereinigung *aller* Kräfte (etwa aller Himmelsrichtungen).

■ Als Tageskarte

Jetzt ist Ihr Einsatz gefragt. Geben Sie alles – für das, was Ihnen am Herzen liegt!

■ Als Prognose / Tendenz

Erst wenn Sie einem Menschen oder einer Sachfrage Ihre ungeteilte Zuneigung schenken, werden Sie ihn oder sie ganz verstehen.

■ Für Liebe und Beziehung

Werfen Sie Ballast ab und begreifen Sie neu, was los ist und was Sie bewegt!

■ Für Erfolg und Glück im Leben

Sie müssen sich nach vorne neigen, sich vor wagen und hinein geben. So haben Sie die Nase vorn.

Die 10 wichtigsten Symbole

Die Haltung der Bildfigur

Mit Zuneigung widmet sich die Königin dem kostbaren Kelch. Die Zuneigung, der Respekt vor der Schönheit und Kostbarkeit der Kelche, der Seele und ihrer Bedürfnisse ist der Weg zur Souveränität dieser Königin.

Der große Kelch I – ❶

Nur diese Kelch-Karte zeigt diesen großen, sakralen (heiligen), besonders kostbaren Kelch. Er steht für den **seelischen Reichtum** jedes Menschen, für die **Kostbarkeit jeder Seele.** Auch: Warnung vor Selbstherrlichkeit.

Die beiden Engel / Elfen / Feen – ❷

Sie unterstreichen die Kostbarkeit des Kelches, und sie bedeuten: **Das Eigene ist heilig**. Die Unversehrtheit, der Schutz der persönlichen Eigenart ist ein Menschenrecht.

Der große Kelch II

Nur bei dieser Karte ist der Kelch geschlossen.Der Thron hingegen ist weit geöffnet. Beides zusammen symbolisiert die **Polaritäten des Seelenlebens**. Der Thron steht für das offene Ohr, der Kelch für die Einzigartigkeit.

Der graue Thron

Der große Muschelthron ist ein Zeichen für seelische Offenheit und Anteilnahme. **Positiv:** Ermutigt zu Geduld und Vorurteilslosigkeit für Gefühle. **Negativ:** Warnt vor Teilnahmslosigkeit und Gleichgültigkeit.

Das fließende blaue Gewand

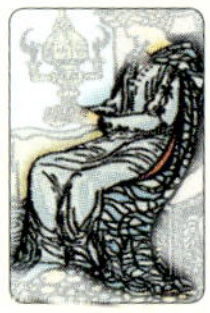

Zeichen der Verbundenheit mit den Wasserwelten. Zu 80 Prozent besteht unser Körper aus Wasser. Im Wasser wie auf dem Land zu Hause. **Auch:** Ein bewusster Umgang mit Gefühlen ist entscheidend.

Kinder / Wasserkinder / Nixen – ❸

Das innere Kind, kindliche Gefühle, gute oder ungute Verlockungen, emotionale Kindlichkeit, auch im Alter seelisch jung bleiben. **Der Jungbrunnen:** In diesem Leben seelisch immer wieder neu geboren werden.

Der Fisch – ❹

Möglicherweise außerhalb des Blickwinkels der Bildfigur. **Der Fisch symbolisiert Reichtum und Glück**, auch die Überwindung von egoistischen Einstellungen (wie ein Fisch im Wasser). Darauf ist also bewusst zu achten!

Die Steilküste – ❺

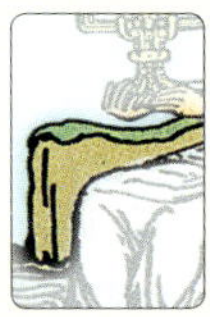

Höhen und Tiefen des Lebens sind vertraut und zu meistern. Indem wir diese Höhen und Tiefen durchleben, werden wir immer wieder neu geboren und erreichen in unserem Leben den Gipfel unserer Möglichkeiten.

Die bunten Steine – ❻

Das weiche Wasser formt den harten Stein. **Aufgabe:** Annehmen, was vor uns liegt. – Stolpersteine, die aus dem Weg geräumt werden können. – Steine übers Wasser springen lassen.

Königin der Kelche

Sie gleichen dieser Königin. Die Karte unterstreicht Ihre königliche Würde und zugleich Ihre weibliche Seite! Sie besitzen und entwickeln einen königlichen, meisterhaften Umgang mit den Seelenkräften des Lebens. Ihr ganzes Können als Mensch mit viel Gefühl und emotionaler Intelligenz ist gefragt.

… mit einem besonders kostbaren Kelch!

■ Grundbedeutung

Die Meisterin der Herzenswünsche: »Was tut mir gut? Was wünsche ich mir / uns?«–

Wie jede Hofkarte zeigt diese Königin ein Idealbild, einen souveränen Umgang mit dem betreffenden Element, hier mit den Kelchen (Wasser, Gefühle, Seele, Glaube). Sie sind wie diese Königin, oder so können Sie werden! Und / oder Sie treffen auf einen Menschen in Ihrem Leben, der dieser *Königin* entspricht.

■ Spirituelle Erfahrung

Der inneren Stimme und dem Gefühl vertrauen! Es fließen lassen!

■ Als Tageskarte

Gehen Sie an einen Fluss oder an einen See. Meditieren Sie dort. Öffnen Sie Ihr Herz – für alles, nicht für jedes.

■ Als Prognose / Tendenz

Die Kostbarkeit der Seele: Respekt zu zollen und Respekt zu erwarten, ist der Schlüssel für Ihre aktuellen Fragen.

■ Für Liebe und Beziehung

Der Kelch ist ganz geschlossen. Und der Muschelthron ist ganz offen. Machen Sie auch keine »halben Sachen«!

■ Für Erfolg und Glück im Leben

Vertrauen Sie auf Ihr »Bauchgefühl«! Entscheidend ist Ihr Geschick, auch in Gefühls- und Geschmacksfragen die Spreu vom Weizen zu trennen.

Die 10 wichtigsten Symbole

Die Haltung der Bildfigur

Offenheit und ein klarer Blick auf das Kommende zeichnen den König ebenso aus wie sein bemerkenswerter schwimmender Steinthron. All diese Symbole weisen uns den Weg zu Würde, Souveränität und Glück dieses Königs.

Der Thron auf dem Wasser I – ❶

Das Wasser trägt. **Gefühle und Glauben sind die tragende Kraft im Leben dieses Königs.** Warum geht er mit der schweren Felsplatte nicht unter? Geist, Würde, Bewusstsein – Luft gibt ihm Auftrieb im Wasser!

Der Thron auf dem Wasser II

Hier geht es nicht nur um Gefühle, sondern um das persönliche Verlangen. Verlangen und Begehren sind verdichtete Gefühle, sie tragen auch den schweren steinernen Thron.

Großer grauer Thron

Grau ist die Farbe der Unaufgeregtheit und der Neutralität. **Positiv:** Gleichmut, Vorurteilslosigkeit, Ausgeglichenheit. **Negativ:** Gleichgültigkeit, hier: Isolierung, (selbst gewählte) Einsamkeit.

Das Segelschiff – ❷

Positiv: Ballast ist kein Handicap, sondern zur guten Fahrt erforderlich = Belastungen werden gemeistert. **Auch:** Mit den wechselnden Winden geschickt umgehen. **Warnung:** Sein Fähnchen nach dem Wind hängen.

Das Wassertier – ❸

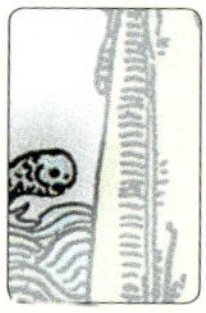

Fisch, Seeschlange oder ähnliches: Was sonst unter der Wasseroberfläche lebt, wird sichtbar. Das Verständnis des Königs für die inneren Vorgänge, für Gefühle und Verlangen bestimmen seine Würde und Souveränität.

Der Fisch am Hals – ❹

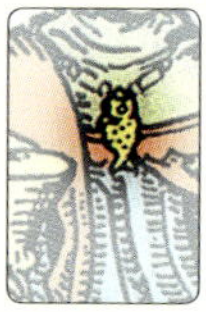

Die **Aufgabe** und die Fähigkeit, Gefühle auszudrücken. Auch tiefe Bedürfnisse zur Sprache zu bringen. **Gefahr** der Heiserkeit oder der Atemnot, wenn Gefühle keinen Ausdruck finden.

Der Kelch in der Rechten – ❺

Wachheit, Verständnis für die Erfordernisse des Augenblickes, Achtsamkeit, Hingabe an den Augenblick, Ehrlichkeit und Echtheit als Weg. Der bewusste Umgang mit Wünschen und Ängsten ist der rechte Weg, …

Das Zepter in der Linken – ❻

… der uns andererseits erlaubt, viele Entscheidungen einfach mit »links« zu treffen. **Bewusster Umgang heißt:** Welche Wünsche sind sinnvoll, welche nicht? Welche Ängste sind zu akzeptieren, welche zu überwinden?

Die Primärfarben Rot – Gelb – Blau

Positiv: Sie bleiben Ihren primären Zielen, Ihren ursprünglichen Quellen und Motiven treu. **Negativ:** Es sind eher einfache Wünsche, denen Sie nachhängen. Sie nutzen Ihre größeren Möglichkeiten kaum.

KÖNIG DER KELCHE

Sie gleichen diesem König. Die Karte unterstreicht Ihre königliche Würde und zugleich Ihre männliche Seite! Sie besitzen und entwickeln einen königlichen, machtvollen Umgang mit den Seelenkräften des Lebens. Ihre Souveränität als Mensch mit tiefem Gespür und einer starken Wandlungskraft ist gefragt.

Tragendes Verlangen: »es« trägt uns!

■ Grundbedeutung

Der Meister des seelischen Verlangens: »Was verlange ich vom Leben / vom Partner / vom Augenblick? Wie werde ich wunschlos glücklich?« – Wie jede Hofkarte zeigt dieser König ein Idealbild, einen souveränen Umgang mit dem betreffenden Element, hier mit den Kelchen (Wasser, Gefühle, Seele, Glaube). Sie sind wie dieser König, oder so können Sie werden! Und / oder Sie treffen auf einen Menschen in Ihrem Leben, der diesem *König* entspricht.

■ Spirituelle Erfahrung

Der uferlose Weg …

■ Als Tageskarte

»Wer nicht begehrt, lebt verkehrt«: Da gibt es Instinkte, Ahnungen und verlockende Reize, die auf Vertiefung warten.

■ Als Prognose / Tendenz

Die Erfüllung von Wünschen und der Abbau von Ängsten führen in jenen wünschenswerten Zustand, in dem wir *wunschlos* glücklich sind.

■ Für Liebe und Beziehung

Verbeißen Sie sich nicht! Ziehen Sie einen Strich unter Vorwürfe und Anklagen! Genießen Sie mit Lust und Vergnügen schöne Stunden!

■ Für Erfolg und Glück im Leben

Finden Sie heraus, was sich die Beteiligten und Sie selbst am dringendsten wünschen!

Die 10 wichtigsten Symbole

Die Haltung der Bildfigur

Eine profilierte Persönlichkeit, die in die Welt reitet, um entweder den Kelch zu füllen oder aber ihren Kelch mit anderen zu teilen. Beides Aspekte des ritterlichen, meisterlichen Umgangs mit dem Wasserelement.

Rüstung – ❶

Die Rüstung mit Helm, Sporen und offenem Visier gehört zu den Attributen jedes Ritters. **Positiv:** Schutz und Sicherheit. **Negativ:** Man kommt aus seiner Haut nicht heraus, weil man auf etwas fixiert ist.

Die Hermesflügel – ❷

Von Kopf bis Fuß auf Liebe eingestellt. Verbindung von Gefühl und Verstand. Den Geist (Luftelement) in die Wasserwelt hineintragen: **Bewusster Umgang mit Gefühlen und Glauben.** Als **Warnung:** Dogmatismus, Gefühlskorsett.

Das graue Pferd – ❸

Ross und Reiter bilden eine Einheit. Triebe und Instinkte (das Pferd) spielen eine tragende Rolle. Grau ist hier die Farbe des Gleichmuts. **Positiv:** Liebe ohne Eifer und Vorurteil. **Negativ:** innere Teilnahmslosigkeit.

Der Schritt des Pferdes – ❹

Spielerisch, tänzelnd, wie in einer Dressurübung. **Positiv:** Veredelung der Instinkte und Triebe. Kunstvoller Umgang mit Bedürfnissen und Passionen. **Negativ:** Dressur, Unterordnung, mangelnde Spontaneität.

Der Kelch in der Rechten

Leerer Kelch: Zeichen der Suche und der Sehnsucht. **Gefüllter Kelch:** Gute oder ungute Gefühle werden in die Welt getragen. Was in dem Kelch enthalten ist, bleibt der Phantasie des Betrachters überlassen.

Der Fluss – ❺

Nur wer sich wandelt bleibt sich treu. Verbindung von Quelle und Mündung. **Seinen Gefühlen einen Weg bahnen.** Den Gefühlen ihren Lauf lassen.

Berge

Negativ: Hindernis, Widerstand, Formung der Gefühle, aber auch **positiv:** Gipfelerlebnis, Höhepunkte, Lebensaufgaben.

Die Landschaft

Berg und Tal, Wiese und Bäume – ein sich fröhlich schlängelnder Fluss: Ausdruck von **Lebensfreude, Lust und Wohlbefinden.** Landschaft ohne Dramatik: eine liebevolle, angenehme Stimmung voller Harmonie.

Die Fische – ❻

Reichtum, Glück, Vielzahl (der Fischschwarm), Gemeinschaft, das Ganze, die Totalität. Große Gefühle, auch Kaltblütigkeit, Urgewalt. Goldfisch oder Haifisch?

Ritter der Kelche

Sie gleichen diesem Ritter. Die Karte unterstreicht Ihre Souveränität und zugleich Ihre männliche Seite! Sie besitzen und entwickeln einen meisterhaften, ganzheitlichen Umgang mit den Seelenkräften des Lebens. Ihre Hingabe als Mensch mit viel Liebe und Leidenschaft ist gefragt.

Von Kopf bis Fuß beschwingt – oder abgehoben …

■ Grundbedeutung

Der Meister des Glaubens: »Woran glaube ich? Wofür lohnt sich der Weg? Wie kann ich ihn so schön wie möglich machen?«– Wie jede Hofkarte zeigt dieser Ritter ein Idealbild, einen souveränen Umgang mit dem betreffenden Element, hier mit den Kelchen (Wasser, Gefühle, Seele, Glaube). Sie sind wie dieser Ritter, oder so können Sie werden! Und / oder Sie treffen auf einen Menschen in Ihrem Leben, der diesem *Ritter* entspricht.

■ Spirituelle Erfahrung

Die Gralssuche!

■ Als Tageskarte

Vermeiden Sie Gutgläubigkeit, Misstrauen, Unglauben oder Aberglauben. Untersuchen Sie und fragen Sie nach in wachsamer Offenheit!

■ Als Prognose / Tendenz

Große Leidenschaften, Lebensträume und Ziele, die weit in die Zukunft reichen, können durch die bisherigen Erfahrungen meist nicht widerlegt und nicht bestätigt werden. Umso wichtiger ist und bleibt zu prüfen, woran man glaubt!

■ Für Liebe und Beziehung

Wir besitzen Herz und Verstand, um tiefe und erhabene Leidenschaften auszuleben.

■ Für Erfolg und Glück im Leben

Es sind die großen Emotionen, die uns am meisten bewegen und mit denen wir am meisten bewegen. Das ist Ihr Motor!

Die 10 wichtigsten Symbole

Die Haltung der Bildfigur I

Die Haltung des Pagen/Buben verrät Zuwendung und Abkehr zur gleichen Zeit, Neugier und Vorsicht… Spielerische Ausgewogenheit als Weg zur Souveränität und Meisterschaft.

Die Haltung der Bildfigur II

Die Stellung der Beine verrät Flexibilität, Zuwendung und Vorbehalt zur gleichen Zeit. **Positiv:** Höflichkeit, Vorsicht, schrittweises Vorgehen. **Negativ:** Unverbindlichkeit, »Hü und Hott«, Wankelmut.

Am Wasser – ❶

Die Bildfigur hat »nah am Wasser gebaut«. Seine Welt besteht nur aus dem Wasser und dem Fisch, den er im Kelch trägt. Das große Wasser befindet sich im Rücken, möglicherweise also unbemerkt, im Unbewussten.

Der Fisch im Kelch I – ❷

Der Fisch bedeutet als Symbol **Glück, Reichtum, Lebenstiefe** und Lebensfülle, mitunter aber auch **Kälte, Kaltblütigkeit,** Fixierung auf den »Schwarm«, Unselbständigkeit. – Die Schätze des Meeres werden fassbar.

Der Fisch im Kelch II

Vordergründig: Fischer, Angler, Taucher, Meeresbiologe. **Symbolisch:** Zugriff zu den Schätzen der Wasserwelt: Ein glückliches Händchen im Verständnis von Träumen, Ahnungen und Visionen.

Der Fisch im Kelch III

Hauptbedeutung: Zugriff mit spielerischer Hand, Verständnis für die Schätze des Wassers und der Seelen. Warnung vor Übereifer oder Unverantwortlichkeit: Der Fisch sitzt auf dem Trockenen, ist seinem Element entrissen.

Das Gewand – ❸

Der Mensch ist selbst ganz von Wasser durchströmt. **Aufgabe:** Sich selbst als Teil des großen Wasserkreislaufs in der Natur zu begreifen. Sich selbst als einen kostbaren Fang aus dem Strom des Lebens wertschätzen.

Die Seerosen – ❹

Positiv: Zeichen der Schönheit, Reinheit und Kostbarkeit des Seelenlebens. **Negativ:** Die Seerosen auf dem Gewand besitzen keine Wurzeln. Gefahr der Entwurzelung, die Dinge aus ihrem Zusammenhang zu reißen.

Die Farben Blau und Rot – ❺

Positiv: Spiritualität (blau) und Wille / Herzensbegehren (rot) ergänzen sich zu großer Leidenschaft. **Negativ:** »Blauäugigkeit« (blau) und Eifer / Ego (rot) ergänzen sich zu Halbherzigkeiten oder emotionalen Übergriffen.

Die blaue Kopfbedeckung – ❻

Spiritualität, Gefühl, Glaube und Geist. Auch: Sehnsucht, blaue Stunde, Blues. **Positiv:** Heiterkeit, Leichtigkeit, »kühler Kopf«. **Negativ:** Wunschdenken, Rausch, jemanden oder etwas »anhimmeln«.

Page / Bube der Kelche

Sie gleichen diesem Pagen (oder Buben). Die Karte unterstreicht Ihre Souveränität und zugleich Ihre jugendlich-junge Seite! Sie besitzen oder brauchen eine spielerische Meisterung von Gefühlen und Bedürfnissen. Ihr ganzes Geschick als Mensch mit viel Verständnis und Mitgefühl ist gefragt.

Halten Sie sich an das, was Ihre Seele reifen lässt!

■ Grundbedeutung

Die Abenteuer der Gefühle, des Verlangens und des Glaubens: »Wie kann ich (meine) Wünsche erfüllen? Und wie (meine) Ängste reduzieren?« – Wie jede Hofkarte zeigt dieser Page (Bube) ein Idealbild, einen souveränen Umgang mit dem betreffenden Element, hier mit den Kelchen (Wasser, Gefühle, Seele, Glaube). Sie sind wie dieser Page (Bube), oder so können Sie werden! Und / oder Sie treffen auf einen Menschen in Ihrem Leben, der diesem *Pagen (Buben)* entspricht.

■ Spirituelle Erfahrung

Erfolgreich wünschen …

■ Als Tageskarte

Benennen Sie konkret und klar Wünsche und Ängste. Handeln Sie entsprechend!

■ Als Prognose / Tendenz

Neue Einsichten. Mit Einfühlung, Meditation und Verständnis erkennen Sie den eigenen Weg; so helfen Sie sich und anderen weiter.

■ Für Liebe und Beziehung

Nehmen Sie Ihr Herz in die Hand, und vertreten Sie Ihr Begehren!

■ Für Erfolg und Glück im Leben

Lassen Sie den Fisch nicht vertrocknen! Sagen Sie, was Sie auf dem Herzen haben!

Die 10 wichtigsten Symbole

Die Karte als Spiegel

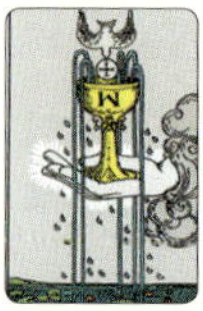

Das Wasser ist ein Symbol für das Seelenleben. Die Kelche drücken das aus, was dem Wasser Halt und Fassung verleiht: Bedürfnisse, Träume, Ahnungen, Wünsche. Der Mensch als Kelch gesehen: Teilnahme am Lebensstrom.

Der Kelch I – ❶

Ob Tarot- oder Traumdeutung, im Märchen wie in der Astrologie: überall **bedeutet Wasser Seele, Seelenleben, Gefühle, Glaube.** Für die Spiritualität steht insbesondere die Verbindung von Wasser und Geist.

Der Kelch II

Der Kelch steht für das, was dieses Wasser (Gefühl, Glaube) fassbar und begreiflich macht: unsere seelischen Bedürfnisse, Wünsche und Ängste. Doppeldeutigkeit: Positive und negative Gefühle gilt es zu unterscheiden.

Die fünf Wasserstrahlen I – ❷

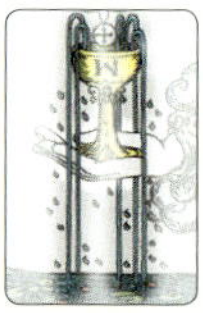

Aus dem Kelch speisen sich fünf Ströme, aus dem Meer steigen fünf Strahlen in den Kelch empor: Sinnbild der großen Naturkreisläufe und Symbol der Verbindung der einzelnen Person mit dem Strom des Lebens.

Die fünf Wasserstrahlen II

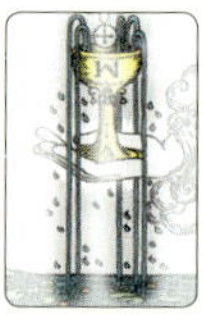

Verbindung von Meer und Kelch: Sich mit allem verbinden können wie ein Tropfen im Ozean. **Die einzelnen Strahlen:** Sich von allen anderen unterscheiden zu können, Unterscheidung und Sortierung der Gefühle.

26 Tropfen – ❸

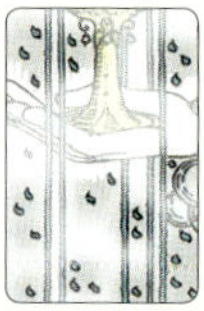

Göttliche Gnade. Menschliche Tränen. **Verbindung von Wasser und Luft:** Spiritualität. Betonung des Übergangs zwischen oben und unten. 26 Buchstaben, die Sprache der Gefühle.

Die weiße Taube – ❹

Der heilige Geist, das Göttliche. Außerdem: Friedenstaube, Symbol der Weisheit (Sophia) und der Liebe (Eros, Aphrodite). **Aber auch:** Hysterie des Geistes (Hitchcock »Die Vögel«).

Das Kreuz / Der Buchstabe – ❺

Der Buchstabe könnte ein W sein und auf den Urheber der Karten A.E. Waite hinweisen. Und / oder es ist ein Zeichen, das zusammen mit der Hostie im Schnabel der Taube auf die Kirche als Vermittlerin des Glaubens hinweist.

Seerose / Lotos – ❻

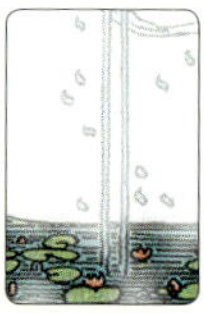

Schönheit, Reinheit, Erleuchtung. In der ostasiatischen und besonders der buddhistischen Symbolik wird betont, dass der Lotos aus dem Sumpf heraus zu solch schöner Blüte erwächst.

Hand aus der Wolke

Der Kelch ist Ihnen geschenkt worden. Sie sind ein Geschenk – für sich und die Welt. Nehmen Sie es an, und machen Sie etwas daraus. Hören Sie auf die Sprache Ihrer Gefühle.

Ass der Kelche

Geschenk des Lebens: Der Kelch symbolisiert das seelische Eigenleben eines Menschen, das Fassungsvermögen der Seele, Wünsche, Ängste und alle Gefühle. Das große Wasser steht für das Meer, für die ozeanischen Gefühle, für unsere Verbundenheit mit allem.

Hoch soll leben, was uns fühlen und fließen lässt!

■ Grundbedeutung

Die Kelche sind die Gefäße, in denen sich unsere Gefühle gleichsam niederschlagen: Hier geht es um seelische Bedürfnisse, das Verlangen und den Glauben, um alles, was uns innerlich erfüllt und bewegt. Entscheidend ist, dass es *fließt*. Schlüsselbegriff ist die Seele, die im Wasser gereinigt und geläutert wird. Mit dem Ass bietet sich dazu ein elementarer Zugang! Greifen Sie zu!

■ Spirituelle Erfahrung

Sich taufen lassen. Sich wandeln und ein neues Leben beginnen!

■ Als Tageskarte

Bereinigen Sie, was Ihre Gefühle trübt. Klären Sie Ihre Emotionen.

■ Als Prognose / Tendenz

Jede Kelch-Karte stellt ein Angebot dar, etwas zu empfangen (passiv) oder loszulassen (aktiv). Wenn es fließt, finden Sie die gesuchte Antwort.

■ Für Liebe und Beziehung

Wir sind wie Meer und Kelch: verbunden mit allem, doch auch frei und eigenständig. Diese Pole sorgen für Spannung und Erlösung, auch in Ihren Beziehungen.

■ Für Erfolg und Glück im Leben

Jetzt ist nicht die Stunde großer Versprechungen oder Verheißungen, sondern der persönlichen Aufrichtigkeit.

Die 10 wichtigsten Symbole

Die Haltung der Bildfiguren

Die Figuren sind fast nur im Halbprofil zu sehen. **Positiv:** Zwei Hälften ergeben ein Ganzes. **Negativ:** Wenn jeder nur im Anderen seine »bessere Hälfte« sucht, bleibt jeder für sich ein halber Mensch, die Liebe eine halbe Sache.

Der geflügelte Löwenkopf I – ❶

Machtvolle Emotionen. Im guten Sinne ein Schutzdach, das beflügelt und riesige Energien frei setzt. Starke (Herzens- und Sex-) Energien verstärken sich gegenseitig und schaffen ein beflügelndes Energiefeld.

Der geflügelte Löwenkopf II

Unbegriffene Emotionen oder ein Bann: Man kommt nicht voneinander los, kann sich nicht von der Stelle bewegen. Eine »Doppelbindung«, eine wechselseitige Verklammerung von Wünschen und Ängsten.

Der Hermes-Stab – ❷

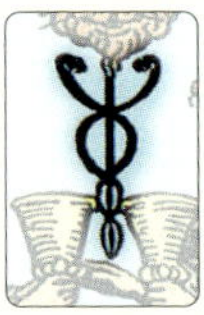

Er steht für die Verbindung von Trieb und Vernunft. Die verschlungenen Schlangen am Stab ziehen mit jeder weiteren Ebene nach oben größere Kreise. Will man diesen Kreislauf stoppen, so heißt es zum Anfang zurückzukehren.

Lorbeer- und Blütenkränze – ❸

Im **negativen** Sinne beginnt hier ein Beziehungsdrama. Im **positiven** Sinne sehen wir, wie die Liebe und das Verliebtsein den Alltag in ein Fest verwandeln und uns über das Alltägliche hinausheben.

Die Farben der Hohepriesterin – ❹

Weiß und blau stehen für die weibliche Seite. Wenn diese unbegriffen, unentwickelt oder halbherzig ist, steht sie auch für die anima–lische Seite unseres Seelenlebens: ängstlich, fordernd, desorientiert.

Die Farben des Narren – ❺

Schwarz und gelb stehen für die männliche Seite. Wenn diese unbegriffen, unentwickelt oder halbherzig ist, steht sie auch für die animus–hafte Seite unseres Seelenlebens: idealistisch, selbstlos, besessen.

Haus auf dem Hügel

Die Hügel im Bild stehen auch für das Auf und Ab im Leben. **Aufgabe:** Wir sollen unsere bessere Hälfte in uns selbst finden und dadurch offen werden für eine wirkliche Partnerschaft. So finden wir automatisch unsere »Heimat«.

Die roten Schuhe – ❻

Herzblut, Emotionen, Leidenschaft. **Positiv:** Temperamentvoll! **Negativ:** Der Bann, die verhexte Seite der Emotionen, die sich manchmal nur im Detail bemerkbar macht.

Der hellblaue Himmel

Himmel = Reich des Gottes und des Willens. **Hellblau** = (offener) Himmel; (klares) Wasser. **Positiv:** Heiterkeit, Leichtigkeit, klarer Wille, klarer Geist. **Negativ:** jemanden oder etwas »anhimmeln«, Wunschdenken.

Zwei Kelche

Zwei Kelche betonen die Polaritäten des Seelenlebens – Sympathie und Antipathie, Wünsche und Ängste, Zuwendung und Ablehnung. Die berühmten »zwei Seelen in der Brust« muss auch jede/r für sich unterscheiden und unter einen Hut bekommen.

Der rote Löwe – emotionale Riesenkräfte im Guten wie im Schlechten!

■ Grundbedeutung

Zwei Kelche stehen für Grundenergien, für wichtige Gefühle, die sich widersprechen oder ergänzen. Das bezieht sich auf eher alltägliche Absichten.

Es gilt aber auch für grundlegende Interessen und massivere Konflikte. Hermes-Stab und geflügelter Löwenkopf bedeuten, kurz gesagt, sowohl die glückliche Verbindung, aber auch die unselige Verquickung zweier Seelen.

■ Spirituelle Erfahrung

Die erste große Liebe …

■ Als Tageskarte

Mit großen Emotionen gekonnt umzugehen – das ist eine Lebensaufgabe, die sich jeden Tag neu stellt.

■ Als Prognose / Tendenz

Der bewusste Umgang mit Gefühlen und Bedürfnissen ist in jeder Hinsicht entscheidend.

■ Für Liebe und Beziehung

Lassen Sie Ihrer Seele Flügel wachsen … durch eigene oder gemeinsame Unternehmungen, eine Aussprache, einen Abschied, eine Versöhnung …

■ Für Erfolg und Glück im Leben

Geteilte Freude ist doppelte Freude. Geteiltes Leid ist halbes Leid.

Die 10 wichtigsten Symbole

Die Haltung der Bildfiguren

Positiv: Ein Reigen, Tanz, ein Gruppenerlebnis, welches das Herz beflügelt und erweitert. **Negativ:** Offenheit und direkte Zuwendung bietet (weder für den Betrachter noch untereinander) keine der Kelchträgerinnen.

Die Haltungen der Bildfiguren II

Im Guten wie im Schlechten geht es hier um **Frauenpower.** Uralte Bilder der Großen Mutter sind hier von Bedeutung. Die drei Grazien, die drei Moiren, die Große Göttin als Jungfrau, Frau und Alte.

Die Haltungen der Bildfiguren III

Die Bildfiguren sind in Bewegung und auch zueinander jeweils in einer etwas bewegten oder verdrehten Haltung. Dies ist eine Darstellung der **Kraft der Emotionen** (lat.: Bewegung, Ausdruck).

Früchte / Ernte – ❶

Die Ernte ist reich – es gibt also reich–lich Grund zum Feiern. Genießen Sie das Leben in der Gemeinschaft – Sie gehören dazu. **Aufgabe:** Vergessen Sie nicht, dankbar zu sein für alles, was Ihnen geschenkt wurde.

Die Erhöhung der Kelche I – ❷

Positiv: Gruppenerlebnis, »Hoch die Tassen«, Feier, Fruchtbarkeit der Seele als die Fähigkeit, seelisch über sich hinauszuwachsen. **Negativ:** Hochnäsigkeit, Arroganz der Gefühle. Schaueffekte.

Die Erhöhung der Kelche II

Wie bei *Neun Kelche* und *Zehn Kelche*: das Thema der Aufhebung der Kelche deutet sich auch hier an .....

Auf Zehenspitzen – ❸

Positiv: Tanz, Beschwingtheit, Leichtigkeit, Erhöhung und Aufhebung der Kelche. **Negativ:** Mehr Schein als Sein. Künstlichkeit. Künstliche Gefühle.

Der Reigen / Der Tanz – ❹

Negativ: Gruppenzwang, Rausch, Verlust des Eigenen. **Positiv:** Das Leben als Fest, »Und die Welt hebt an zu singen, triffst du nur das Zauberwort« (J. v. Eichendorff).

Rot – Beige – Weiß – ❺

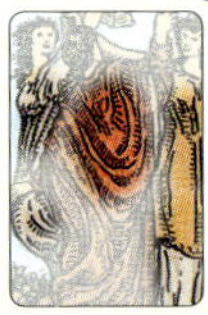

Die Figuren stehen auch für die Einheit von Körper, Geist und Seele. Rot für die Seele, weiß für den Geist, beige für den Körper. **Positiv:** Mit allen Sinnen lieben! **Negativ:** Teilung von körperlicher, geistiger und seelischer Liebe.

Der hellblaue Himmel

Himmel = Reich des Gottes und des Willens. **Hellblau** = (offener) Himmel; (klares) Wasser. **Positiv:** Heiterkeit, spirituelle Freude, klarer Wille, klarer Geist. **Negativ:** »Blauäugigkeit«, Wunschdenken, Rausch.

Drei Kelche

Zu einem fruchtbaren Seelenleben gehören Austausch, Gemeinsamkeit und Selbständigkeit in einer Gruppe. Aber auch der Dreiklang von Körper, Geist und Seele in einem Menschen. Die Anmut der Gefühle ist die positive Verheißung der Karte – der Hochmut der Seele die Warnung!

Aller guten Dinge sind drei!

■ Grundbedeutung

Die größte Chance und die größte Gefahr dieser Karte bestehen darin, dass hier die Grenzen zwischen den beteiligten Personen fließend werden. Es ist nicht leicht auszumachen, welche der Gestalten welchen Kelch hält, wer hier was macht. Aktion und Reaktion, Original und Echo vermischen sich. Im guten Sinne: die bemerkenswerte Fähigkeit der Seele, zu wachsen und sich in andere zu verwandeln. Negativ: Ein Wir-Gefühl, worin der oder die Einzelne verloren geht.

■ Spirituelle Erfahrung

Eine gelungene Feier. Verwandlung des Alltags in ein Fest!

■ Als Tageskarte

Scheuen Sie sich nicht vor »emotionalen« Reaktionen. Gehen Sie auf andere zu, oder grenzen Sie sich von ihnen ab, auch wenn es Ihnen noch ungewohnt erscheint.

■ Als Prognose / Tendenz

Das Leben wird zum Fest, wenn viele Gefühle gemeinsam fruchtbar werden!

■ Für Liebe und Beziehung

Ein richtiges Wort zur richtigen Zeit wirkt Wunder. Sprechen Sie aus, was Sie fühlen! Trauen Sie sich!

■ Für Erfolg und Glück im Leben

Eine glückliche Karte, wenn wir sie als Sinnbild der emotionalen Intelligenz sehen. Bewusste Emotionen sind fruchtbare Emotionen.

Die 10 wichtigsten Symbole

Die Haltung der Bildfigur

Sie sehen dort sich selbst oder einen anderen Menschen in einer verschlossenen, schmollenden oder aber meditativ versunkenen, sinnenden Haltung. Eine Situation des Abwartens oder kreativer neuer Eingebungen.

Der Baum – ❶

Seit Urzeiten ein Symbol der Lebenskraft und Fruchtbarkeit. Außerdem ist der Baum ein Symbol für den Menschen: mit den Wurzeln in der Erde und der Krone im Himmel ist der Mensch ein Bürger zweier Welten.

Wurzel, Stamm und Krone I

Wenn der Mensch an den Wurzeln des Baumes verweilt, verweilt er sinnbildlich an seinen eigenen Wurzeln. So steht die Karte für einen positiven Rückzug, für Phasen der Ruhe, des Träumens und der Meditation.

Wurzel, Stamm und Krone II

In anderen Fällen ist diese Karte als Aufforderung zu verstehen, sich aufzurichten und sich wie ein Baum weit in den Himmel zu strecken. Dann heißt es zuzugreifen und zu voller Größe und Schönheit auszuwachsen.

Der Hügel – ❷

Die Bildfigur ist etwas erhöht platziert. Man braucht Abstand von Erfahrungen und seelischen Eindrücken, um sie zu verarbeiten und aufzuheben; eben daraus erwächst die neue Einsicht, neue Inspiration.

Der vierte Kelch – ❸

Seelisches Wachstum, Eingebung, ein neuer Kelch, ein neuer Ansatz, ein neuer Erfahrungsbereich tritt neu hinzu. – Dennoch geht es hier auch um Abschied und Ablehnung: »Lass diesen Kelch an mir vorüber gehen!«

Die Hand aus der Wolke – ❹

Es ist der Wink des Schicksals oder die Hand Gottes, die uns einen neuen Kelch reicht. Es können aber im negativen Sinne auch eingebildete Geister und Gespenster sein, die uns bis in die Privatsphäre verfolgen.

Die Farbe Hellblau

Ein weiter Himmel steht Ihnen offen. Hellblau steht für Wasser wie auch für Luft. Die Mischung aus Wasser und Luft aber ist der Spiritus, die Spiritualität. Sie verleiht unserer Seele Flügel …

Die Wolke – ❺

… mitunter aber auch nebulöse Wünsche oder unbegründete Ängste. Auch die Wolke besteht aus Wasser und Luft. Je grauer sie ist, umso undurchsichtiger ist sie, umso mehr gibt es seelisch zu klären und filtern.

Die Farbe Grün – ❻

Sie warnt vor persönlicher Unreife (»Grün hinter den Ohren«). Und sie ermuntert zu Lebendigkeit und weiterem Wachstum, insbesondere zum verantwortlichen Umgang mit den eigenen Erfahrungen und Bedürfnissen.

Vier Kelche

Eine neue seelische Erfahrung kommt auf Sie zu (der Kelch aus der Wolke). Einmal sollten Sie diesen neuen Kelch annehmen, wohl oder übel, ob er nun süßen Wein oder bittere Medizin enthält. Ein andermal aber ist es wichtig, diesen Kelch zurückzuweisen und zu sagen: »Lass diesen Kelch an mir vorübergehen!«

Zurück zu den Wurzeln!

■ Grundbedeutung
Der Baum im Bild ist ein Symbol der Natur, aber auch des Menschen als eines speziellen Teils der Natur. Wenn die Bildfigur an den Wurzeln des Baumes sitzt, verweilt sie sinnbildlich an ihren eigenen. Einmal kann es darum gehen, die Alltagsroutine zu unterbrechen, um Einkehr und Besinnung zu finden. Ein andermal jedoch darum, *das Grübeln zu beenden*, um sich persönlich neu auszurichten und sich, wie der Baum, weit in den Himmel zu strecken.

■ Spirituelle Erfahrung
Gnade und Dankbarkeit erfahren! Kraft aus der Begegnung mit der Natur, mit einem Baum schöpfen!

■ Als Tageskarte
Gehen Sie Ihren Gefühlen auf den Grund. Lassen Sie die Seele baumeln. Ziehen Sie klare Schlüsse. Lassen Sie sich nicht drängeln.

■ Als Prognose / Tendenz
In der Meditation, in der Stille finden sie Wörter und Worte für Erfahrungen und Eindrücke, bei denen Sie bislang sprachlos waren.

■ Für Liebe und Beziehung
Wer hoch hinaus will, muss tief in sich gehen! Das gilt auch für die Höhen und Tiefen der Liebe.

■ Für Erfolg und Glück im Leben
Manchmal hat man für etwas »nur« persönliche Gründe. Hier führen genau diese zum Ziel und zum Glück!

Die 10 wichtigsten Symbole

Die Haltung der Bildfigur

Schwarz ist die Farbe der Trauer, aber auch des Unbekannten, des Fremden. Wer ist die Person, die dort im Bild steht? Sind Sie es? Ein Mensch in Ihrer Nähe? Hier begegnen wir auch der »schwarzen Nacht der Seele«!

Die schwarze Figur I

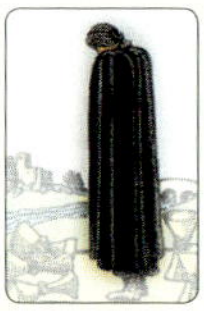

Man kann sich leer fühlen, wie die umgeworfenen Kelche, und ausgebrannt; oft besteht das einzige Heilmittel darin, Trauer zuzulassen, seinen Gefühlen freien Lauf zu lassen und Tränen nicht zu unterdrücken.

Die schwarze Figur II

Oft bedeutet die schwarze Gestalt jedoch keineswegs Trauer oder Burnout. Im positiven Sinne ist sie ein Symbol des Übergangs. Wenn etwas wirklich Neues im Leben beginnt, durchschreiten wir zuerst einen Tunnel.

Die schwarze Figur III

Wenn sich Neues abzeichnet, von dem wir keinerlei Erfahrung oder Vorkenntnis besitzen, so meldet die Seele, unsere innere Stimme: »Alles dunkel – keine Ahnung!«. Sie ist noch schwarz, wie ein unbelichteter Film.

Die umgekippten Kelche – ❶

Sie stehen für die **verflossenen Herzenserfahrungen** (rot), die es zu betrauern oder aber loszulassen gilt. Lernen Sie zu verzeihen, ohne zu vergessen, und sich zu erinnern, ohne dem Alten anzuhaften.

Die stehenden Kelche – ❷

Etwas ist vergangen, aber etwas Neues steht für Sie bereit. Neue Kelche, ein neues Fassungsvermögen für Ihre Wünsche und Ängste! **Neue seelische Möglichkeiten und Wahrheiten.** Wenden Sie sich diesen zu!

Der Fluss – ❸

Nur wer sich wandelt, bleibt sich treu. Der Fluss ist ein altes Symbol für Kontinuität und Treue auf der einen Seite und permanenten Fluss, stete Änderung auf der anderen Seite – und dies zur gleichen Zeit!

Die Brücke – ❹

Vertrauen Sie dem Neuen, gehen Sie über die Brücke, dann ist es nicht mehr ungewohnt. So wie die Bildfigur können Sie sich umdrehen, dem Neuen zuwenden. Darin besteht der Weg durch den Tunnel (über die Brücke).

Rückenansicht – ❺

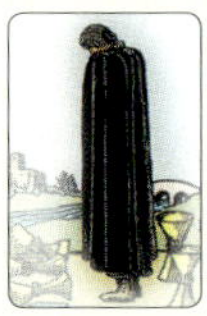

Der Rücken ist der Ort des Schattens, des Ungesehenen und daher Unbewussten. Doch es liegt auch eine Warnung darin: Wenden Sie sich nicht von sich selbst ab. Kommen Sie mit sich und Ihren Mitmenschen ins Reine.

Burg / Ruine – ❻

Als Ruine kündet dieses Bauwerk wie die umgekippten Kelche vom Verflossenen. Betrachtet man das Gebäude als Burg, so steht sie für das Ziel, für Schutz und Heimat, wenn wir den Weg über die Brücke gehen.

Fünf Kelche

Einerseits: Trauer, Angst, seelische Erschöpfung. Ein anderes Mal zeigt sich hier der gelungene Anfang von etwas wirklich Neuem, von dem man bisher nur eine dunkle Ahnung hatte! Da braucht man Mut und Entschlossenheit, um gut durch den »Tunnel« zu kommen.

Quintessenz der Kelche: Fluss und permanenter Wandel.

■ Grundbedeutung

Die Brücke zu einem neuen Ufer steht offen. Die Herausforderung besteht darin, Neuland zu betreten, und das heißt, eine Brücke zu überschreiten. Wir begegnen dem *Schatten*. Der »Schatten« bedeutet im psychologischen Sinn eine Art Doppelgänger, ein Alter Ego (Zweites Ich). Auch diese Schattenthematik wird durch die schwarze Bildfigur ausgedrückt. Die Schattenfigur steht für eigene ungelebte Seiten, für bislang unbewusste Wünsche und Ängste.

■ Spirituelle Erfahrung

Eine Metamorphose – eine Wandlungsphase, eine Tunnelstrecke des Lebens – der Anfang einer neuen Lebensstufe.

■ Als Tageskarte

Laufen Sie vor (Ihren) Gefühlen nicht weg. Nach diesem Neuanfang sehnen Sie sich schon lange.

■ Als Prognose / Tendenz

Zwei Kelche stehen aufrecht. Sie können wählen, welche Gefühle und Bedürfnisse Sie mitnehmen und welche nicht.

■ Für Liebe und Beziehung

Trauer, Wut, Groll, Gram und andere Emotionen treten in diesem Bild in den Vordergrund, wenn sie bisher zu kurz gekommen sind. Holen Sie fehlende Auseinandersetzungen nach!

■ Für Erfolg und Glück im Leben

Ent-Täuschung: Das Ende einer Täuschung, deren Lektion Sie gelernt haben, setzt enorme Energien frei.

Die 10 wichtigsten Symbole

Die Haltung der Bildfigur

Sie können eine oder alle der drei Bildfiguren sein. Generell kann ihr Verhältnis zur Kindheit und zu Kindern hier angesprochen sein. Ihr Verhältnis zu Märchen und Wahrheit, zu dem Schatz früher Erfahrungen.

Kelche mit Blüten

Nur diese Karte zeigt Kelche mit Blüten. Thema dieser Karte ist daher ein blühendes Seelenleben. Zu diesem Zweck kehren wir in das Reich der Kindheit und / oder der Abenteuer und der Jugend zurück.

Kinder / Zwerge

Der große Zwerg und die kleine Frau sind wir. Es ist ein Zeichen seelischer Reife, wenn wir als Erwachsene auch wieder Kind sein können! Und das heißt, unsere Erfahrungen in der Kindheit noch einmal anzuschauen!

Das zugewandte Gesicht der kleinen Frau – ❶

Wer bei ihr zuerst das zugewandte Gesicht ihres Doppelgesichts sieht, der sieht und sucht zuerst das »Ja«, die Zustimmung in Beziehungen und Gefühlsdingen. Das Nein-sagen fällt eher schwer.

Das abgewandte Gesicht der kleinen Frau – ❷

Wer zuerst das abgewandte Gesicht ihres Doppelgesichts wahrnimmt, der sieht und sucht zuerst das »Nein«, die Abgrenzung in Beziehungen und Gefühlsdingen. Das Ja-sagen fällt eher schwer.

Das Doppelgesicht der kleinen Frau

Es geht auf eine alte Bildfigur zurück: Vorne junge Frau / hinten alte Frau oder vorne eine junge Frau / hinten der Tod. Diese Bildfigur aus dem Mittelalter wird die Vanitas (Leere, Eitelkeit) genannt.

Das X-Kreuz – ❸

Dieses Kreuz ist mehr als ein Dekor. Wir können als Erwachsene die Weichen neu stellen. Wir kehren in die Kindheit zurück, um das Doppelgesicht der Erfahrung zu erforschen, die fehlenden Seiten zu ergänzen.

Die Stechapfelblüten – ❹

Stechapfel ist ein Nachtschattengewächs und ein altes »Hexenkraut«. Es kann Gift oder Medizin sein. Das ist eine Frage der Dosierung, der Kenntnis. Und so verhält es sich auch mit unserer seelischen Herkunft.

Wächter mit Lanze / Wanderer mit Stab – ❺

Der Wanderer betont den Aspekt der Wandlung. Der Wächter steht für Schutz, aber auch für Kontrolle über Erfahrungen der Kindheit. Manchmal ist es schwer, an die Erinnerung heranzukommen.

Der weiße Handschuh – ❻

Eleganz. Vorsicht, Behutsamkeit. Auch: ein Mensch, der sich die Finger nicht schmutzig machen möchte. Möglicherweise Berührungsangst vor mancher Wahrheit der Kindheit und der eigenen Herkunft.

Sechs Kelche

Was braucht man zu einem blühenden Seelenleben? Die Karte macht es deutlich: Man muss und darf als Erwachsener wieder Kind sein. Und das heißt auch, Abschied nehmen von schlimmen Erfahrungen der Kindheit und zurückkehren zur Offenheit und Freude der Kinderzeit.

Ein Bild der Erfahrung mit Anderen – und der Beziehung zu sich selbst!

■ Grundbedeutung

Ein Doppelgesicht: Die kleine Frau schaut vom Männlein weg (das Gelbe ist ihr Gesicht, links und rechts umgeben vom orange-roten Kopftuch). Und sie sieht zu dem großen Zwerg hin (das Gelbe ist jetzt ihr Zopf, links davon ihr Gesicht und rechts davon ihr Kopftuch). Beide Blickrichtungen gehören zum Bild. Meistens fällt uns spontan nur *eine* der beiden auf. Wir brauchen aber beides: Abgrenzung und Zuwendung, Nein und Ja!

■ Spirituelle Erfahrung

Sich verlieben, eine Therapie abschließen, einen Jungbrunnen erleben!

■ Als Tageskarte

Ein geschützter Raum, in dem man auch seine Verletzlichkeit zeigen kann. Setzen Sie sich behutsam mit emotionalen Erfahrungen auseinander.

■ Als Prognose / Tendenz

Sie erweitern Ihr Verständnis. Sie verfügen heute über *mehr Alternativen* als in Ihrer Kindheit.

■ Für Liebe und Beziehung

Verabschieden Sie sich von kindlichen Reaktionsweisen und tun Sie, was Sie als erwachsene Frau oder erwachsener Mann schon lange tun wollten!

■ Für Erfolg und Glück im Leben

Nutzen Sie die Gunst der Stunde, um alte Ängste abzulegen und wichtige Wünsche zu erfüllen.

Die 10 wichtigsten Symbole

Die schwarze Figur

Sie finden sich in der schwarzen Bildfigur wieder, aber auch in jeder der Gestalten in jedem der sieben Kelche. Ihre Aufgabe besteht darin, sinnvolle und sinnlose Wünsche voneinander zu unterscheiden.

Die schwarze Figur II

Positiv: Über den eigenen Schatten zu springen, um zu den gewünschten Zielen zu gelangen. **Negativ:** Sich ein Wolkenschloss auszumalen, über das man das Hier und Heute vergisst; zum Schatten seiner selbst werden.

Das Wolkenreich

Den persönlichen Reichtum erkennen und in Besitz nehmen. Die Kehrseite sind Gier und Unzufriedenheit. Es gilt, »Ja« zu sich selbst zu sagen, und nicht, sich selbst zu verleugnen zu Gunsten unwirklicher Ideale.

Der Lockenkopf – ❶

Der Lockenkopf symbolisiert Schönheit und ewige Jugend. Er warnt vor Eitelkeit und Selbstverliebtheit. Und er ermuntert dazu, sich selbst ins Gesicht zu schauen und sich so anzunehmen, wie man ist.

Burg / Turm – ❷

Burg – positiv: Schutz, Heimat, Sicherheit, Geborgenheit; **negativ:** Umklammerung, Abschottung oder Arroganz. **Turm – positiv:** Überblick, Wachsamkeit; **negativ:** Abgehobenheit (Elfenbeinturm), Weltfremdheit.

Schatz / Schmuck – ❸

Innerer und äußerer Reichtum. Die wahren Werte, persönliche Brillanz und Kostbarkeit. Im negativen Sinne schnöder Mammon, Geld als Ersatzbefriedigung, Unsicherheit über den eigenen, persönlichen Wert.

Lorbeerkranz – ❹

Der Lorbeerkranz kann Totenkranz und Siegerkranz sein. Ein Totenkopf ist auch auf dem Kelch zu erkennen (ähnlich die Karten *XXI – Die Welt* und *Sechs Stäbe*). **Aufgabe:** das eigene Leben nützlich zu machen.

Der Drache – ❺

In den europäischen Sagen ein fürchterliches Ungeheuer (St. Georg, der gegen den Drachen kämpft). Aus der chinesischen Tradition jedoch auch als Glücksdrache bekannt. **Auch Sie besitzen besondere Kräfte.**

Schlange – ❻

Platte, auch niederträchtige Verhaltensweisen und Instinkte, im Staub kriechen. Daneben ein Symbol der Weisheit, der Wandlung (Häutungen) und der Höherentwicklung (die nach oben geringelte Schlange).

Die verschleierte Gestalt – ❼

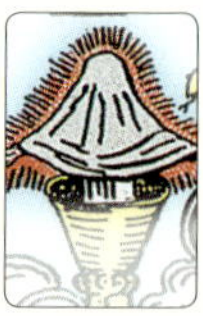

Das Geheimnis, das Mysterium, das jeder Mensch darstellt. Diese Kostbarkeit, dieses Wunderbare in Ihnen ist erkennbar, wird sich aber nur weiter enthüllen, wenn Sie sich persönlich weiterentwickeln.

Sieben Kelche

Phantastische Möglichkeiten eröffnen sich Ihnen. Wählen Sie, was Sie wünschen, springen Sie über Ihren Schatten, und greifen Sie zu. – Oder: In der Phantasie sind Sie in einer Wunder-Welt zu Hause, während Sie als Person tatsächlich ein Schattendasein führen. Wunsch und Wirklichkeit wirken wie Tag und Nacht!

Nichts ist hier eindeutig!

■ Grundbedeutung

Alles ist doppeldeutig wie die Burg, die für Macht und Größe, andererseits für Abgehobenheit und Einsamkeit steht. Hier gilt es, hinter die Kulissen zu schauen, mit Sinn und Verstand Ihre Wünsche und Ängste zu ordnen; denn unerfüllte Wünsche führen Sie innerlich ebenso in ein Abseits wie erfüllte Wünsche, die sich als Illusionen oder Aberglaube herausstellen. Die Lösung: Erfahrungen auswerten, seelisch reifen und wachsen! Grenzen ziehen, Ziele erreichen, lernen, was Ihnen gut tut.

■ Spirituelle Erfahrung

Unterscheiden lernen, sich nicht selbst vernebeln!

■ Als Tageskarte

Die guten ins Töpfchen, die schlechten ins Kröpfchen – »sieben« Sie Ihre Wünsche und Ängste.

■ Als Prognose / Tendenz

»Qui vivra verra«: Wer leben wird, wird sehen! An den »Früchten« werden Sie erkennen, was für Sie stimmt.

■ Für Liebe und Beziehung

Gehen Sie Ihren Erfahrungen auf den Grund, und folgen Sie den Wünschen, von denen die stärkste Energie ausgeht.

■ Für Erfolg und Glück im Leben

Ihre Wünsche sollen Ihnen und Ihrem Glück dienen und nicht umgekehrt! Ziel der Wunscherfüllung ist es, wunschlos glücklich zu sein …

Die 10 wichtigsten Symbole

Die Haltung der Bildfigur

Wer geht da – Sie, Ihr Partner, ein Fremder? Folgen Sie dem inneren Fluss, oder kehren Sie sich den Rücken zu und laufen Sie vor sich selbst davon?

Mond und Sonne

Die Kräfte der Sonne und des Mondes kämpfen miteinander – oder sie ergänzen sich. Die Sonne steht für das allgemeine Bewusstsein, den bewussten Willen. Der Mond steht für das Eigene, das Private und Unbewusste.

Der Fluss – ❶

Das Bild lässt sich unterschiedlich betrachten: Mal sieht es so aus, als ob die rote Bildfigur mit dem Fluss wandert, also zur Mündung. Es gilt auch, dass die Figur am Fluss entlang zu ihrem Ursprung, zur Quelle wandert.

Das rote Gewand – ❷

Sie finden einen Weg, wenn Sie der Macht der Seele und der Kraft Ihrer Wünsche (Mond und Fluss) vertrauen und folgen und wenn Sie dabei mit Willen und Leidenschaft (die Farbe rot) und Bewusstsein (die Sonne) vorgehen.

Der Berg – ❸

Berge können für Schwierigkeiten und Blockaden stehen, aber auch für Höchstleistungen und Gipfelerlebnisse. Ein psychologisches Gesetz: Wer Großes erreichen will, muss dem Fluss der seelischen Energie folgen.

Die Schlucht – ❹

Schwierigkeiten und Drucksituationen werden Sie meistern, wenn Sie wie das Wasser dem Gefälle folgen, das heißt wenn Sie dort hingehen und das tun, von dem für Sie die stärkste Energie ausgeht!

Mündung / Quelle

Der Weg zur Quelle ist die Rückkehr zu den Wurzeln, die auf jeder Lebensstufe wieder notwendig wird. **Der Weg zur Mündung** ist der Weg der erkannten Berufung und Bestimmung, die wir für unser Leben gefunden haben.

Rückenansicht

Positiv: Sie betrachten auch die Kehrseite, Vor- und Nachteile eines Menschen, einer Situation und auch der eigenen Person. **Negativ:** sich immer nur die eigenen Nachteile (Schwächen, Handicaps) vor Augen zu führen.

Der Stab – ❺

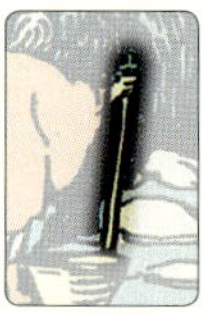

Er erinnert an die Karten *IX – Der Eremit, VII – Der Wagen*, an den Wächter oder Wanderer im Bild der *Sechs Kelche*. Er steht für das Vertrauen in die eigene Kraft und für den bewussten Umgang mit den eigenen Schwächen.

Die Lücke in den Kelchen – ❻

Die Kelche nehmen Sie in ihre Mitte. Nicht mehr Sie haben die Kelche in der Hand, sondern die Kelche Sie! Ihr Fassungsvermögen reicht nicht für den bewussten Umgang mit großen Gefühlen.

Acht Kelche

Ein wertvoller Teil Ihrer Gefühle sind Träume und Visionen, die nicht kurzfristig zu begreifen sind. Lassen Sie Ihr Bewusstsein und Ihr Urteilsvermögen daran wachsen. Begeben Sie sich auf die Suche. Die Karte warnt aber möglicherweise vor einer Ruhelosigkeit, die am Ziel (eben den Kelchen) vorbeiläuft.

Geh, wohin dein Herz dich trägt!

■ Grundbedeutung

Ein Sinnbild der Lebensreise: In jedem von uns gibt es ein Strömen. Man sagt zwar »alles fließt«, doch manchmal ist der innere Fluss ausgetrocknet, und manchmal fließt er nicht, sondern überflutet alles. Ihre Aufgabe ist es, sich dem inneren Strömen (flow) zu öffnen und es zu *formen*. Das ist das beste Mittel sowohl gegen Sucht, Eifer als auch gegen Trägheit und Einsamkeit.

■ Spirituelle Erfahrung

Die eigene Bestimmung verstehen. Wir finden sie dort, wo wir dem »Fluss« am nächsten sind.

■ Als Tageskarte

»Gottes Mühlen mahlen langsam« – aber sie mahlen! In diesem Sinne: Haben Sie Geduld! Alles hat seine Zeit.

■ Als Prognose / Tendenz

Alles hat seine Zeit. Alles ist wichtig.

■ Für Liebe und Beziehung

Unterstützen Sie sich und Ihren Partner darin, dass jede/r den eigenen Weg geht. Eine große Chance für die Liebe!

■ Für Erfolg und Glück im Leben

»Wer faul ist, ist auch schlau!« – wer dem Fluss der Energien folgt, der oder die strengt sich vergleichsweise am wenigsten an und erreicht am meisten!

Die 10 wichtigsten Symbole

Die Haltung der Bildfigur

Hier sehen Sie sich selbst oder einen Mitmenschen, der in mancher Hinsicht sehr offen und in anderer sehr verschlossen sein kann. Die große Fülle der Kelche fällt dem Betrachter auf, doch kennt oder nutzt die Bildfigur diese?

Roter Hut / Rote Strümpfe – ❶

Wille und Leidenschaft, Liebe oder Eifersucht werden durch die rote Farbe dargestellt. Das Blau der Seele und der Spiritualität ist ebenso präsent wie gelb, das sowohl für Sonne und Licht als auch für Neid stehen kann.

Die Kelche im Rücken

Großer seelischer Reichtum, durch die neun Kelche dargestellt, befindet sich komplett im Rücken der Bildfigur. Möglicherweise wirken diese gesammelten Gefühle, Bedürfnisse und Wünsche eher »hinterrücks«.

Die verschränkten Arme – ❷

Positiv: ein Zeichen des Abwartens, der Bereitschaft und der Geduld (Unterarme und Hände bilden eine liegende Acht). **Negativ:** ein Faulpelz oder Zuschauer, der nicht mit anpackt und der nichts »be–greift«.

Die geöffneten Beine – ❸

Die Haltung von Armen und Beinen geben bewusste und unbewusste Verhaltensweisen wieder: Der Schoß ist geöffnet. Dies zeigt, dass für Triebe und Instinkte Offenheit, Ansprüche und Erwartungen bestehen.

Das weiße Gewand – ❹

Weiß steht für Anfang und / oder für Vollendung, für Naivität und Farblosigkeit oder aber für Reife und Weisheit. Wie das Wort *Weisheit* und wie das weiße Licht, Zeichen der Vollendung und der Ganzheit.

Die Kelche in einer Reihe – ❺

Positiv: Sie können gut eine Gesamtheit wahrnehmen und organisieren (Netzwerke, größere Gruppen, vielfältige Bedürfnisse). **Negativ:** Ihnen fällt es schwer, »auch einmal aus der Reihe zu tanzen«.

Die Kelche leicht erhöht I

Eine Frage der Perspektive: Man kann den Bogen der Kelche so betrachten, dass sie **hinter** der Bildfigur stehen. Sie lassen sich auch so verstehen, dass sie sich in einem erhöhten Bogen **über** der Bildfigur befinden …

Die Kelche leicht erhöht II

… (und damit bereits zu den Kelchen in der Höhe überleiten, welche wir im Bild der *Zehn Kelche* antreffen). Die Erhöhung im Bild symbolisiert alles das, was das deutsche Wort **Aufhebung** bedeutet: …

Die Kelche leicht erhöht III

… **Bewahren:** die guten Gefühle und Erfahrungen. **Beenden:** die sinnlosen Gefühle und Wünsche. Und schließlich auf einer höheren Ebene **weiser und daher erfolgreicher** mit den Kelchen umgehen.

Neun Kelche

Hier geht es nicht um einen, zwei oder drei Kelche, sondern um die Kelche – Gefühle, Verlangen und Glaube – in großer Bandbreite. Ihr gesamter Gefühlshaushalt kommt ins Bild. Sie sind der Mensch im Mittelpunkt, Ihnen stehen viele Quellen zur Verfügung. Schöpfen Sie diese aus.

Der Hüter einer großen Seele!

■ Grundbedeutung

Das A und O bei diesem Bild ist die Rücksichtnahme auf seelische Bedürfnisse. Das ist ganz wörtlich aufzufassen: Die Bildfigur muss nach ihrer Rückseite schauen, um die neun Kelche wahrzunehmen. »Hinter dem Rücken« ist ein Ort des Unbewussten, ein Schattenbereich. Die Figur in der Bildmitte muss alle ihre Kelche kennenlernen und sich zu eigen machen. Dann werden Gefühle, Verlangen und Glaube erlöst, und ab dann steht die Karte für die volle *Berücksichtigung* Ihrer seelischen Bedürfnisse und Wertvorstellungen.

■ Spirituelle Erfahrung

»Alles an dir ist wertvoll, wenn du es nur besitzt« (Sheldon B. Kopp).

■ Als Tageskarte

Schauen Sie hin, was in Ihnen lebt. Sie müssen ja nicht alles nach außen bringen!

■ Als Prognose / Tendenz

Zufriedenheit, Genuss, Ruhe und Harmonie erwachsen Ihnen daraus, dass Sie »Ja« zu sich sagen.

■ Für Liebe und Beziehung

Es geht nicht nur um *Ihre* Gefühle! Manchmal sitzen wir da, starr, wie festgeklebt; manchmal machen wir uns Sorgen ohne Ende. Lassen Sie es fließen! Bleiben Sie der Liebe treu. Unternehmen Sie etwas Schönes gemeinsam!

■ Für Erfolg und Glück im Leben

Sie sind ein Glückskind: Sie trauen sich.

Die 10 wichtigsten Symbole

Die Haltung der Bildfiguren

Erster Blick: Sie mit Partner, Kindern und Eigenheim im Grünen. **Zweiter Blick:** Ihre männliche und weibliche Seite. Sie als Kind und als Erwachsener. Verheißungen, die sich erfüllen oder nach denen Sie vergeblich greifen.

Rot – Gelb – Blau – ❶

Positiv: Sie bleiben Ihren ursprünglichen Zielen, Quellen und Motiven treu. **Negativ:** Es sind eher einfache Wünsche, denen Sie nachhängen. Sie nutzen Ihre größeren Möglichkeiten kaum.

Das Paar / Mann und Frau – ❷

Ehe, Lebensgemeinschaft, auch die Partnerschaft zwischen der eigenen männlichen und weiblichen Seite. Einerseits ein Bild der Ganzheit. Andererseits erkennen wir nicht die Gesichter.

Die beiden Paare – ❸

Positiv: Fruchtbares Zusammenleben von Kindern und Erwachsenen. Als Erwachsener wieder bewusst Kind sein können. **Negativ:** Die Erwachsenen beachten die Kinder nicht. Schein ist mehr als Sein.

Der Regenbogen

Ein Zeichen der Schönheit der Schöpfung, der täglichen Wunder und der persönlichen Kreativität. **Aufgabe:** Himmel und Erde, Anspruch und Wirklichkeit in ein produktives Verhältnis zu bringen.

Die Kelche im Regenbogen

Positiv: Eine Erhöhung und Aufhebung der Kelche (vgl. dazu *Die Kelche leicht erhöht*, S. 126). **Negativ:** Hochgespielte Emotionen. Nichts Greifbares. Eine Glasglocke, die hermetisch abschließt.

Das Haus – ❹

Zeichen für Heimat und Symbol der Identität. Das Haus liegt etwas entfernt, halb versteckt. **Positiv:** Großzügiges Anwesen, vielfältig erfüllte Bedürfnisse. **Negativ:** Unklare Existenz, verstecke Identität, mangelndes Profil.

Landschaft – ❺

Zeichen der äußeren wie inneren Natur und Kultur. Hier geht es um alle seelischen Bedürfnisse und Gefühle. **Positiv:** kultivierte Bedürfnisse und Leidenschaften. **Negativ:** Kulturlosigkeit, falsche Bescheidenheit.

Rückenansicht

Negativ: Sie haben ein zwiespältiges Verhältnis zu sich selbst. **Positiv:** Sie verfügen jedoch über riesige seelische Kräfte, Bedürfnisse und Leidenschaften, für die Sie sich nicht schämen müssen.

Der Fluss – ❻

Er ist Teil der Landschaft. Es geht um die Kultivierung der Leidenschaften. Alle anderen Bedeutungen des Flusses gelten hier auch: siehe *Fünf Kelche, Acht Kelche, III – Die Herrscherin, IV – Der Herrscher u.a.m.*

ZEHN KELCHE

Mann und Frau, Eltern und Kinder, der Mensch und seine Schöpfung: Der Regenbogen ist das Symbol des Bundes mit Gott, mit der Schöpfung, für die Erfüllung großer Wünsche – Zeichen der Kreativität und der kulturellen Phantasie. Alles im Bild – jede Person, die Landschaft – zeigt auch Teile in Ihnen.

Wie im Himmel …

■ Grundbedeutung

Größter Glaube, ein machtvolles Energiefeld – im Guten wie im Schlechten. Die Gesichter sind nicht zu sehen. Die Kelche schweben in weiter Ferne und liegen wie eine Glocke oder ein Schutzschild über allem. Als Warnung: Drohender Selbstverlust; Rausch oder Sterilität; Romantik, die sich an Gesten festmacht; ein symbolisches »So-tun-als-ob«. – Lösung: Alle verfügbaren Seelenenergien (Kelche) annehmen und aufarbeiten. Wünsche und Ängste aufheben! Natur und Kultur im Bild als Symbol der Seelenlandschaft, kurz, für kultivierte Leidenschaften. Die Karte der Erfüllung von Lebensträumen.

■ Spirituelle Erfahrung

Hoch-Zeit, Trauung, Liebesbündnis …

■ Als Tageskarte

Haben Sie keine Angst vor großen Emotionen und kühnen Träumen! Vorsicht, Harmoniesucht!

■ Als Prognose / Tendenz

Die Sortierung von Wünschen und Ängsten wird Ihnen helfen. Es sind vier Schritte erforderlich …

■ Für Liebe und Beziehung

… sinnvolle Wünsche erfüllen und sinnlose Wünsche aufgeben, außerdem

■ Für Erfolg und Glück im Leben

… berechtigte Ängste ernst nehmen und Vorsorge treffen sowie unberechtigte Ängste erkennen und sausen lassen.

Die 10 wichtigsten Symbole

Die Haltung der Bildfigur

Eine profilierte Persönlichkeit, meisterhaft im Umgang mit den Schwertern, den Waffen des Geistes. **Der Spiegel sagt:** So sind wir, und so sollen wir werden.

Die Krone

Harte Krone aus Gold und zugleich ein Kranz von Schmetterlingen, der ihr Haupt umkreist. **Leichtigkeit, aber auch Konsequenz bis zur Härte** – beides typisch für das Luftelement des Geistes.

Die Schmetterlinge – ❶

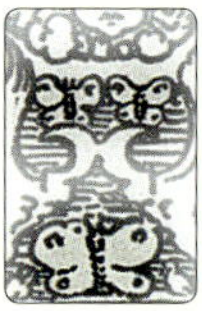

Leichtigkeit, aber auch Flatterhaftigkeit. **Auch:** Symbol der Seele (Lebenshauch, Psyche). Symbol der gelungenen Verwandlung von der Raupe zum Schmetterling: **vom Gewohnheitsmenschen zum bewusst Lebenden.**

Kinderkopf / Sylphe / Elfe – ❷

Das innere Kind, der Kinderwunsch, erwachsen werden, um die Wünsche der Kindheit zu erfüllen und die Ängste der Kindheit zu verlieren – all dies jedoch im grauen Felsenthron: Dort vielleicht verdrängt und vergessen.

Die Doppelaxt – ❸

Zwei Mondsicheln (vgl. ebenso am Thron des *König der Schwerter*). Zeichen des Matriachats, der mutterrechtlichen Zeiten in der Frühgeschichte.

Die Armbänder – ❹

Zeichen des Schmuckes. Zeichen der Emanzipation oder der Eitelkeit. **Aber auch:** durchschnittene Fesseln.

Grauer Thron – ❺

Grau ist die Farbe der Vorurteilslosigkeit, aber auch der Unbewusstheit. Ist der Königin bewusst, worauf sie thront? Sie hat den Wind von hinten, ein Gewässer unten links am Bildrand, weiß sie, was sie wirklich bewegt?

Der Wolkenumhang – ❻

Positiv: Freiheit, Schwerelosigkeit, Glück auf Wolke 7, Leichtigkeit, Vogelperspektive. **Negativ:** Wolkenschloss, Abgehobenheit, nebulöse Ziele.

Kopf über den Wolken

Positiv: Wissen, Weite, Bürger zweier Welten (»Mit dem Kopf im Himmel, mit den Füßen auf der Erde«). **Negativ:** Warnung vor Abgehobenheit und Realitätsverlust.

Ein Vogel

Im Unterschied zu den anderen Hofkarten der Schwerter, die jeweils mehrere Vögel im Bild haben: **Hochfliegende Gedanken, Liebe, Weisheit, Fähigkeit, die Dinge zuzuspitzen, auf einen Nenner zu bringen.**

Königin der Schwerter

Sie gleichen dieser Königin. Die Karte unterstreicht Ihre königliche Würde und Ihre weibliche Seite! Sie entwickeln einen königlichen, meisterhaften Umgang mit den Luftkräften. Ihr ganzes Können als Mensch mit neuen Ideen, gutem Vorstellungsvermögen und Liebe zur Gerechtigkeit ist gefragt.

»Über den Wolken …«

■ Grundbedeutung

Die Meisterin der Grundwerte und der klaren, aber liebevollen Grenzen: »Was ist wichtig, was wiegt im Leben? Wofür will ich leben?« – Wie jede Hofkarte zeigt diese Königin ein Idealbild, einen souveränen Umgang mit dem betreffenden Element, hier mit den Schwertern (Luft, Worte, Gedanken, Urteile). Sie sind wie diese Königin, oder so können Sie werden! Und / oder Sie treffen auf einen Menschen in Ihrem Leben, der dieser *Königin* entspricht.

■ Spirituelle Erfahrung

Qual und Gunst der Wahl, Gewissensprüfung, Entscheidung zum Guten, Trennung von Fesseln.

■ Als Tageskarte

Sorgen Sie für Klarheit in Ihren Entscheidungen und in Ihrem Verhalten. Durchdenken Sie Ihren Standpunkt, und vertreten Sie ihn mit Witz und Selbstverständlichkeit!

■ Als Prognose / Tendenz

Eine Karte des Abbaus von Ängsten und der neuen Chancen in der Liebe.

■ Für Liebe und Beziehung

Verstehen Sie, was das Herz begehrt! Verfeinern Sie Liebe, Lust und Leidenschaft mit Raffinesse und Herzensgüte.

■ Für Erfolg und Glück im Leben

Ohne Eifer, ohne Zorn und ohne Buhlen um Anerkennung … leben Sie ganz entspannt, und entfalten Sie Ihre Begabung, eine präzise Arbeit abzuliefern!

Die 10 wichtigsten Symbole

Die Haltung der Bildfigur

Dieser König, der Meister der Schwerter, sitzt uns vis à vis gegenüber. Er ist unser Ebenbild und unser Ideal, was Souveränität und Meisterschaft angeht.

Das hellblaue Gewand

Die himmlische, die spirituelle Dimension prägt ihn. Und die Sehnsucht, das Blaue, der Blues, das Innerste der Flamme, die blau brennt.

Das geneigte Schwert – ❶

Ist sein Schwert nur der verlängerte Arm wechselnder Launen und Sehnsüchte? Oder Inbegriff des Wissens und der Weisheit, die uns ein glückliches Händchen für unsere Sehnsüchte und Bedürfnisse verleiht?!

Die Schmetterlinge – ❷

Leichtigkeit, aber auch Flatterhaftigkeit. **Auch:** Symbol der Seele (Lebenshauch, Psyche). Symbol der gelungenen Verwandlung von der Raupe zum Schmetterling: **vom Gewohnheitsmenschen zum bewusst Lebenden.**

Das Menschen- oder Elfen-Pärchen – ❸

Liebe, Glück und Tanz bestimmen seinen Hintergrund. Allerdings im Rücken, möglicherweise im Unbewussten.

Die doppelte Mondsichel – ❹

Die Nacht, Gefühle und Träume in ihrer wechselhaften Gestalt. Sie bilden den Hintergrund, die Motive und Ziele, die es mit dem Schwert aufzuklären gilt.

Der Kopf über den Wolken

Positiv: Wissen, Weite, Bürger zweier Welten (»Mit dem Kopf im Himmel, mit den Füßen auf der Erde«). **Negativ:** Warnung vor Abgehobenheit und Realitätsverlust.

Der graue Umhang – ❺

Hellblau und Rot prägen die Kleidung des Königs. **Aber:** der graue Umhang kann dies alles verschwinden lassen. Graue Theorie kann Lebenslust und -freude erschlagen. Grau unterstützt jedoch Klugheit und Gerechtigkeit.

Der graue Thron in den Himmel

Mit den Waffen des Geistes ist es uns möglich, ein bewusstes Leben zu führen. Dies zeigt der Thron, der eine Brücke baut zwischen Himmel und Erde, Wunsch und Wirklichkeit, Theorie und Praxis.

Zwei Vögel – ❻

Hochfliegende Gedanken, Vogelperspektive, große Pläne. **Die Zahl zwei:** Sich mit sich und anderen auseinandersetzen.

KÖNIG DER SCHWERTER

Sie gleichen diesem König. Die Karte unterstreicht Ihre königliche Würde und zugleich Ihre männliche Seite! Sie besitzen und entwickeln einen königlichen, überlegenen Umgang mit den Luftkräften des Lebens. Ihr ganzes Potential als Mensch mit Sinn für Unabhängigkeit, Klarheit und Weitblick ist gefragt.

Ins Blaue …

■ Grundbedeutung

Der Meister des Wissens: »Was weiß ich vom Leben / vom Partner / vom Augenblick? Wie erreiche ich Klarheit?« – Wie jede Hofkarte zeigt dieser König ein Idealbild, einen souveränen Umgang mit dem betreffenden Element, hier mit den Schwertern (Luft, Worte, Gedanken, Urteile). Sie sind wie dieser König, oder so können Sie werden! Und / oder Sie treffen auf einen Menschen in Ihrem Leben, der diesem *König* entspricht.

■ Spirituelle Erfahrung

(Große) Zusammenhänge überblicken. Schweres leicht machen.

■ Als Tageskarte

Bringen Sie Ihren Beitrag zu einem besseren Zusammenleben.

■ Als Prognose / Tendenz

Diese Karte deutet auf starke geistige Kräfte, auf mentale, wissens- und gewissensmäßige Energien, die von Ihnen ausgehen und / oder mit denen andere auf Sie einzuwirken versuchen.

■ Für Liebe und Beziehung

Weder im berechnenden Spiel noch in intelligenter Unverbindlichkeit erreichen Sie, was Sie wirklich brauchen. Halten Sie sich an das, was Sie ehrlich betroffen macht.

■ Für Erfolg und Glück im Leben

Erfolg oder Misserfolg hängt davon ab, dass wir uns in Frage stellen und gleichsam von außen betrachten können. Und dass wir verstehen, wie andere sich selbst und wie sie Sie sehen!

Die 10 wichtigsten Symbole

Die Haltung der Bildfigur

Eine profilierte Persönlichkeit, die mit dem Schwert in der erhobenen Hand nach links reitet (aus Betrachterperspektive), in das Reich des Unbewussten.

Die Rüstung – ❶

Er ist für eine Auseinandersetzung gewappnet: Er reitet entweder gegen das Unbewusste an und wird damit zum Fanatiker. **Oder er ist ein Radikaler:** im wörtlichen Sinne einer, der seine Wurzeln sucht und dort hineilt.

Ross und Reiter

Das **graue Pferd** warnt vor Desinteresse und Gleichgültigkeit gegen Instinkt, Körper und Triebkraft. **Oder:** Es ermutigt zu bewusster Neutralität und Vorurteilslosigkeit in der geistigen Klärung von Instinkten und Trieben.

Die Schmetterlinge – ❷

Leichtigkeit, aber auch Flatterhaftigkeit. **Auch:** Symbol der Seele (Lebenshauch, Psyche). Symbol der gelungenen Verwandlung von der Raupe zum Schmetterling: vom Gewohnheitsmenschen zum bewussten Leben.

Die roten Vögel – ❸

Positiv: Leidenschaftliche Gedanken, hochfliegende Ziele. **Negativ:** Warnung vor falschem Eifer und einer Liebe (rot), die blind macht oder die uns rot sehen lässt.

Gegen den Wind – ❹

Dieser Ritter stürmt gegen den Wind: er widersetzt sich den (alten) Gewalten, sorgt für »frischen Wind«. **Positiv:** geistige Rasanz, beflügelnde Begeisterung. **Negativ:** Fanatismus, Radikalität.

Das Schwert größer als das Bild – ❺

Die Reichweite des Schwertes geht über das Bildformat hinaus. **Positiv:** Wir begreifen Dinge, die weit über unseren Horizont hinausgehen. **Negativ:** Wir ahnen nicht, was wir angerührt haben (»Zauberlehrling«).

Rote Federn / Rotes Tuch

Dunkelrot, tiefe Emotionen, große Leidenschaften! **Positiv:** Große Liebe, die vieles überwindet! **Negativ:** Warnung vor unbewussten, galoppierenden Emotionen.

Ein weites Feld (Erde, Acker) – ❻

Fast vegetationslos dargestellt: **Warnung** vor einer Entfremdung von der Erde. **Aufgabe:** Mit dem Schwert, den Waffen des Geistes, die Schöpfung zu ehren und zu krönen (siehe Karte *Ass der Schwerter*).

Fünf Vögel

Positiv: Vielfalt und Quintessenz des Geistes. **Negativ:** Mangelnde Einheit, fehlende Zusammenfassung.

Ritter der Schwerter

Sie gleichen diesem Ritter. Die Karte unterstreicht Ihre Souveränität und zugleich Ihre männliche Seite! Sie besitzen und entwickeln einen meisterhaften, ganzheitlichen Umgang mit den Luftkräften des Lebens. Ihre ganze Konsequenz als Mensch mit viel Neugier, Forschergeist und Scharfsinn ist gefragt.

Schneller als der Schatten …

■ Grundbedeutung

Der Meister der Erkenntnisse: »Was steht dahinter? Was gibt es Neues? Was passiert am Ende?« – Wie jede Hofkarte zeigt dieser Ritter ein Idealbild, einen souveränen Umgang mit dem betreffenden Element, hier mit den Schwertern (Luft, Worte, Gedanken, Urteile). Sie sind wie dieser Ritter, oder so können Sie werden! Und / oder Sie treffen auf einen Menschen in Ihrem Leben, der diesem *Ritter* entspricht.

■ Spirituelle Erfahrung

Die Radikalität der wahrhaft Liebenden.

■ Als Tageskarte

Die Ziele müssen Sie »anmachen«. Dann besitzen Sie eine große Kraft, sich ganz zu widmen. So werden Sie viel erleben und sich durchsetzen.

■ Als Prognose / Tendenz

Sie verstecken sich nicht hinter dem, was »man« macht oder sagt. Sie entfalten Ihr Potential.

■ Für Liebe und Beziehung

Sich bewusst für mehr Liebe, Witz und Freude einzusetzen, ist das (An-) Gebot der Stunde. Einfach mehr Zeit, mehr Ideen, mehr Phantasie für Ihre Herzenswünsche!

■ Für Erfolg und Glück im Leben

Lassen Sie Werte-Schubladen hinter sich. Gehen Sie in Ihren Gedanken weiter als sonst. Wagen Sie (mehr) Verbindlichkeit und Konsequenz.

Die 10 wichtigsten Symbole

Die Haltung der Bildfigur

Auch der Page ist Meister im Umgang mit den Schwertern, den Waffen des Geistes. Betont sind Spielbein und Standbein. Der Page guckt gegen den Wind und dreht sich mit ihm. Er hält sein Schwert zurück oder holt aus.

Himmel / Wolken

Der Himmel klart auf, der Wind treibt die Wolken weg. So steht diese Bildfigur auch für frischen Wind und geistige Aufklärung.

Spielbein und Standbein – ❸

Positiv: Wechsel zwischen Spiel und Ernst, Leichtigkeit und Ausdauer. **Negativ:** Unentschiedenheit, Tändelei und Koketterie.

Das Schwert größer als das Bild – ❹

Die Reichweite des Schwertes geht über das Bildformat hinaus. **Positiv:** Wir begreifen Dinge, die weit über unseren Horizont hinausgehen. **Negativ:** Wir ahnen nicht, was wir angerührt haben (»Zauberlehrling«).

Rote Stiefel – ❹

Negativ: Heißsporn, Fanatismus. **Positiv:** Wille, Tatkraft, kein blutleerer Geist.

Violette Kleidung – ❶

Violett markiert die Grenze des Sichtbaren (vor dem Ultravioletten, Unsichtbaren). **Positiv:** Ergründung von Grenzen mit leichter Hand. **Negativ:** Respektlosigkeit, Grenzverletzung.

Gelb-grüne Landschaft – ❷

Grün: Wachstum, Natur, Natürlichkeit, Frische, Hoffnung, allmähliche Entwicklung. **Gelb:** Sinnsuche, aber auch Neid. Gold, aber auch Gier.

Blaue Berge

Als Seelenlandschaft zeigt die »Umgebung«, dass alles seinen Platz braucht, Höhen, Tiefen, Nähe, Ferne. So gelingt, was der blaue Berg symbolisiert: die Hochzeit von Himmel und Erde, von Wunsch und Wirklichkeit.

Vogelschwarm – ❹

Positiv: Brain storming, kreatives und vielfältiges Denken. **Negativ:** Schwärmerei, Zerstreutheit, Verzettelung, mangelnde Zuspitzung.

Der hellblaue Himmel

Himmel = Reich Gottes und des Willens. **Hellblau** = (offener) Himmel; (klares) Wasser. **Positiv:** Heiterkeit, Leichtigkeit, klarer Wille, klarer Geist. **Negativ:** jemanden oder etwas »anhimmeln«, Wunschdenken.

Page / Bube der Schwerter

Sie gleichen diesem Pagen (oder Buben). Die Karte unterstreicht Ihre Souveränität und zugleich Ihre jugendlich-junge Seite! Sie besitzen und entwickeln einen meisterlichen, unvorbelasteten Umgang mit den Luftkräften des Lebens. Ihr ganzes Geschick als Mensch mit viel Esprit und Urteilskraft ist gefragt.

Halten Sie sich an das, was Ihnen Klarheit bringt!

■ Grundbedeutung

Die Abenteuer der Ideen und Erkenntnisse: »Was geschieht? Was läuft? Was fällt mir dazu ein?« – Wie jede Hofkarte zeigt dieser Page (Bube) ein Idealbild, einen souveränen Umgang mit dem betreffenden Element, hier mit den Schwertern (Luft, Worte, Wissen, Gedanken, Urteile). Sie sind wie dieser Page (Bube), oder so können Sie werden! Und / oder Sie treffen auf einen Menschen in Ihrem Leben, der diesem *Pagen (Buben)* entspricht.

■ Spirituelle Erfahrung

Sich wundern. Wach sein. Über sich hinaus denken.

■ Als Tageskarte

Verschaffen Sie sich einen Überblick, zeigen Sie Initiative und präsentieren Sie Ihre Gedanken und Vorstellungen.

■ Als Prognose / Tendenz

Diese Karte deutet auf Neuigkeiten, spielerische, experimentelle Gedanken hin. Und sie warnt vor Gutgläubigkeit und Ahnungslosigkeit. Sie meistern das Schwert!

■ Für Liebe und Beziehung

Liebe in jeder Beziehung … Trauen Sie sich etwas! Es gibt mehr Wege und Möglichkeiten als man denkt!

■ Für Erfolg und Glück im Leben

Liebe ist eine Lebenseinstellung! Probieren Sie sie auch im Beruf und im Alltag aus – Sie werden mit dieser Einstellung viel mehr erreichen als ohne!

Die 10 wichtigsten Symbole

Die Karte als Spiegel

Wir sind wie das Schwert: Ein scharfer Verstand ist zweischneidig. Der Mensch und sein Bewusstsein ist zwar die Krone der Schöpfung, aber nicht der Höhepunkt der Entwicklung.

Das blau-weiße Schwert

Gefühl und Härte, Spiritualität und Geist bestimmen das Schwert. **Aufgabe:** seine Zweischneidigkeit zu erkennen und zu meistern. Verletzungen zu verhindern und zu heilen und Schweres leicht zu machen.

Die Hand aus der Wolke – ❶

Das Schwert ist Ihnen geschenkt worden. Sie sind ein Geschenk – für sich und die Welt. Nehmen Sie es an, und machen Sie etwas daraus. Begreifen Sie, handeln Sie und bringen Sie Ihren Verstand zum Leuchten.

Die sechs Goldtropfen – ❷

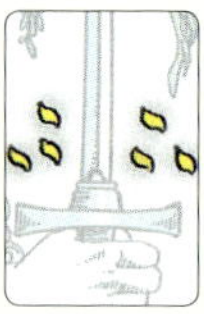

Der göttliche Funke, der Funke des Bewusstseins, im religiösen Sinne der »Heilige Geist«, die Zahl 6 spielt auch auf die Karte *VI – Die Liebenden* an: Die Geschichte vom verlorenen und wiedergefundenen Paradies!

Der graue Himmel

Positiv: Neutral, unvoreingenommen, gelassen, vorurteilslos, ausgeglichen, unparteiisch. **Negativ:** Getrübte Gedanken, befangen, unbewusst, teilnahmslos, ausdruckslos. **Ganz wörtlich:** grausam.

Die goldene Krone – ❸

Wir sehen vier Zacken: mit der Spitze des Schwertes hat die Krone fünf Zacken und wird somit zum Sinnbild der Quintessenz (»Die fünfte Kraft«), ein Geist, der heilt, ist die Quintessenz aus den erlebten Erfahrungen!

Die Zweige – ❹

Negativ: Entfremdung und Zerstörung. Das Schwert plündert die Natur. **Positiv:** Aufhebung, Krönung und Erhöhung der Natur durch das Bewusstsein. Achtung und Wertschätzung unserer Naturgrundlagen.

Die blau-violetten Berge – ❺

Hier Zeichen der Abstraktion, des geistigen Überblicks. **Negativ:** Die Theorie ist wichtiger als das praktische Wohlergehen. **Positiv:** Man klebt nicht an seiner Scholle, sondern kann sich zu freiem Urteil aufschwingen.

Die Gipfel – ❻

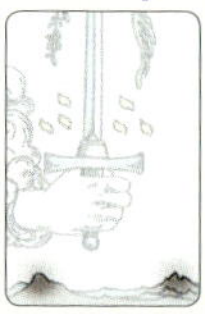

Die Nahtstelle zwischen Himmel und Erde. Die symbolische Heimat des Menschen als Bürger zweier Welten. **Aufgabe:** Klären Sie Ihre Lebensziele, machen Sie sich bewusst, welche Gipfel Sie erreichen möchten.

Die Höhe / Der Luftraum

»Es gibt mehr Dinge zwischen Himmel und Erde, als die Schulweisheit sich erträumen mag« (William Shakespeare). Alle Asse erinnern uns daran, dass wir uns dieses Zwischenreich vertraut machen können und sollen!

Ass der Schwerter

Ein Geschenk des Lebens: Das Schwert symbolisiert die geistige Unabhängigkeit, die Trennschärfe des Geistes, unserer Worte, Gedanken und Urteile. Die Schwerter symbolisieren die menschliche Evolution in der Spannbreite zwischen Krönung und Gefährdung der Schöpfung.

Hoch soll leben, was uns stark und frei sein lässt!

■ Grundbedeutung

Die Schwerter sind »die Waffen des Geistes«, Worte, Gedanken und Urteile: Hier geht es um geistige Arbeit, um Erkennen, Verstehen und Lernen, um alles, was das Leben letztlich leichter macht. Entscheidend ist, dass etwas *klar* ist oder klar wird. Schlüsselbegriff ist der Geist, der sich vom bloßen Verstand dadurch unterscheidet, dass er (der Geist) auch zum Wesen, zur Essenz eines Menschen oder eines Sachverhalts vordringen kann! Mit dem Ass bietet sich dazu ein elementarer Zugang! Greifen Sie zu!

■ Spirituelle Erfahrung

Durch Liebe und Bewusstsein alte Verletzungen heilen!

■ Als Tageskarte

Erheben Sie sich, richten Sie sich auf. Genießen Sie eine neue Klarheit!

■ Als Prognose / Tendenz

Sie bekommen die Chance, bisher undefinierte Wünsche und Ängste zu klären und besser zu leben.

■ Für Liebe und Beziehung

»Die Augen der Liebe sind die Augen des Geistes« (W. Shakespeare). Ein geistvolles Leben ist ein Leben in und mit bewusster Liebe.

■ Für Erfolg und Glück im Leben

Sie besitzen und Sie brauchen ein gutes Denkvermögen und einen kraftvollen, langen Atem. Gehirnjogging und Körpertraining unterstützen Ihre Ritterlichkeit.

Die 10 wichtigsten Symbole

Die Haltung der Bildfigur

Aufrechte Haltung, die Beine leicht geöffnet, die Arme vor der Brust verschränkt. Im Körper fließt es gut von oben nach unten und umgekehrt. Oder: Von der Brust an aufwärts ist der Mensch blockiert.

Die Augenbinde – ❶

Das Reich des Geistes reicht weit über den Augenschein hinaus. Ja, es beginnt sogar erst da, wo der Augenschein endet. **Negativ:** Befangenheit, mangelnder Durchblick. **Positiv:** Geistige Arbeit, Vorurteilslosigkeit.

Die Spannweite der Schwerter – ❷

Global denken – vor Ort handeln! Die Unbedingtheit und die Freiheit des Geistes sollen sich mit der Bedingtheit, das heißt mit den praktischen Notwendigkeiten des Daseins verbinden. **Auch:** ein weiter geistiger Horizont.

Die gekreuzten Arme – ❸

Die Brust ist der Sitz des Herzens und – nach verbreiteter Auffassung – auch der Seele. **Positiv:** Von hier gehen alle Gedanken aus, und hierhin werden sie wieder zurückvermittelt. **Negativ:** Blockade, Beschränkung.

Der weiße Fleck auf der Stirn – ❹

Andeutung des dritten Auges, der höheren Einsicht, die wir erlangen, wenn wir die Balance zwischen Land und Wasser, Traum und Wirklichkeit aushalten.

Das Grau der Bildfigur

Positiv: Neutral, unvoreingenommen, gelassen, vorurteilslos, ausgeglichen. **Negativ:** Getrübte Gedanken, befangen, hermetisch abgeschlossen. Unbewusst, teilnahmslos, ausdruckslos. Ganz wörtlich: grausam.

Das große Wasser

»Es gibt Meer im Leben« (Judith Bärtschi). Das Mehr, der Wasserkreislauf, die großen Gefühle. Diese sind da, die Frage ist nur, ob die Bildfigur sie in ihrem Rücken wahrnimmt, ob sie sie also bewusst berücksichtigt.

Die Mondsichel

Bewusste Rücksichtnahme ist erforderlich, sonst wirkt der Mond mit seinen Intuitionen, aber auch seinen Launen unverständlich und hinterrücks. Auch: »…seine Träume deuten und seine Träume leben!«

Die Inseln oder Felsen – ❺

Die Inseln des Bewusstseins auf dem Meer des Unbewussten (ein Bild, das Sigmund Freud prägte). **Auch:** Die Fähigkeit von dem, was sichtbar ist, zurückzuschließen auf das, was unter der Oberfläche verborgen ist.

Das andere Ufer

Die Aufgabe oder Befähigung, die andere Seite wahrzunehmen, d. h. das Unbekannte und Unbewusste in sich selbst wie auch Fremde wahrzunehmen und Andersartigkeit zuzulassen.

Zwei Schwerter

Die Schwerter – die Waffen des Geistes – besitzen eine große Spannweite und reichen über den gegebenen Rahmen hinaus. Mond und Meer stehen für Gefühle, Spiritualität und generell ein »Mehr« im Leben. Dieser Bereich der Seele liegt jedoch im Rücken der Bildfigur, möglicherweise unbekannt, unbewusst.

»Man sieht nur mit dem Herzen gut«
(A. de Saint-Exupéry)

■ Grundbedeutung

Die Augenbinde stellt eine Warnung vor mangelndem Durchblick und vor Vorurteilen dar. Im positiven Sinne bedeuten die verbundenen Augen Unparteilichkeit und den Übergang in ein *geistiges Schauen*. Denn jenseits des Augenscheines beginnt erst das Reich des Geistes, in dem Sie sich mit Ihren aktuellen Fragen bewegen.

■ Spirituelle Erfahrung

Zwischen Tag und Traum … an einer Nahtstelle von Seele und Verstand.

■ Als Tageskarte

Flüchten Sie nicht in Unklarheiten. Erweitern Sie Ihren Horizont, gehen Sie in sich, um über das Vordergründige hinauszuschauen.

■ Als Prognose / Tendenz

Es lohnt sich nicht, »Blindekuh« zu spielen. Die Wirklichkeit besteht nicht nur aus Einbahnstraßen oder Einweg-Lösungen.

■ Für Liebe und Beziehung

Bringen Sie Ihre Phantasie ins Spiel, und entwickeln Sie Ihre Vorstellungskraft. So vertreiben Sie den »Grauschleier«, auch aus Ihrer Partnerschaft.

■ Für Erfolg und Glück im Leben

Bewahren Sie sich diesen Platz an der Nahtstelle von Bewusstem und Unbewusstem, dann werden Sie keinen Mangel an neuen Ideen und kreativen Lösungen erleiden!

Die 10 wichtigsten Symbole

Keine Bildfigur

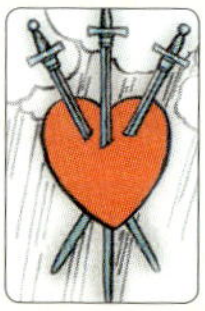

Ein Teil des Menschen wird gleichsam durch ein Vergrößerungsglas betrachtet. Was *III – Die Herrscherin* zeigt, finden wir hier auf Schwert-Ebene: Zum Wesentlichen vorstoßen, Herz und Verstand zusammenzubringen.

Die Karte als Spiegel I

Die Schraffuren im Bild können Regen ausdrücken. Man fühlt sich verletzt, der Mensch leidet, die Stimmung ist schlecht. »It´s raining in my heart« (Es regnet in meinem Herzen), wie es im Schlager heißt.

Die Karte als Spiegel II

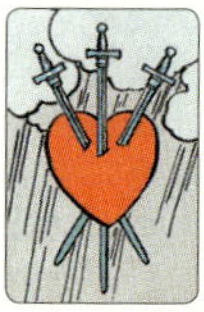

Die Schraffuren im Bild drücken aber auch einen Spiegel aus. Die Nebelwolken lichten sich. Wie wenn der Pfeil des Amor unser Herz trifft, so fühlen wir uns getroffen, aber beflügelt und erleichtert!

Die Proportionen

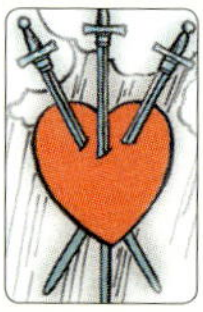

Im Vergleich zu den sonstigen Proportionen ist das Herz hier stark vergrößert und die Schwerter sind eher klein. Sie haben ein großes Herz! Stehen Sie dazu! Hüten und schützen Sie sich vor Nadelstichen!

Das Herz – ❶

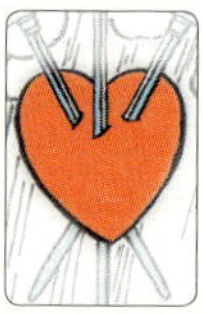

Unser komplettes Erbe, unsere gesamten Möglichkeiten liegen uns gleichsam im Blut. Sie sind unsere Mitgift – Erbe und Auftrag. Wie alle Gefühle, so müssen auch die Emotionen des Herzens nicht immer positiv sein.

Die Schwerter – ❷

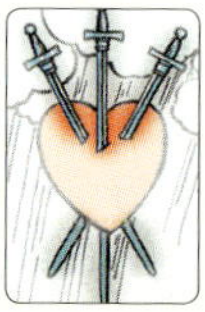

Die Aufgabe der Schwerter besteht daher gerade darin, in Herzensangelegenheiten zu sortieren, die richtige Auswahl zu treffen und die Dinge beim Namen zu nennen, auf den richtigen Nenner zu bringen.

Die Zusammenfügung

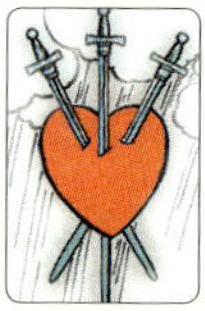

Schwerter und Herz bilden eine »Schnittstelle«, die Verbindung von Herz und Verstand. Psychologisch betrachtet, ist dies die Keimzelle des Bewusstseins. **Praktisch geht es darum:** Auf den Punkt zu kommen!

Die Wolken – ❸

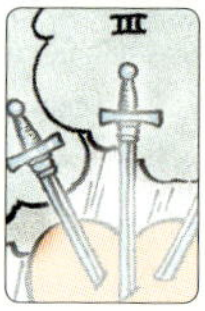

Regen, Nebel, Unklarheit. **Aber auch:** Das Bewusstsein, aus der Verbindung von Herz und Verstand, erlaubt es, uns von nebulösen Wolkenschlössern zu verabschieden und schöne, sinnvolle Träume zu realisieren.

Die Schraffuren – ❹

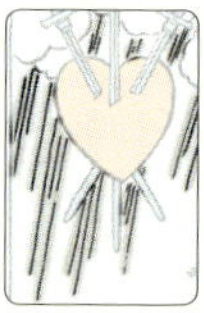

Einerseits Regen, andererseits Kennzeichen eines Spiegels. Dabei ist der Regen nicht nur ein Zeichen für Trauer oder Kummer. Er stellt seit alten Zeiten auch eine Verbindung zwischen Himmel und Erde dar.

Der graue Himmel

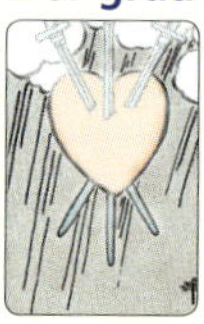

Positiv: Neutral, unvoreingenommen, gelassen, vorurteilslos, ausgeglichen, unparteiisch. **Negativ:** Getrübte Gedanken, befangen, unbewusst, teilnahmslos, ausdruckslos. **Ganz wörtlich:** grausam.

Drei Schwerter

Die drei Schwerter durchbohren das Herz. Was soll dies anderes als Schmerz, Leid, Kummer bedeuten? Wir kennen aber auch das Bild von den Pfeilen Amors, die ins Herz gehen. Diesen Gott der Liebe und seine Pfeile sehen wir im Allgemeinen gerne. Offenbar tut uns »herzliche Betroffenheit« auch gut!

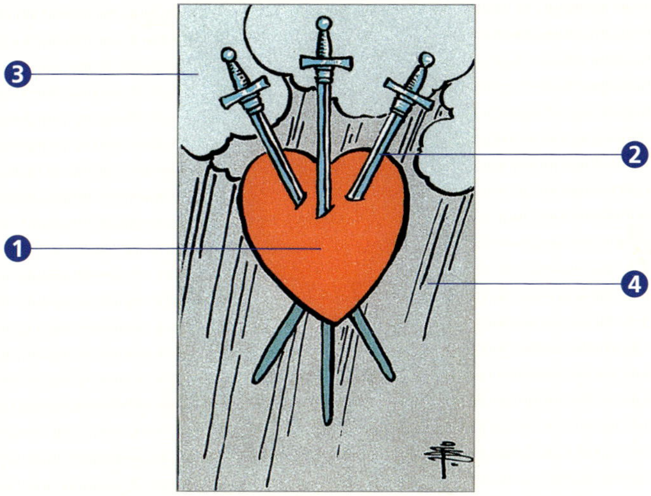

»Schnittstelle«: das Herz trifft auf die Waffen des Geistes.

■ Grundbedeutung
Geist (Schwerter) und Gemüt (Herz), Herz und Verstand treffen und verzahnen sich. Die bewussten Gedanken dringen zu dem vor, was das Herz im Innersten empfindet. Und was im Herzen zunächst keimhaft und intuitiv erfasst war, wird durch die Schwerter verständlich und bewusst. Es wird Ihnen klar, was Sie auf dem Herzen haben und was Sie dafür tun müssen!

■ Spirituelle Erfahrung
Verstehen, was die Welt im Innersten zusammenhält …

■ Als Tageskarte
Durchleuchten Sie Ihre Erinnerungen und Erwartungen. Wer Anteil nimmt, hat mehr vom Leben.

■ Als Prognose / Tendenz
»Mach' aus deinem Herzen keine Mördergrube.« Wunden heilen, wenn man sich um sie kümmert.

■ Für Liebe und Beziehung
Geben Sie der Liebe eine Chance, auch der Liebe zur Wahrheit und Ehrlichkeit.

■ Für Erfolg und Glück im Leben
Kümmern statt Kummer!

Die 10 wichtigsten Symbole

Die Haltung der Bildfigur

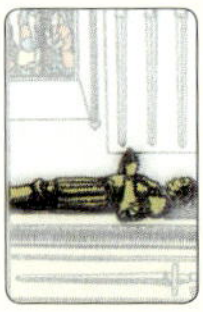

Erstarrung, Versteinerung, Leblosigkeit, Verhärtung, Erschöpfung, Tiefschlaf, Gebet, Denkmal. **Oder aber:** Geistreise, Ruhe, Tiefenmeditation, höchste Konzentration, knisternde geistige Energie, Hochspannung.

Die liegende Figur I – ❶

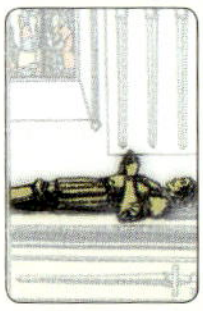

Sarkophag, Heiligenverehrung, Märtyrertum, Heldentod, menschliche Härte, falsche Gedanken. Intensivstation, Betäubung, Fakir, Schneewittchen nach dem Biss vom vergifteten Apfel. Schock, Trauma. Drucksituation.

Die liegende Figur II

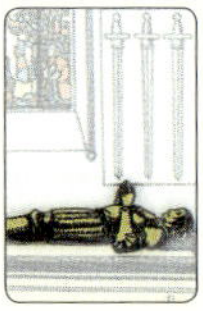

Eine Couch beim Psychiater, eine Pritsche im Kloster, Kur, spirituelles Leben, geistige Wachheit, Abtauchen in tiefere Schichten des Bewusstseins. Der Körper ruht, während der Geist auf Hochtouren arbeitet.

Die liegende Figur III

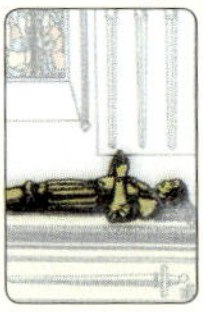

Schlaf, Traumleben, der Traum zeigt sich im Fensterbild. Gefahr von Illusion und Einbildung. **Positiv:** Ein–bild–ung, aus vielen Erfahrungen ein Bild zusammensetzen. Bewusstes Schlafen und Träumen.

Die Farbe Grau

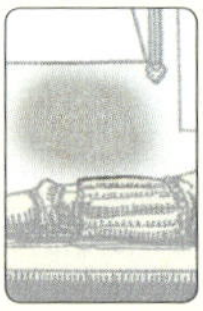

Positiv: Neutral, unvoreingenommen, gelassen, vorurteilslos, ausgeglichen. **Negativ:** Getrübte Gedanken, befangen, hermetisch abgeschlossen. Unbewusst, teilnahmslos, ausdruckslos. **Ganz wörtlich:** grausam.

Die Farbe Gelb

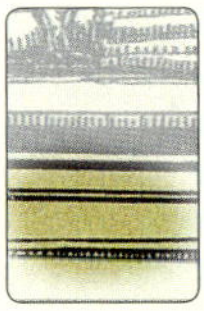

Im Bild ein »schmutziges Gelb« = mit Schwarz gemischtes Gelb. **Sonne gemischt mit Schatten:** ein Bewusstsein, das auch in die Tiefen reicht. Jedoch auch Fieber, Probleme des Geistes, mangelnde Klarheit.

Die Anordnung der Schwerter – ❷

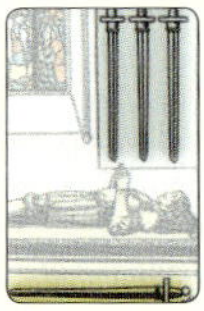

Positiv: Gedanken und Erkenntnisse werden sortiert. Erfahrungen werden verarbeitet. Konzentriertes, unvoreingenommenes, abstraktes Denken. **Negativ:** Unbegriffene Gedanken, ungenutzte Waffen des Geistes.

Das Mosaik / Puzzle – ❸

Positiv: Erfahrungen verarbeiten und zu einem ganzen Bild zusammensetzen. (Lebens-) Rätsel lösen. Zusammenhänge erkennen. Detailwissen. **Negativ:** Bruchstückhafte Erinnerung, Vermutung, Einbildung.

Das Fenster – ❹

Der Gegensatz (und seine Überwindung) von Innen- und Außenleben, geistiger Welt und Alltagsleben, perfekten Idealen und begrenzter Realität. **Positiv:** Einsicht und Verständnis. **Negativ:** Die Welt bleibt »draußen«.

Das Wort Pax – ❺

Lat.: der Frieden. **Positiv:** Zufriedenheit, Ruhe des Geistes, geistige Leistung. Tiefe Befriedigung. Glück. Seelenruhe. **Negativ:** Angst vor Auseinandersetzung, Rückzug, Phantasiewelt als Fluchtpunkt.

Vier Schwerter

Ein Bild großer geistiger Konzentration und des ruhigen Gewissens. Oder aber der Erstarrung, lähmender Gedanken, der Betäubung. Der menschliche Geist funktioniert wie die Atmung: er ist dann ruhig und entspannt, wenn er in seinem Takt ist und ungestört arbeiten kann.

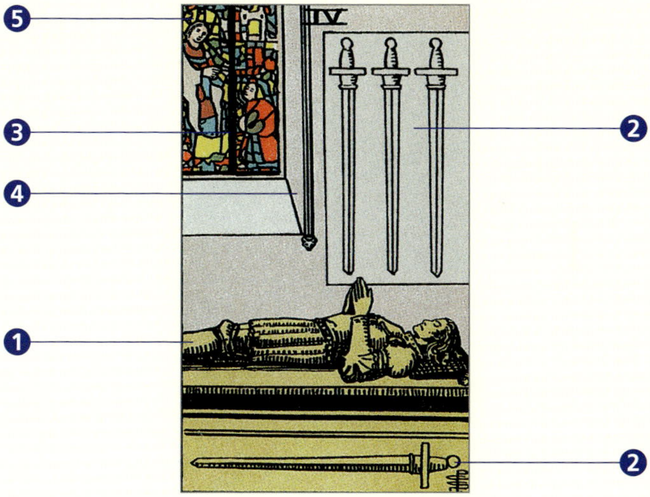

Versteinert … stoned … Tiefschlaf … Meditation …

■ Grundbedeutung

Als Gefahr zeigt sich eine Spaltung zwischen Leben und Geist: Etwas ist hier erstarrt, die Lebendigkeit des Handelns und / oder die des Denkens. – Im positiven Fall kommt der Geist hier zu tiefer Versenkung, weil er endlich in Ruhe arbeiten kann: er kann nun Erfahrungen verarbeiten und Gedanken zu Ende denken, bis sich aus den vielen Stücken ein Mosaik zusammensetzt (wie das Fensterbild) und ein Puzzle gelöst ist. »Pax« (lat. Frieden) steht in dem Fensterbild.

■ Spirituelle Erfahrung

Befriedigung, Tiefenentspannung, Klartraum, Geistreise …

■ Als Tageskarte

Gönnen Sie sich Ruhe! Nutzen Sie Ihr geistiges Potential, aktivieren Sie brachliegende geistige Möglichkeiten. Sie haben einige »Nüsse« zu knacken!

■ Als Prognose / Tendenz

Sie sind in der Lage, auch große Widersprüche zu meistern und schwierige Gegensätze aufzuklären. Entspannen Sie sich, damit Ihr Geist sich konzentrieren und schärfen kann.

■ Für Liebe und Beziehung

Sorgen Sie für Entspannung, nach innen wie nach außen, indem Sie Neid, Eifersucht und jeden allzu großen Eifer loslassen.

■ Für Erfolg und Glück im Leben

Lassen Sie Ihren Geist in alle Richtungen arbeiten. In Ihren aktuellen Fragen schlummern große Gedanken!

Die 10 wichtigsten Symbole

Die Haltung der Bildfigur

Groß, klein und winzig – das können die Stationen einer Entwicklung sein, eine ganz persönliche Geschichte. Zugleich eine Szene, die Sie in einer bestimmten Auseinandersetzung oder Begegnung mit anderen zeigt.

Der Blick zurück – ❶

Der Blick von der großen Bildfigur auf die beiden kleinen: **Negativ:** Überheblichkeit, Schadenfreude, Niedertracht. **Positiv:** Rücksicht (lat.: Respekt), Anteilnahme, Lösung, Freude übers Größerwerden.

Die drei Bildfiguren I – ❷

Ein Entwicklungsweg in drei Etappen, von klein nach groß: Am Anfang hatte man »nahe am Wasser gebaut«, und ohne die Schwerter fühlte man sich winzig klein und schlug oft die Hände vorm Kopf zusammen ...

Die drei Bildfiguren II – ❸

... auf Stufe II hat man Abstand gewonnen und ist gewachsen. Heute (die große Figur vorne) weiß man sich zu helfen (mit *Drei Schwertern*); rückblickend lassen sich frühere Probleme heute verstehen und vermeiden.

Die drei Bildfiguren III – ❹

Auch umgekehrt lässt sich der Weg der Bildfiguren beschreiben: ein Weg von groß nach klein; der Weg zurück zur Quelle, zum Fluss; eine Umkehr; Rückbesinnung, die Suche nach dem Wasser des Lebens.

Am Wasser

Verbindung von Verstand und Gefühl (Luft und Wasser). **Negativ:** Ungute Gefühle werden mit dem Schwert ausgefochten. **Positiv:** Probleme werden mit den Waffen des Geistes gelöst, Bedürfnisse dadurch erfüllt.

Die Wolken

Positiv: Die graue Wolkendecke ist aufgerissen. Aufklärung. Frischer Wind. Gute Luft. **Negativ:** Der helle Himmel trübt sich ein, falsche oder unklare geistige Ziele. Zweitracht liegt gleichsam in der Luft.

Drei plus zwei Schwerter – ❺

Negativ: Halbwissen, ein Teil der Waffen des Geistes bleibt ungenutzt, platte Vorwürfe. **Positiv:** Zweifel werden überwunden (zwei Schwerter), man handelt nach dem, was man begriffen hat (drei Schwerter).

Die Farben Rot und Grün

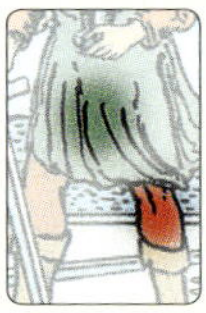

Herzblut und Natürlichkeit / Wachstum / Reifung. **Negativ:** Eifer, Eifersucht, Häme, Schadenfreude, Unreife. **Positiv:** Wille und Wachstumskraft, große Lernbereitschaft, Freude über Fortschritt und Entwicklung.

Die Inseln / Ufer – ❻

Negativ: Zerklüftetes, bruchstückhaftes Wissen, das wie Inseln auf dem Wasser liegt. **Positiv:** Anderes Ufer, Einbeziehung des Gegenteils, Berücksichtigung der anderen Seite, Überbrückung von Gegensätzen.

Fünf Schwerter

Die große Bildfigur triumphiert über die beiden kleinen – das kann gerecht und gut sein oder aber ein Akt der Ungerechtigkeit und der Gnadenlosigkeit. Oder das Bild zeigt drei Entwicklungsetappen. Rückblickend kann man frühere Schwierigkeiten heute verstehen und in Zukunft vermeiden.

Die Quintessenz der Schwerter: Aus Erfahrungen lernen!

■ Grundbedeutung

Positiv betrachtet, zeigt das Bild einen Wachstums- und Heilungsprozess: Zunächst hatten Sie »nahe am Wasser gebaut«, die Schwerter waren noch unbekannt (im Rücken), die Hände oft vorm Kopf zusammengeschlagen. Dann sind Sie (an Erfahrung und Reife) gewachsen, größer geworden. Heute sind Sie größer als je zuvor: Jetzt verfügen Sie über die Schwerter und freuen sich, weil Sie wissen, was Sie wissen. Rückblickend heben Sie frühere Zweifel und Schwächen auf.

■ Spirituelle Erfahrung

Befreiung von unglücklichen Gewohnheiten, vom Wiederholungszwang unbewusster Emotionen.

■ Als Tageskarte

Suchen Sie nach dem Sinn von Siegen und Niederlagen. Nutzen Sie die Waffen des Geistes als Mittel der Heilung.

■ Als Prognose / Tendenz

Es ist nie zu spät und selten zu früh, Erfahrungen zu verarbeiten und daraus zu lernen. Sie werden viel gewinnen.

■ Für Liebe und Beziehung

Lassen Sie sich von Schwierigkeiten nicht »herunterziehen«. Stehen Sie zu Klarheit und Aufrichtigkeit.

■ Für Erfolg und Glück im Leben

Machen Sie Ihr Wissen fruchtbar. Beachten Sie die beiden auf dem Boden liegenden Schwerter: Schützen Sie sich vor leeren Versprechungen und grundlosen Vermutungen.

Die 10 wichtigsten Symbole

Die Haltung der Bildfigur

Drei Gestalten »sitzen im selben Boot« und verkörpern Einsatz, Hingabe und Geschehenlassen. Das Boot ist (auch) eine gebräuchliche Metapher für den steuernden, bewussten Geist auf den Wassern des Unbewussten.

Der Fährmann

Positiv: Der Mittler zwischen den Welten (wie der Fährmann »Siddharta« bei Hermann Hesse). **Negativ:** Unerlöstheit, Rastlosigkeit, Heimatlosigkeit (wie der Fährmann in »Der Teufel mit den 3 goldenen Haaren«).

Bildfigur I – ❶

Die »männliche« Seite in Ihnen, die aktive Seite, die bewusste Tat. **Gefahr:** Besserwisserei, für andere entscheiden. Kontrollzwang. **Positiv:** Verantwortung übernehmen, kein Fatalismus, Hingabe an die Aufgabe.

Bildfigur II – ❷

Die »weibliche« Seite in Ihnen, die passive Seite, bewusste Hingabe. **Gefahr:** Schwache Entscheidungskraft, Minderwertigkeitsgefühl, andere entscheiden lassen. **Positiv:** Offenheit für die Entwicklung. Geduld.

Die Bildfigur III – ❸

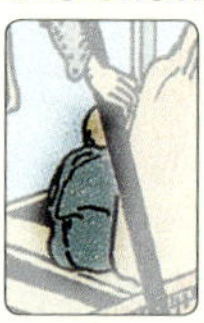

Die »kindliche« Seite in Ihnen; die unbewusste Entscheidung; das, was Ihnen geschieht. **Gefahr:** Abhängigkeit, Unselbständigkeit, unangenehme Überraschungen. **Positiv:** Neugier, Offenheit für das Neue, Staunen.

Der schwarze Stab – ❹

Nur durch Kontakt zum Grund (zu den Gründen) geht es hier voran. **Positiv:** Gründlichkeit, Erforschung der Motive. **Negativ:** Schwarz = unbekannt: Eben die Gründe und Motive sind ein blinder Fleck in der Optik.

Die sechs Schwerter – ❺

Negativ: Alte Urteile werden in jede neue Situation wieder mitgenommen, geistiger Ballast verstellt die Aussicht. **Positiv:** Die Waffen des Geistes als Kompassnadeln, bewusste Erfahrung, konsequenter Wandel.

Die Rückenansicht

Negativ: Sich selbst den Rücken zukehren, sich nicht akzeptieren, Einbahnstraße des Denkens. **Positiv:** Aus Sicht des Betrachters die bewusste Wahrnehmung der Kehrseite, Erforschung der unbewussten Motive.

Zwei verschiedene Wasser – ❻

Bewegtes und stilles Wasser: Altes und Neues, die Aufgabe eines bewussten Wandels und Übergangs der Verwandlung.

Die Farben Blau und Grau

Positiv: Neutral, unvoreingenommen, vorurteilslos, gelassen, klarer Wille, klarer Geist. **Negativ:** Unbewusst, teilnahmslos, trübe Gedanken, Festhalten an alten Urteilen, Wiederholung, es fehlt frische Luft.

Sechs Schwerter

Vordergründig stellt die Szene im Boot einen Umzug dar. Dabei zeigt sie die Kraft und die Aufgabe des Geistes, verschiedene Welten miteinander zu verbinden, geistig rege und auf dem Laufenden zu sein. Dem Übersetzen von einem zum anderen Ufer entspricht das Übersetzen von der einen in die andere Sprache.

Das Los des Fährmanns

■ Grundbedeutung

Welten verbinden, Verständnis fürs Fremde (auch für Mann, Frau, Kind in der eigenen Person). Entscheidend ist der schwarze Staken: das Boot bewegt sich nur voran, wenn der Staken bis auf den Grund reicht. Bildersprache Tarot: Man muss Kontakt zu seinen Gründen haben, sonst geht hier gar nichts. (Sonst schleppt man mit den Schwertern im Boot nur alten Ballast mit in jede neue Situation.) Sich seiner Grund-Motive und -Absichten klar zu werden, beflügelt das Miteinander und klärt die Navigation (die Schwerter im Bug).

■ Spirituelle Erfahrung

Grunderfahrungen wie Liebe, Tod, Fülle oder Leere.

■ Als Tageskarte

Seien Sie *gründlich* in Ihren Auseinandersetzungen. Bringen Sie Ihre Bedürfnisse anderen ordentlich »rüber«!

■ Als Prognose / Tendenz

»Wenn du weißt, was du tust, kannst du tun, was du willst« (Moshé Feldenkrais). Die Verheißung des Bildes ist ein funktionierendes Bewusstsein, und …

■ Für Liebe und Beziehung

… dieses ist daran zu erkennen, dass Sie sich »im Fluss« befinden, dass es in Ihnen und zwischen Ihnen und Ihren Mitmenschen fließt und …

■ Für Erfolg und Glück im Leben

… dass Sie im »Strom« der Zeit und der Ereignisse einen eigenen Kurs zu steuern wissen.

Die 10 wichtigsten Symbole

Die Haltung der Bildfigur

Wir sehen die Bildfigur in einer eigentümlichen Körperhaltung, die zugleich Rätsel sowie Lösung darstellt: Nach vorne laufen und nach hinten schauen. Mit vorsichtigen Bewegungen, die vielleicht auch im Kreis laufen.

Fünf und Zwei Schwerter – ❶

Sie handeln nach dem / mit dem, was Sie begreifen können. **Negativ:** Sie lassen etwas Wichtiges zurück (zwei Schwerter), das zu Ihnen gehört. **Positiv:** Sie lassen Zweifel (die zwei Schwerter) hinter sich zurück.

Die Körperhaltung I – ❷

Nach vorne laufen und nach hinten blicken: Zeichen der Zerrissenheit, des unbewussten Lebens, der Unzuverlässigkeit: »Links blinken – rechts abbiegen.« Der lebende Widerspruch, ein lebendes Rätsel.

Die Körperhaltung II

Zeichen des bewussten Lebens, wie es das nebenstehende Kierkegaard-Zitat ausdrückt. Es geht um die bewusste Entscheidung für einen eigenen Weg (die große Karte *VII – Der Wagen* hier auf der Ebene der Schwerter)!

Auf Zehenspitzen – ❸

Entscheidend ist es, den eigenen Weg behutsam zu entwickeln – beim Gehen; der Gang auf den Fußballen drückt diese Achtsamkeit aus. Oder das Bild warnt vor Heimlichkeiten und Überraschungen auf leisen Sohlen.

Die Zelte – ❹

Negativ: Unruhe, Heimatlosigkeit, Nomadentum, die Zelte abbrechen, immer unterwegs, nirgends zu Hause. **Positiv:** Leben in Bewegung, Ruhe und Kontinuität im Wandel, auf dem eigenen Weg immer zu Hause.

Die Menschengruppe – ❺

Negativ: Geringschätzung der Hauptfigur gegenüber den Mitmenschen. **Positiv:** Klarheit über die eigene Rolle / Aufgabe. – Viele Kämpfe mit anderen führen wir nur, solange der Mut zu den eigenen Träumen fehlt.

Rote Schuhe / Roter Hut – ❻

Rot steht für Wille, Leidenschaft, Herzblut. **Negativ:** Willkür von Kopf bis Fuß, Launen, die in den Kopf und die Füße gehen. **Positiv:** Herzenssache, Liebeswerk, dem man sich bewusst und »mit Haut und Haar« widmet.

Gelb

Strahlende Sonne, aber auch Sinnsuche und Neid. **Gefahr:** Zu nahe an die Sonne zu kommen, kann Absturzgefahr (Wahn) bedeuten. **Positiv:** Erhellung auch der Kehrseite = kraftvolles, zuverlässiges Bewusstsein.

Sand / Erdfarbe

Bodenständigkeit, Materie, Stofflichkeit. Das bewusste Leben kennt seine Naturgrundlagen, das unbewusste Leben verrennt sich. – **Assoziation zu Sand und der Zahl 7:** Man muss gut *sieben*, um (sich) zu verstehen!

Sieben Schwerter

Die Bildfigur läuft nach vorne und schaut nach hinten. Entweder ist ihr Blick, ihr Verhalten buchstäblich verrückt. Oder sie drückt damit, ganz im Gegenteil, eine unumstößliche, wichtige Lebensweisheit aus: »Leben muss man das Leben vorwärts, verstehen kann man es nur rückwärts« (Sören Kierkegaard).

Widerspruch in sich selbst

■ Grundbedeutung

Die Karte des bewussten Lebens, der geistigen Selbst-Erfahrung, manchmal der Verlorenheit in den eigenen Lebensrätseln.

Das Zeltlager steht für ein bewegliches Zuhause. Es warnt vor »Nomadentum« in Ihrem Leben (immer unterwegs und nicht bei sich zu Hause). Und es ermuntert zu flexiblem Selbstverständnis (immer dort zu Hause, wo man gerade ist), das sich wandeln und weiterbewegen darf.

■ Spirituelle Erfahrung

Selbstzweifel und alte Muster hinter sich lassen … den Sinn persönlicher Rätsel verstehen … eine wichtige Lösung finden!

■ Als Tageskarte

Diese Karte fordert Sie zu einer Überprüfung Ihrer Selbstverständlichkeiten auf: Warum so? Es geht auch anders!

■ Als Prognose / Tendenz

Fünf Schwerter nimmt die Bildfigur mit, die Quintessenz der Schwerter, und die lautet: es lohnt sich zu lernen und mit neuen Lösungen alte Verletzungen zu heilen. Zwei Schwerter bleiben zurück: Zweifel oder ein Zuviel.

■ Für Liebe und Beziehung

Erlauben Sie sich und auch anderen, etwas »Unvernünftiges« zu tun.

■ Für Erfolg und Glück im Leben

Haben Sie Mut zu Ihren Träumen - und die Kraft, sich den ungelösten Rätseln in Ihrem Leben zu stellen.

Die 10 wichtigsten Symbole

Die Haltung der Bildfigur

Gefesselt oder verbindlich? – Die Waffen des Geistes machen Sie befangen. **Oder:** Jenseits des Augenscheines und jenseits dessen, was mit Händen zu greifen ist, beginnt das Reich der persönlichen Konsequenz.

Die Augenbinde – ❶

Negativ: Mangelnder Durchblick, Grauschleier, Befangenheit. **Positiv:** Gerechtigkeit, Unvoreingenommenheit, Vorurteilslosigkeit, nicht dem Augenschein aufsitzen! Verbindung von linker und rechter Gehirnhälfte.

Binde um Arme und Hüften – ❷

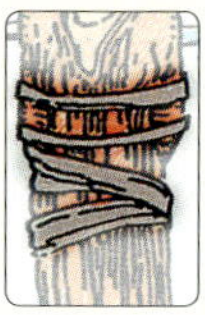

Negativ: Befangenheit, Handlungsunfähigkeit, Scheu zuzugreifen, Steifheit, nichts anrühren, sich nicht bücken. **Positiv:** Sich nicht beugen, nichts festhalten, nicht anhaften, kraftvolle Verstärkung der Mitte.

Bindung von Kopf und Händen – ❸

Verbindung von Denken und Tun, von Kopf und Körper und Kopf und Bauch. **Negativ:** Große Befangenheit. **Positiv:** Ganz bildhaft: Verbindlichkeit im Verhalten! – Auch: Einkehrtage, die Jalousien herunterlassen.

Der Berg – ❹

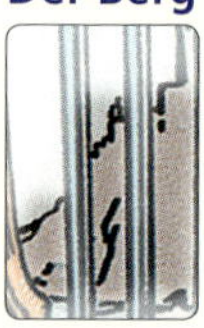

Bewusstes Loslassen gestattet dem inneren Wissen, zu Tage zu treten. – Wer innerlich in die Tiefe geht, kann äußerlich umso leichter in die Höhe steigen. – Schwierigkeiten und ihre Überwindung.

Die Burg – ❺

Negativ: Abschottung, Gefangenschaft, Isolation. Sich einigeln. **Auch:** Mutterkomplex. **Positiv:** Schutz, Selbstständigkeit, Sicherheit, starke Identität. Für sich selbst sorgen. Zur Geborgenheit in sich finden.

Wasser und Erde

Negativ: Verkümmerte Gefühle. **Auch:** Schlamm, Matsch, »Sumpf« unbewusster Bedürfnisse. **Positiv:** Aus Wasser, Erde und Sonne entsteht alles Leben. Bewusster Umgang mit den eigenen Grundlagen und Zielen.

Die Schwerter im Umkreis – ❻

Sie *haben* die Schwerter und können sich mit ihrer Macht aus ungewollten Fesselungen befreien. **Und:** Die Waffen des Geistes sind Ihre Burg, Sie entscheiden über Schutz, Sicherheit und Geborgenheit in Ihrem Leben!

Die Kleidung

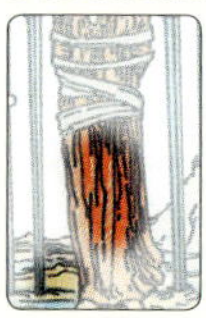

Rot für Herzblut und Willen. Beige für Körperfarbe. Die Bedürfnisse von Körper und Willen werden durch die Schwerter gezügelt, kontrolliert, gefangen gehalten oder aber verstärkt und konsequent unterstützt.

Der graue Himmel

Positiv: Neutral, unvoreingenommen, gelassen, bewusst (zugleich hoch konzentriert). **Negativ:** »Dicke Luft«: Parteiisch, befangen, zänkisch. **Oder:** Unbewusst, teilnahmslos, ausdruckslos (zugleich apathisch).

Acht Schwerter

Wenn Sie sich befangen oder gefangen fühlen, so ist es gut, wenn Ihnen das jetzt bewusst wird. Die Schwerter ermöglichen es Ihnen, die Fesseln aufzuschneiden. – Andererseits steht die Karte auch für Einkehrtage, für Phasen, in denen wir uns in einen Kokon einspinnen, um etwas Neues auszubrüten.

Fesseln und Befangenheit ablegen.

■ Grundbedeutung

Diese Karte steht bildhaft für *Verbindlichkeit*, für die Verbindung von Denken und Tun: Tun, was man sagt – und mehr noch: tun, was man denkt. So gesehen, ein Bild besonderer Konsequenz. »Es gibt Gedanken, welche du nicht begreifen kannst, wenn du nicht dein Leben änderst« (Werner Sprenger).

Und: Es gibt Änderungen in deinem Leben, welche du nicht verwirklichen kannst, wenn du nicht deine Gedanken begreifst. Denken zeichnet sich auch dadurch aus, dass es den Augenschein und das, was mit Händen zu greifen ist, in sich aufhebt.

■ Spirituelle Erfahrung

Persönliche Grenzen akzeptieren – geistige Beschränkungen aufheben!

■ Als Tageskarte

In Ihrer aktuellen Lage hilft weder der Augenschein, noch gewohnheitsmäßiges Handeln, noch ein instinktiver Wille weiter.

■ Als Prognose / Tendenz

Ungeeignete Überzeugungen fesseln, taugliche befreien und bestärken.

■ Für Liebe und Beziehung

Hier zeichnet sich ein Abschied von Wolkenschlössern sowie von kindischen Befangenheiten ab.

■ Für Erfolg und Glück im Leben

Vertrauen Sie Ihrer eigenen Logik, lösen Sie hindernde Verpflichtungen auf, seien Sie sich selbst und anderen gegenüber konsequent!

Die 10 wichtigsten Symbole

Die Haltung der Bildfigur

Eine Szene des Erschreckens oder des Erwachens, der Verfinsterung oder der Erleuchtung. – Ein Augen-Übungstraining (»Weg mit der Brille!«) beginnt meist mit dem sogenannten Palmieren in exakt gleicher Handhaltung.

Es wird dunkel

Die schwarze Finsternis steht für alles Unbekannte, sei es, dass es verdrängt und vergessen wurde, oder sei es, dass es sich um Neuland handelt, um bisher komplett unbekannte Aufgaben oder Erfahrungen.

Es wird hell

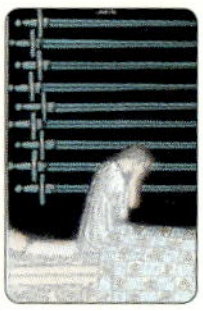

Es war dunkel. In der Dunkelheit geht ein Licht auf, ja, sogar neun »Scheinwerfer«, neun Geistesblitze, eben die Schwerter als »Waffen des Geistes«. Gewöhnen Sie sich langsam an die neuen Erkenntnisse.

Die Hände vorm Kopf I – ❶

Gewöhnen Sie sich langsam an die neuen Erkenntnisse und Einsichten. Lassen Sie sich Zeit. Entspannen Sie sich (beim erwähnten Palmieren wird es umso schwärzer vor Augen, je mehr wir uns dabei entspannen).

Die Hände vorm Kopf II

Auch wenn Sie erschrecken, so lassen Sie sich Zeit. Es geht um einen ganzen geistigen Horizont, der jetzt in neuem Licht erscheint. Verschließen Sie nicht die Augen davor. Wegschauen hilft nicht weiter.

Das Zwillingspärchen – ❷

Negativ: Innerer Zwiespalt, Streitsucht, Rechthaberei, eine andere Seite an sich nicht wahrhaben wollen. **Positiv:** Innere Auseinandersetzung, Bereitschaft zu lernen und über den eigenen Schatten zu springen.

Die Bettdecke I – ❸

Die Rosen stehen für die Schönheit und die Wahrheit des inneren Selbst – dessen, was Sie auf dem Herzen haben, und dessen, was in Ihnen erblühen möchte. Hier finden Sie Ihren Ausgangs- und Zielpunkt.

Die Bettdecke II

Die versammelten Tierkreis- und Planetenzeichen vertreten hier keine spezielle astrologische Bedeutung. Es geht darum, dass ein ganzer Kosmos, ein kompletter Zyklus oder Zusammenhang hier neu zu bedenken ist.

Die Schwerter als Gitter – ❹

Es sind eben nicht nur einzelne Gedanken – hier wandelt sich ein ganzes Muster. Ein kompletter geistiger Horizont blendet sich aus. Ein komplettes neues Netz von Erkenntnissen tritt in den Vordergrund.

Der Kontrast von Schwarz und Weiß-Blau

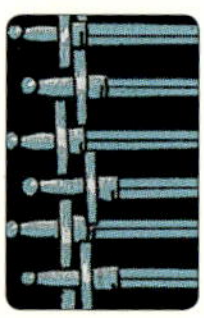

In der Genesis (Bibel) braucht Gott einen der sechs Schöpfungstage, um das Ur-Chaos in schwarz und weiß zu trennen. Auch ist es für uns ein großer schöpferischer Akt, wenn wir schwarz und weiß neu sortieren!

Neun Schwerter

Es ist Nacht, Sie schrecken hoch, Albträume, unverdaute Gedanken: Stehen Sie auf und klären Sie, was Sie tun können! – Es ist dunkel, da gehen viele Lichter an: Geistesblitze, neun Schwerter: ein ganzes Gefüge neuer Erkenntnisse und Einsichten: Gewöhnen Sie sich behutsam daran!

Erschrecken oder erhellendes Erwachen …

■ Grundbedeutung

Alte Horizonte verfinstern sich. Neue Horizonte scheinen auf. Geistiges Neuland. Suchen Sie nach Worten für Eindrücke, bei denen Sie bislang sprachlos waren. Gehen Sie weiter in Ihren Gedanken, als Sie es gewohnt waren. Machen Sie sich Ereignisse bewusst, die noch auf Verarbeitung warten. – Die Unterscheidung von Tag und Nacht, die Definition von Schwarz und Weiß: eine enorme schöpferische Leistung, wenn damit ein Chaos gebändigt wird. Aber ein Albtraum, wenn damit Vorurteile zementiert werden!

■ Spirituelle Erfahrung

Erwachen, Gotteserfahrung, über sich hinaus denken.

■ Als Tageskarte

Stärken Sie Ihre Verantwortung, Ihre Geduld und Ihr Gottvertrauen! Lassen Sie sich von vorübergehenden Blockaden oder Schwierigkeiten nicht allzu sehr beeindrucken.

■ Als Prognose / Tendenz

»Wer seine Lage erkannt hat, wie soll der aufzuhalten sein ...« (B. Brecht).

■ Für Liebe und Beziehung

Sehen Sie die Rosen im Bild. Ihre Seele soll blühen und wachsen. Es gibt so viele Menschen, die auf Ihre Liebe warten und die Ihnen Liebe schenken möchten.

■ Für Erfolg und Glück im Leben

Zählen Sie also eins und eins zusammen! Setzen Sie sich mit den anstehenden Widersprüchen auseinander.

Die 10 wichtigsten Symbole

Die Haltung der Bildfigur

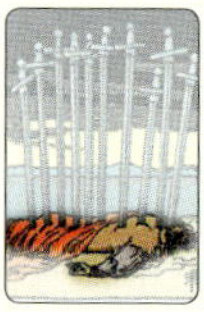

Warnung vor Opfer und Vernichtung. Ermutigung zu Hingabe und Liebe. Die Fülle der Schwerter, der Geistesgaben zeigt nicht einen Philosophen auf seinem Thron, sondern die Überwindung von Idolen und Vorbildern.

Das rote Tuch I – ❶

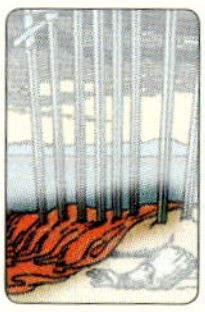

Die negative Seite dieser Karte ist nicht der Tod (dieser ist Thema bei der Karte *XIII – Tod*), sondern das Festhalten an bisherigen Urteilen und Vorstellungen, auch wenn sie uns menschlich ruinieren.

Das rote Tuch II

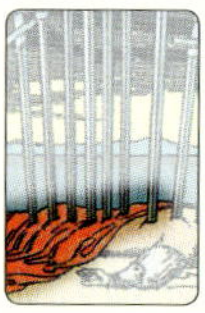

Das rote Tuch steht für den Fluss der Lebenskraft (des Blutes) in einem Menschen sowie von Generation zu Generation. **Negativ:** Das Festhalten an alten Theorien. **Positiv:** Neue Konsequenzen aus alten Erfahrungen!

Neuer Horizont – ❷

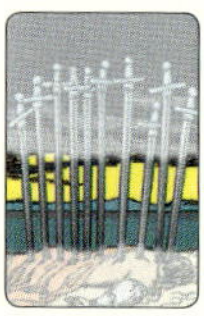

Im positiven wie im negativen Sinne führen die bisherigen Methoden nicht weiter. Die Früchte der Erkenntnis bestehen in neuen Entscheidungen, bei denen Liebe und Bewusstsein eine neue Chance erhalten.

Der Himmel I

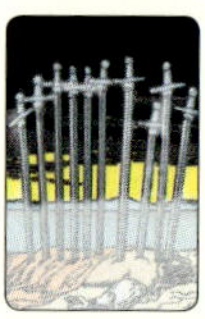

Der starke Kontrast von schwarz und gelb verweist auf große Probleme oder große Spannungen, die noch zu bearbeiten sind oder die bereits gelöst wurden: Horizontwechsel; ein Gewitter zieht auf, oder es zieht ab.

Der Himmel II

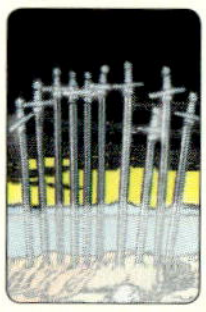

Sonnenuntergang: Das Schwarze (das Verdrängte oder etwas Unbekanntes) wird deutlich. **Sonnenaufgang:** Eine neue Sonne zieht auf. Beide Vorgänge sind jeweils positiv und negativ zu deuten.

Die zehn Schwerter – ❸

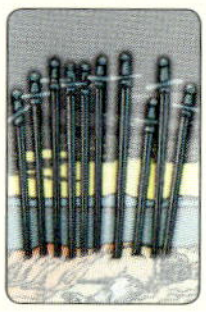

Die Saat des Geistes geht auf. Falsche Gedanken setzen uns schachmatt. Gute, funktionierende Gedanken bringen Licht in die Dunkelheit. Sie führen uns weiter, wenn alle Vorbilder ihr Ende erreichen.

»Festnageln« – ❹

Die Waffen des Geistes nageln uns so oder so fest: Erst wenn unsere Gedanken in Fleisch und Blut übergehen, bleiben sie nicht nur Theorie. Dann wissen wir, was für uns stimmt. Machen wir den Praxistest …

Das Segenszeichen – ❺

(vgl. die Karten *V – Der Hierophant, Sechs Münzen*) **Negativ:** Mit falschem Gebrauch des Geistes kann man vieles zerstören, auch den göttlichen Segen. **Positiv:** Dies ist eine ganz besondere Segenskarte.

Am Wasser

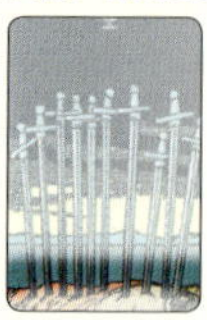

»Down by the riverside« (unten am Flussufer): Bei Ruin oder Zusammenbruch brauchen wir das »Wasser des Lebens«. Die Kräfte der Seele und der Spiritualität wirken als Jungbrunnen, wenn wir sie fließen lassen!

Zehn Schwerter

Betrachten Sie die hohen Schwerter-Karten einmal als Transformationsprozess von der Raupe zum Schmetterling: Bei den acht Schwertern spinnt sich die Raupe in ihren Kokon ein. Neun Schwerter zeigen den Reifungsprozess in der Abgeschiedenheit; und die zehn Schwerter den erfolgten Sprung ins neue Dasein.

»Da bist du platt ...!«

■ Grundbedeutung

So oder so geht hier die Saat des Geistes auf. Im negativen Sinne bedeuten die Schwerter als Waffen des Geistes *immer* ein Sinnbild des zerstörerischen Geistes, der Entfremdung von der Natur. Diese verletzende Seite der Schwerter kulminiert hier in dieser Karte. – Positiv gesehen: Als Gipfel der Erkenntnis zeigt die Karte keinen weisen Menschen, keinen Guru oder Philosophenkönig auf seinem Thron. Sondern im Gegenteil stellt dieses Bild das *Ende aller Vorbilder* dar.

■ Spirituelle Erfahrung

»Es ist was es ist sagt die Liebe« (Erich Fried).

■ Als Tageskarte

Hinterm Horizont geht weiter! Beenden Sie das bisherige Vorgehen. Neue Wege und Möglichkeiten sind schon da!

■ Als Prognose / Tendenz

»Triffst du Buddha unterwegs, töte Buddha«. Die geistige Überwindung von Vorbildern und Idolen: Es geht auch völlig anders, als bisher vorgestellt!

■ Für Liebe und Beziehung

Es beginnt etwas Neues, auch in puncto Liebe und Beziehung. Hüten Sie sich vor voreiligen Beurteilungen.

■ Für Erfolg und Glück im Leben

Mit »Seelenruhe und Geistesgegenwart« (Ingrid Riedel) erreichen Sie am meisten. Atmen Sie gut durch!

Die 10 wichtigsten Symbole

Die Haltung der Bildfigur

Gebeugt und / oder geneigt, zugeneigt (gewidmet). Dennoch aufrecht, majestätisch. Aufmerksamer oder sorgsamer Blick. Ihr Kopf liegt schief/ sie schaut genau hin. Viel im Rücken: Reserve oder Vergessenes.

Die Münze im Schoß – ❶

Positiv: Sie kümmern sich um Talente, praktische Bedürfnisse und Aufgaben. **Negativ:** Sie verkümmern, weil Sie den Überblick verlieren und sich allzu sehr am Vordergründigen, Handgreiflichen festhalten.

Blüten / Früchte – ❷

Guter Umgang mit Werten, Talenten und Materialien. Die vielen Blüten und Früchte im Bild zeigen ihre Produktivität, Natürlichkeit und Gestaltungskraft. Dies gilt für die äußere wie für die innere Natur.

Der Rosengarten – ❸

Nur hier und bei *I – Der Magier:* der Rosengarten. **Verheißung:** Zeichen der Fruchtbarkeit. Fruchtbare, gesegnete Lebenssituation. **Warnung** vor falschem Ehrgeiz und gleichzeitig vor falscher Bescheidenheit.

Das Häschen – ❹

Fruchtbarkeit (rasche Vermehrung). Ein Platz für Tiere = ein Platz für Triebe und Instinkte. Liebe zu allem, was lebt. Das Kleine, Kleinliche – positive oder negative Ergänzung zu den Blüten im Himmel.

Die Ziege / Der Steinbock – ❺

Auch auf kargem Grund leben und bestehen können. Das Reich des Steinbocks sind die luftigen Höhen der Berge, die Nahtstelle zwischen Himmel und Erde. **Warnung:** Meckerziege. Den Bock zum Gärtner machen.

Die blauen Berge – ❻

Positiv: Diese Königin ist Spezialistin darin, den »Himmel auf Erden« zu schaffen. **Negativ:** Wie vieles andere auch, so befinden sich die blauen Berge im Rücken der Bildfigur. Sie muss sich zunächst umsehen.

Das Tal

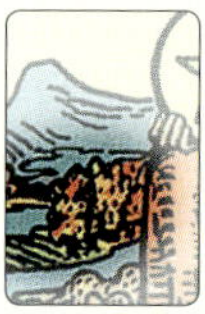

Nicht genau zu erkennen, was sich dort befindet. **Positiv:** Eigener Abstand, Überblick, Meisterschaft hinsichtlich der eigenen Werte und Talente. **Negativ:** Zu großer Abstand, Eigenbrötler, Geizhals.

Der graue Thron

Grau steht für Neutralität. **Positiv:** Bewusster Gleichmut. **Negativ:** Geringschätzung für all das Graue am Thron: Ziegen- oder Steinbock-Köpfe, oben auch ein Kinderkopf und Früchte wie Äpfel und Birnen.

Rot – Weiß – Grün

Das Bild weist mehr Farben auf als viele andere. Das rot-weiße Gewand spielt wie der Rosengarten auf das Bild des *Magiers* an. Der grüne Umhang steht für Natürlichkeit, Frische und Wachstum, warnt aber auch vor Unreife.

Königin der Münzen

Sie gleichen dieser Königin. Die Karte unterstreicht Ihre königliche Würde und zugleich Ihre weibliche Seite! Sie besitzen und entwickeln einen königlichen, meisterhaften Umgang mit den Erdkräften des Lebens. Ihr ganzes Können als Mensch mit viel Talent, Realismus und Fürsorge ist gefragt.

Ein Rosengarten am Fuß der blauen Berge …

■ Grundbedeutung

Die Meisterin der Grundbedürfnisse: »Was brauche ich? Wovon will ich leben?« – Wie jede Hofkarte zeigt diese Königin ein Idealbild, einen souveränen Umgang mit dem betreffenden Element, hier mit den Münzen (Erde, Materie, Geld, Talent, Körper). Sie sind wie diese Königin, oder so können Sie werden! Und / oder Sie treffen auf einen Menschen in Ihrem Leben, der dieser *Königin* entspricht.

■ Spirituelle Erfahrung

Das Wunder des Lebens, den Reichtum der Schöpfung in den Dingen des Alltags entdecken!

■ Als Tageskarte

»Tue zuerst das Notwendige, dann das Mögliche, und plötzlich schaffst du das Unmögliche« (Sprichwort).

■ Als Prognose / Tendenz

Die »Königin der Münzen« bezeichnet eine Kraft in uns, die uns zu Gipfelerlebnissen und Spitzenleistungen trägt!

■ Für Liebe und Beziehung

Liebe und Respekt für das Wesentliche verwandeln den schnöden Alltag in einen Rosengarten!

■ Für Erfolg und Glück im Leben

Möglicherweise gehören besondere Anstrengungen dazu, »nach oben« zu gelangen. Vielleicht müssen Sie aber auch erst einmal von Ihrem Sockel herunter kommen!

Die 10 wichtigsten Symbole

Die Haltung der Bildfigur

Die Augen sind geschlossen oder schauen nach unten: Schläfrigkeit oder genießerische Versunkenheit. Die Haltung zeigt Offenheit, aber auch einen Menschen, der mit seinen Aufgaben verwachsen ist.

Die Weintrauben I – ❶

Trauben und Wein = höchste Genüsse: Die Freuden von Sinn und Sinnlichkeit (das Dionysische, Weingötter Bacchus und Dionysos) und der Genuss von Sinn und Wahrheit (das Apollinische; »in vino veritas«).

Die Weintrauben II

Seit der Antike sind die Weintrauben aber auch ein Symbol härtester Arbeit, die Mühen im Weinberg sind ein Inbegriff dessen, was es heißt, im Schweiße seines Angesichts sein Brot zu erwerben.

Das Schloss – ❷

Positiv: Schutz und Geborgenheit. **Negativ:** Ver–schloss–enheit, Unzugänglichkeit. **Auch:** Die Erde umgestalten, bleibende Werte schaffen, Produktivität, Aufbau. Zeichen geduldiger, harter Arbeit (s. »Stier«).

Der Stier – ❸

Altes Symbol für die Erde (Erdmutter) in ihrer Fruchtbarkeit, aber auch in ihrer beängstigenden Naturgewalt (Stierkampf). Astrologischer Stier = Monat Mai: »Alles neu macht der Mai«, eine Lebensaufgabe für den König!

Das Schwarze – ❹

Die Ur-Kraft der Natur, der Materie: Inbegriff aller noch unerlösten Nöte, Beschwernisse oder Schattenseiten des Daseins. Zugleich das Erdinnere, die Schätze der Erde, bisher ungenutzte Möglichkeiten.

Der Fuß auf dem Stein – ❺

»Macht Euch die Erde untertan.« **Positiv:** Die Erde als Heimat und Königreich. **Negativ:** Verbrauch und Zerstörung von Naturvorräten und Erdatmosphäre.

Die blauen Berge / Wolken

Des Menschen Wille ist sein *Himmelreich*. Blaue Wolken oder auch blaue Berge (als Verbindung von Himmel und Erde). Die spirituelle Dimension des Lebens und der Wille bestimmen also den Hintergrund.

Das lange, fließende Gewand – ❻

Positiv: Verwachsen, verwoben mit Thron und Garten / Weinberg. **Negativ:** »Macher« ohne Abgrenzung und Überblick. Nicht im Getriebe, in Geschäftigkeit versinken, sondern bewusste Präsenz entwickeln.

Im Rücken

Die blauen Wolken / Berge sowie Schloss / Burg liegen im Rücken. Man muss sich also *bewusst* um seine größeren Möglichkeiten kümmern, um das, was man aufbaut, und den eigenen spirituellen Beitrag.

König der Münzen

Sie gleichen diesem König. Die Karte unterstreicht Ihre königliche Würde und zugleich Ihre männliche Seite! Sie entwickeln einen königlichen, genießerischen Umgang mit den Erdkräften. Ihr ganzes Vermögen als Mensch von großer Produktivität, mit viel Geschick und Sinnlichkeit ist gefragt.

Der Weinberg und die Trauben des Lebens …

■ Grundbedeutung

Der Meister des Besitzes: »Was und wie viel habe ich? Was vermag ich? Was hat Bestand?« – Wie jede Hofkarte zeigt dieser König ein Idealbild, einen souveränen Umgang mit dem betreffenden Element, hier mit den Münzen (Erde, Materie, Geld, Talent, Körper). Sie sind wie dieser König, oder so können Sie werden! Und / oder Sie treffen auf einen Menschen in Ihrem Leben, der diesem *König* entspricht.

■ Spirituelle Erfahrung

Etwas produzieren, bauen, errichten, das Bestand hat und weiterlebt.

■ Als Tageskarte

Klären Sie Ihre Finanzen. Welche Talente helfen? Gibt es noch unerfüllte Wünsche nach einem produktiven Leben?

■ Als Prognose / Tendenz

Sie selbst sind Ihr Kapital – Acker und Ernte, Weinberg und Wein.

■ Für Liebe und Beziehung

Lassen Sie sich nicht »einmachen«! Werden Sie sich Ihres Werts bewusst. Äußern Sie Ihre Bedürfnisse und setzen Sie sich für deren Verwirklichung ein.

■ Für Erfolg und Glück im Leben

Machen Sie Ihren Selbstwert nicht abhängig von Ihrem Geld oder Ihrer Geltung in der Welt.

Die 10 wichtigsten Symbole

Das Bild als Spiegel

»Das Pferd macht den Mist im Stall, und [es zieht] dasselbe Pferd denselben Mist mit großer Mühe auf das Feld; und daraus wächst der edle schöne Weizen, [der] niemals so wüchse, wäre der Mist nicht da« (Joh. Tauler).

Das schwarze Pferd

Ross und Reiter *zusammen* machen die Gestalt des Ritters aus! Pferd = Triebkraft und Instinktnatur = eine Seite des Ritters. Schwarz steht dabei für »alten Mist« und für unbekanntes Neuland.

Der Kontrast Schwarz-Gelb

Starker Kontrast: Die Aufgabe, auch große persönliche Widersprüche zu verarbeiten und fruchtbar zu machen. Sich selbst als Acker zu begreifen und die persönlichen Dinge in Ordnung zu bringen.

Rüstung – ❶

Positiv: Man ist gerüstet – erfährt und bietet Schutz und Sicherheit. **Negativ:** Man kommt gleichsam aus seiner Haut nicht heraus, weil man sich auf etwas fixiert und an seiner Sache oder Suche klebt.

Das Ackerland – ❷

Fruchtbarkeit, Bodenständigkeit. Der Acker des Lebens, das Feld der Erfahrung. Aufgabe, sich selbst zu bearbeiten und den eigenen Acker zu bestellen. Manchmal auch Warnung vor zuviel »Ackerei«.

Grüner Schmuck – ❸

Wer den eigenen Acker bestellt und auch vor krassen Widersprüchen (schwarz-gelb) nicht zurückschreckt, wird viel im Leben erreichen und ernten. Auch: Zurück zur Natur. Sowie Warnung vor Unreife.

Münze und Himmel

… besitzen dieselbe Farbe. Nur durch die Kontur ist die Münze zu erkennen. Erst durch Erfahrung und durch eigene Grenzen (!) wird es möglich, sein Talent zu unterscheiden. Aufgabe der Selbstbeschränkung.

Die Farbe Gelb

Allgemeines Bewusstsein, Sonne, aber auch Sinnsuche und Neid, Gold und Gier. Das allgemeine Bewusstsein und die einzelne, eigene Münze sollen voneinander unterschieden werden.

Das rote Zaumzeug – ❹

Rot steht für Wille, Lebenslust und Leidenschaft, aber auch für Eifersucht und Egoismus. Mit Herzblut gilt es, das Eigene zu entdecken und das Unbekannte zu erforschen.

Handschuh / Satteldecke – ❺

Nur dieser Ritter trägt einen Handschuh und führt eine Decke mit sich. **Positiv:** Gerüstet für Arbeit und Kälte. **Negativ:** »Sich die Hände nicht schmutzig machen«, etwas verdecken.

Ritter der Münzen

Sie gleichen diesem Ritter. Die Karte unterstreicht Ihre Souveränität und zugleich Ihre männliche Seite! Sie besitzen und entwickeln einen meisterhaften, ganzheitlichen Umgang mit den Erdkräften des Lebens. Ihr ganzes Können als Mensch mit viel Erfahrung, Sorgfalt und Wirtschaftlichkeit ist gefragt.

Acker der Erfahrung, Acker der Schätze.

■ Grundbedeutung

Der Meister des Wohlseins und der Meisterschaft: »Was bringe ich mit? Was kann ich gut? Was tut mit gut?« – Wie jede Hofkarte zeigt dieser Ritter ein Idealbild, einen souveränen Umgang mit dem betreffenden Element, hier mit den Münzen (Erde, Materie, Geld, Talent, Körper). Sie sind wie dieser Ritter, oder so können Sie werden! Und / oder Sie treffen auf einen Menschen in Ihrem Leben, der diesem *Ritter* entspricht.

■ Spirituelle Erfahrung

Reifung, Vollendung, Ernte – und die vielen Schritte, Wege und Umwege, die zur Ernte führen.

■ Als Tageskarte

Auch der »Mist«, den wir alle produzieren ist noch nutzbar – als Dünger. Verzeihen Sie sich und anderen, nicht perfekt zu sein.

■ Als Prognose / Tendenz

Durch die Bearbeitung der anstehenden Aufgaben entwickeln Sie Erfahrenheit und Gelassenheit

■ Für Liebe und Beziehung

Scheuen Sie sich nicht vor Auseinandersetzungen zur richtigen Zeit, sondern suchen Sie sie! Sie haben die Fähigkeit, Probleme in Ordnung zu bringen.

■ Für Erfolg und Glück im Leben

Sie können Ihre Mitmenschen nicht ändern, aber sie so nehmen, dass ihre Fähigkeiten gut zur Geltung kommen.

Die 10 wichtigsten Symbole

Die Haltung der Bildfigur

Eine zugleich pragmatische und vorsichtige »Talentprobe«. Wie ein zerbrechliches Wunder, vielleicht auch wie eine schillernde Seifenblase hält und betrachtet sie ihre Münze: spielerisch und spirituell.

Die Handhaltung – ❶

Positiv: Große Ehrfurcht, Achtsamkeit im Umgang mit Werten und Talenten, nicht zuletzt mit Selbstwert und eigenen Talenten und Aufgaben. **Negativ:** Mangelndes Zupacken, nicht begreifen, was Sache ist.

Die Farbe Gelb

Sonne, aber auch Sinnsuche und Neid, Gold und Gier. **Gefahr:** Zu nahe an die Sonne zu kommen kann Verzauberung (Blendung) bewirken. **Positiv:** Erhellung auch der Rückseite = zuverlässiges Bewusstsein.

Münze und Himmel – ❷

... besitzen dieselbe Farbe. Nur durch die Kontur ist die Münze zu erkennen. Erst durch Erfahrung und durch eigene Grenzen wird es möglich, sein Talent zu unterscheiden. Aufgabe der Selbstbeschränkung.

Die Wiesenlandschaft – ❸

Die blauen Berge, das Stück Ackerland und die vielen bunten Wiesenblumen stehen für die Schätze, die es zu entdecken gilt. Sie sind wie das sprichwörtliche Gold auf der Straße, das vor den eigenen Füßen liegt.

Die Bäume – ❹

Beim *Ritter* stehen zwei Bäume am Bildrand. Hier ist es eine kleine Gruppe von Bäumen. **Positiv:** Vielfalt, Zusammengehörigkeit, Gemeinschaft. **Negativ:** Ablösungsschwierigkeiten, zu viel oder zu wenig Eigensinn.

Die blauen Berge – ❺

Der Gipfel steht für die Nahtstelle zwischen Himmel und Erde. Blau ist im Allgemeinen die Farbe des Himmels, so dass die blauen Berge in sich noch einmal die Hochzeit von Himmel und Erde verkünden.

Das Ackerland

Symbol für den Acker des Lebens und das Feld der Erfahrung. **Aufgabe:** sich selbst bearbeiten. »Was willst Du ernten?«

Die Farbe Grün

Positiv: Wachstum, Natur, Natürlichkeit, Frische, Hoffnung, allmähliche Entwicklung. **Negativ:** Sehr viel Unreife, falsche Hoffnung (Idealismus), Unausgegorenheit (»grün hinter den Ohren«).

Die rote Kopfbedeckung – ❻

Positiv: Wille, Eifer, Leidenschaft, »Herz« und Emotionalität. **Warnung:** Hochmut, Hitzkopf, Ermutigung: Stolz, Selbstbewusstsein, Neugier, Visionen.

Page / Bube der Münzen

Sie gleichen diesem Pagen (oder Buben)! Die Karte unterstreicht Ihre Souveränität und zugleich Ihre jugendlich-junge Seite! Sie entwickeln einen meisterlichen, unvorbelasteten Umgang mit den Erdkräften. Ihr ganzes Geschick als Mensch mit viel Humor und Fingerspitzengefühl ist gefragt.

Halten Sie sich an das, was fruchtbar und wertvoll ist!

■ Grundbedeutung

Die Abenteuer der Entdeckung und der Forschung: »Was ist vorhanden? Was kann man daraus machen?« – Wie jede Hofkarte zeigt dieser Page (Bube) ein Idealbild, einen souveränen Umgang mit dem betreffenden Element, hier mit den Münzen (Erde, Materie, Geld, Talent, Körper). Sie sind wie dieser Page (Bube), oder so können Sie werden! Und / oder Sie treffen auf einen Menschen in Ihrem Leben, der diesem *Pagen (Buben)* entspricht.

■ Spirituelle Erfahrung

Produktiv sein. Etwas finden. Etwas pflanzen. Über sich hinaus wirken.

■ Als Tageskarte

Machen Sie den heutigen Tag zu einem Abenteuer voller Entdeckungen!

■ Als Prognose / Tendenz

Die Münze ist ein Geschenk des Lebens, sie spiegelt wieder, dass Sie selbst ein Schatz für sich und ihre Umgebung sind, wenn Sie Ihr Talent begreifen.

■ Für Liebe und Beziehung

Wer jemanden liebt, fördert auch dessen Talente!

■ Für Erfolg und Glück im Leben

Unser Talent gleicht oft dem sprichwörtlichen Gold, das auf der Straße liegt. Es sieht zunächst ebenso unscheinbar aus wie eine gelbe Münze vor gelbem Hintergrund.

Die 10 wichtigsten Symbole

Die Karte als Spiegel

Sie gleichen der Münze. Wie eine Münze besitzen Sie hervorragende und weniger hervorragende Anteile. Die eine Seite: Wie sind Sie geprägt worden? Die andere Seite der Medaille: Was werden Sie prägen?

Pentagramm / Drudenfuß – ❶

Altes magisches Symbol. Das Schwingen der Energie (der Atome) in der Erde. Ein Zeichen für den Menschen (die fünf Zacken für Hände, Füße und Kopf). Die vier Elemente und ihre Zuspitzung in der *Quintessenz*.

Der doppelte Rand – ❷

Die sprichwörtlichen zwei Seiten einer Medaille sind durch den doppelten Rand sogar in dieser einen Münze erkennbar: Positive und negative Prägungen, Begabungen und Handicaps sowie viele weitere Gegensätze.

Die Münzen I

Münzen = Element Erde: Alles Materielle – im Sinne von Finanzen und materiellen Werten – auch im Sinne von Material, Materie (Mutter, Matrix) und Körper. Münzen handeln von praktischen Aufgaben und Ergebnissen.

Die Münzen II

Schlüsselworte für die Münzen: Materielle Werte und Talente. Es geht um Geld und Geltung. Und um das Talent im Sinne von persönlichen Begabungen und Aufgaben, die es zu entdecken und zu verwirklichen gilt.

Die Hand aus der Wolke / Strahlenkranz – ❸

Die Münze ist Ihnen geschenkt worden. Sie sind ein Geschenk – für sich und die Welt. Nehmen Sie es an, machen Sie etwas daraus. Nehmen Sie es in die Hand, bringen Sie Ihre Münze ins Rollen.

Der graue Himmel

Grau ist die Farbe des Unaufgeregten, Gleichmütigen. **Positiv:** Unvoreingenommenheit, Neutralität, Geduld. **Negativ:** Unbewusstheit, Gleichgültigkeit. Dies alles in Bezug auf den Wert und den Nutzen Ihrer Münze.

Der Garten / Die weißen Lilien – ❹

Die Welt als Heimat, die kultivierte Erde. Weiß – die Farbe für Anfang und Vollendung. Der Garten der Kindheit, das Paradies der Menschheit, das wir verlassen haben und zu dem es zurückzukehren gilt.

Die blauen Berge – ❺

Der Gipfel steht für die Nahtstelle zwischen Himmel und Erde. Blau ist die Farbe des Himmels. Auch: »Mach etwas aus Deinem Talent!« Erklimmen Sie Ihren Gipfel, machen Sie etwas Gutes aus Ihren Möglichkeiten!

Das Gartentor – ❻

Nahtstelle zwischen Realität und Anderswelt. **Immer wieder neu:** Eine Schwelle ist zu überschreiten, eine neue Stufe des Lebens beginnt. Weggehen, um anzukommen. Das verlorene und das wiedergefundene Paradies!

Ass der Münzen

Die Münze symbolisiert Talent und Reichtum – das Materielle, Finanzielle, Körperhafte. In den Münzen verkörpern sich Natur und Kultur. Sie sind unser Erbe, mit ungelösten Aufgaben und ungenutzten Möglichkeiten! Auch die blauen Berge und der Garten verweisen auf diese Potentiale.

Hoch soll leben, was uns das Leben schätzen und genießen lässt!

■ Grundbedeutung

Die Münzen drücken unsere Talente und unseren persönlichen Reichtum aus: Die eine Seite der Medaille sind die Prägungen, die wir mitbekommen haben. Jeder Mensch erbt bestimmte Begabungen und bestimmte Handicaps. Zusammen machen sie die Talente eines Menschen aus. Wenn wir diese nun annehmen, bearbeiten und ummünzen, dann prägen wir selbst etwas: unsere Lebensumstände und die Spuren, die wir hinterlassen werden. Mit dem Ass bietet sich dazu ein elementarer Zugang! Greifen Sie zu!

■ Spirituelle Erfahrung

Aufgabe, Bestimmung, Beitrag begreifen: als Schicksal und Chance!

■ Als Tageskarte

Bringen Sie die Münze ins Rollen. Machen Sie Ihr »Ding«!

■ Als Prognose / Tendenz

Nur bei Spezialisten wird ein besonderes Talent vermutet. Tatsächlich besitzt jeder Mensch besondere Talente, weil er / sie besondere Erfahrungen und Erwartungen verkörpert.

■ Für Liebe und Beziehung

Lieben heißt, zu einem Menschen mit all seinen Prägungen und Potentialen »Ja« zu sagen.

■ Für Erfolg und Glück im Leben

Es ist Ihre Chance (und Aufgabe), Ihre Lebensumstände selbst zu definieren und die Bedeutung Ihres Daseins neu zu wägen – zu wiegen und zu wagen.

Die 10 wichtigsten Symbole

Die zwei Münzen I

Sie stehen für die sprichwörtlichen zwei Seiten der Medaille: Persönliche Vor- und Nachteile, Schokoladen- und Schattenseiten, Begabungen und Handicaps gehören in einer bestimmten Weise zusammen …

Die zwei Münzen II

… Diese sollen unterschieden werden (so dass man nicht Stärken mit Schwächen verwechselt). Doch sie dürfen nicht auseinander gerissen werden (daher das grüne Band), beide Seiten zusammen machen den Menschen.

Das grüne Band / Die liegende Acht – ❶

Positiv: Die unendlichen Möglichkeiten, der persönliche Beitrag zum kosmischen Spiel, Unversehrtheit, Ganzheit. **Negativ:** Bloße Routine, Hamsterrad, Wiederholung (Kreisen auf der Stelle).

Die Segelschiffe I – ❷

»(…) wie auch der vortrefflichste Mensch schlechte Eigenschaften haben muss, gleich einem stolz segelnden Schiffe, welches Ballast braucht, um zu seiner guten Fahrt gehörig schwer zu sein« (Gottfried Keller).

Die Segelschiffe II

Das Segelschiff ist auch ein Symbol dafür, mit den wechselnden Einflüssen des Schicksals so geschickt umzugehen, dass man bei jedem Wind seinen Hafen erreicht. **Warnung:** Sein Fähnchen nach dem Wind hängen.

Die Wellen – ❸

Höhe- und Tiefpunkte des Lebens. Persönliches Wachstum. Überfahrt zu neuen Kontinenten. Alles Leben kommt aus dem Meer: Besinnung auf die eigenen Ursprünge, auf den persönlichen Anteil an der Schöpfung.

Grünes Band / Grüne Schuhe – ❹

Grün ist die Farbe des Lebens, der Lebendigkeit und des Wachstums und darum auch die Farbe der Hoffnung. Andererseits kann Grün auch Unreife, Unfertigkeit und Unausgegorenheit anzeigen.

Die Farbe der Kleidung

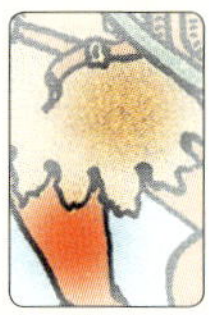

Die Farbe Rot zeigt Willen, Leidenschaft, aber auch Eifer an, manchmal auch falschen Eifer. Im Gewand mischt sich das Rot mit dem Gelb der Münzen – Wille mit Sonne oder Eifer mit Neid und Gier.

Der große Hut – ❺

»Der Kamm schwillt«, Ego, Übereifer, Anmaßung (gilt insbesondere, wenn die Bildfigur nicht wahrnimmt, was in ihrem Rücken geschieht). **Positiv:** Krönung, über sich hinaus wachsen, sich auszeichnen.

Der Saum des Gewandes – ❻

Eine außergewöhnliche Form des Saumes (nur hier): Möglicherweise die Angst, etwas zu *versäumen*. **Positiv:** Wenn Sie die Widersprüche Ihres Lebens in die Hand nehmen, können Sie nichts Wesentliches versäumen.

Zwei Münzen

Widersprüche in die Hand nehmen: Persönliche Stärken und Schwächen, eigene und fremde Probleme, Lustprinzip und Pflichtgefühl, Sonnen- und Schattenseiten. Sie selbst sind wie eine Münze: geprägt und prägend. Einerseits sind Sie durch die materiellen Verhältnisse geprägt, andererseits prägen Sie sie.

Die »zwei Seiten der Medaille« …

■ Grundbedeutung

Eine Veränderung der Lage. Eine Verlagerung des Lebensschwerpunkts. In Ihrer aktuellen Situation treten neue Fakten, Werte und Ergebnisse auf, die Ihren Standpunkt verschieben. Etwas, das schon vorhanden oder möglich war, tritt jetzt hervor und gewinnt eine besondere Bedeutung. Da hilft weder Pokern noch Hadern mit dem Schicksal. Wenn Sie aber diese Widersprüche anpacken, gelangen Sie in eine glückliche Lage, weil Sie alles Wesentliche in der Hand haben und Ihnen somit nichts Wesentliches im Leben fehlt.

■ Spirituelle Erfahrung

Sie schaffen neue Fakten und gestalten das Gesicht der Erde mit.

■ Als Tageskarte

Sie brauchen (und finden) neue Ergebnisse.

■ Als Prognose / Tendenz

Rechnen Sie mit einigen Verunsicherungen und vorübergehenden Schieflagen, wenn sich Ihr Leben ändert. Wie sonst sollten Sie einen alten Hut ablegen und ein neues Bewusstsein entwickeln?

■ Für Liebe und Beziehung

»Es ist doch sonderbar, wie auch der vortrefflichste Mensch schlechte Eigenschaften haben muss, …

■ Für Erfolg und Glück im Leben

… gleich einem stolz segelnden Schiffe, welches Ballast braucht, um zu seiner guten Fahrt gehörig schwer zu sein« (Gottfried Keller).

Die 10 wichtigsten Symbole

Das Bild als Spiegel

Nur diese Karte zeigt *schwarze* Münzen. **Warnung** vor Charakteren, die Wühlmäusen und Maulwürfen ähneln. **Ermutigung:** In die Tiefe gehen, Schätze finden und neue Wege zu Tage fördern. Sich selbst abholen!

Der Bildhauer – ❶

In der linken Hand einen Meißel, in der rechten einen Klöppel. Er bearbeitet den Felsen, vielleicht ein Relief. Von Michelangelo stammt der Satz: Er bringe in den Stein nichts hinein, sondern er befreie die …

Der unbehauene Stein – ❷

… in dem Stein eingeschlossene Skulptur »nur« von ihrem Ballast. Der unbehauene Stein ist der Mensch mit seinen Anlagen und seinen Schlacken; mit seiner »Berufung«, die noch in ihm schlummert!

Die Krypta / Der Keller

Hier geht es um Grundlagen, Grundwerte, um die Fundamente im Bereich der Münzen (Geld, Werte, Talente). Auf dem Kellergewölbe baut sich etwas auf: Wozu soll Ihre Arbeit einen Beitrag leisten?

Die schwarzen Münzen I – ❸

Schwarze Münzen: Entweder werden die persönlichen Bedürfnisse, Finanzen und Talente verkannt, vergessen und missachtet. Oder sie sind einfach noch unbelichtet, schlicht unbekannt, »latente Talente«!

Die schwarzen Münzen II

Negativ: »Ein Talent zu besitzen und es nicht zu gebrauchen heißt, es zu missbrauchen« (Herzog Clemens August, Weimar). **Positiv:** Sie bringen Licht ins Dunkle. Sie scheuen auch vor Unbekanntem nicht zurück.

Der Mönch – ❹

Grundwerte und Spitzenleistungen: Eine Berufung bringt etwas zu ungeahnten Höhen, weil man tiefer in es einsteigt. Der Ordensberuf = gelebte Berufung. Und: Jede wahre Berufung besitzt auch eine spirituelle Dimension.

Nonne / Narr / Edelfrau – ❺

Als Nonne = Berufung, wie der neben ihr stehende Mönch. **Als Narr** betont die Bildfigur die Freiheit und das Absolute. **Als Edelfrau** = Schönheit und Kostbarkeit der persönlichen Werte und Fundamente.

Der doppelte Plan – ❻

Die rechten Bildfiguren halten einen Plan, eine Skizze oder eine Zeichnung in doppelter Ausfertigung in der Hand. Es geht um berufliche Projekte. **Spirituell:** Der Plan der Schöpfung, was »Gott« mit Ihnen vorhat.

Die Werkbank

Acht Münzen und diese Karte zeigen einen Menschen mit Hammer und Meißel sowie eine Werkbank. Hier dient sie der Erhöhung (Erhebung, Aufhebung) des Menschen bei seiner Arbeit und durch seine Arbeit.

Drei Münzen

Verschiedene Aspekte von Arbeit, Beruf und Berufung werden dargestellt: Die Tätigkeit am Material, die Umgestaltung der Erde, die Arbeit an sich selbst, die Freilegung von Verborgenem. Ferner die Arbeit mit und an den anderen. Wozu leistet die eigene Arbeit einen Beitrag?

Latente Talente …

■ Grundbedeutung

Nur bei dieser Karte sind die Münzen schwarz! Entweder werden die persönlichen Bedürfnisse, Finanzen und Talente missachtet. Oder sie sind noch unbelichtet, schlicht unbekannt. So wird Ihre Berufung hier zum Thema: Gehen Sie in die Tiefe! Die Berufung bringt etwas zu ungeahnten Höhen, weil man erkennt, was im Verborgenen liegt. So wie der berühmte Michelangelo, der gesagt haben soll, der Bildhauer bringe nichts in den Stein hinein, er befreie die im Stein eingeschlossene Gestalt »nur« von ihrem Ballast.

■ Spirituelle Erfahrung

Die richtige Berufung ist eine große, glückliche Leidenschaft …

■ Als Tageskarte

Jeder besitzt Gipfel, die auf ihn warten …

■ Als Prognose / Tendenz

… Selbstverständlich gibt es Berge von unterschiedlicher Höhe. Aber *jeder* Berg hat seine Spitze. Ob Sie *Ihre* Spitze erreichen oder nicht, das ist die entscheidende Frage.

■ Für Liebe und Beziehung

Fragen Sie nicht nur, was Sie selbst wollen; schauen Sie auch, was Gott und die Welt von Ihnen wollen – umso leichter und lohnender wird es für Sie!

■ Für Erfolg und Glück im Leben

Finden Sie die Aufgabe, die Ihre Fähigkeiten am meisten entwickelt und zuspitzt.

Die 10 wichtigsten Symbole

Die Haltung der Bildfigur

Die Bildfigur sitzt geduckt, was Warnungen vor *Duckmäusertum* und *Verkrampfung* nahe legt (Rückenverkrümmung). Inklusive der Münze auf dem Kopf ist die Bildfigur jedoch keineswegs klein, sondern stattlich.

Das Ding an sich I – ❶

Die Bildfigur »steht total auf Münzen«: Tatsächlich steht sie darauf, eine Münze krönt sie, und eine hält sie auch in ihrer Mitte. **Negativ:** Ein verkrampfter Streber, der sich auf Sachzwänge bezieht …

Das Ding an sich II

… **Positiv:** Ein Meister seines Faches, der sein Metier, seine Aufgabe von der »Pike« auf, von A bis Z durchdringt und mit ihr eins wird. Neue Entdeckungen erfordern persönliche Untersuchung auf allen Ebenen.

Die Krone – ❷

Negativ: Egoismus, Angeberei. Man fühlt sich als König. **Positiv:** Man ist ein König. Ein Profi in eigener Sache. Ein Meister der eigenen Lebenswelt, des erfolgreichen Einsatzes von Werten und Talenten.

Die Türme / Die Stadt – ❸

Die vielen Türme erinnern an Städte in der Toskana. – Türme bedeuten Wachheit, Schutz, Geborgenheit, berechtigten Stolz und eigene Größe, aber auch Abgehobenheit, Gefangenschaft, Isolation, Größenwahn.

Die Stadt im Rücken

Es ist gut sich abzuwenden, um die eigenen Talente auf die Spitze zu treiben und Professionalität zu entwickeln. Andererseits: Wem nützt es? Leisten Sie Ihren spezifischen Beitrag, bringen Sie sich und Ihr Vermögen ein!

Der schwarze Umhang – ❹

Im Schwarz klingt das Motiv der Karte *Drei Münzen* an: Unbekannte Talente wollen zu Tage gefördert werden. Zur Meisterschaft gehört die Entdeckung von etwas Neuem im Alten. **Warnung** vor »Maulwürfen«!

Das braun-auberginefarbene Gewand – ❺

Diese Farbe erscheint selten in diesem Tarot. Sie weist auf den Bereich Verdauung und Exkremente. **Negativ:** »analer Zwangscharakter« (Sigmund Freud). **Positiv:** Fähigkeit, aus »Sch…« Geld zu machen.

Der Quader – ❻

Symbol der Materie, der Erde mit ihren vier Himmelsrichtungen. Aufgabe und Kunst, sich in dieser Welt einzurichten. *IV – Der Herscher* auf der Ebene der *Münzen*: Selbstbestimmung, materiell und praktisch.

Der graue Himmel

Warnung vor Unbewusstheit, emotionaler Gleichgültigkeit, mangelnder Anteilnahme (auch an den eigenen Bedürfnissen und Wünschen). **Positiv:** Neutralität, Unvoreingenommenheit, Vorurteilslosigkeit.

Vier Münzen

»Profi in eigenem Auftrag«: Wer nur die unteren zwei Münzen kennt, führt ein geerdetes, aber »plattes« Leben. Wer sich die Münzen zu Herzen nimmt, erhöht damit sein Lebensniveau so weit, wie er es begreifen kann. Wer sich mit den Münzen als Meister krönt, erreicht den Gipfel seiner Talente.

»Ein Talent besitzen und es nicht gebrauchen, heißt, es missbrauchen.«

■ Grundbedeutung

Die eigenen Talente zu begreifen und zu krönen, verlangt sowohl, sich von der Allgemeinheit abzusetzen, als auch, dieser zu dienen. Wenn wir uns nicht als Eigenbrötler absondern, aber auch nicht mit unseren wirklichen Besonderheiten und Qualitäten in der Masse untergehen wollen, dann müssen wir die persönlichen Talente herausfinden, die für andere nützlich und wichtig sind und in denen die eigenen Erfahrungen und Erkenntnisse zur Geltung kommen.

■ Spirituelle Erfahrung

Das »Ding an sich«, eine intime Verwobenheit von Person und Sache.

■ Als Tageskarte

Entwickeln Sie Ihre Begabung, Ihr Anliegen. Schauen Sie nach, was unter Ihren Füßen liegt!

■ Als Prognose / Tendenz

Manchmal ist es bei dieser Karte wichtig, sich abzugrenzen und »sein eigenes Ding zu machen«. Manchmal, sich zu öffnen und sich besser mitzuteilen.

■ Für Liebe und Beziehung

Liebe bedeutet auch, sich gegenseitig darin zu unterstützen, einen eigenen Geltungsbereich zu besitzen und darin zu thronen!

■ Für Erfolg und Glück im Leben

Nicht Bravheit oder Bosheit bringen Sie voran, sondern der Ausbau, die Verewigung Ihrer besten Talente.

Die 10 wichtigsten Symbole

Das Bild als Spiegel

Diese Karte stellt keineswegs zwangsläufig eine Notlage dar. Sie ist auch eine Glückskarte. Denn sie steht unter anderem für die Überwindung von Nöten jeder Art und für die Unversehrtheit dessen, was uns lieb ist.

Der Blinde und der Lahme I

Die alte Legende vom Blinden und vom Lahmen, die sich gemeinsam auf den Weg machen, passt hervorragend zu dieser Bildszene: Indem sie sich zusammentun, wird jeder aus seiner schlimmsten Not erlöst.

Die Not wenden

Beliebige andere Arten von Handicaps können wir hier statt Blindheit und Lahmheit einsetzen. Die schlimmste Not wird gewendet. Generell besagt die Karte daher: Kümmern Sie sich um Ihre *Notwendigkeiten*.

Der Blinde und der Lahme II

Die Hauptbedeutung liegt in der Zusammenarbeit. In einer Nebenbedeutung gilt auch: Scheren Sie nicht alles über einen Kamm. Jeder soll sich auf seine Art entwickeln können und dabei Bestätigung finden.

Die Krücken – ❶

Sie unterstreichen einerseits die Notlage, die Not, die vorhanden ist oder die bereits überwunden wurde. Dennoch sind die Krücken auch ein Symbol dafür, dass es einen Ausweg, Hilfe und Unterstützung gibt.

Die Pestglocke – ❷

Aussätzige mussten sie tragen, um Gesunde vor einer Ansteckung zu warnen. **Positiv bedeutet diese Glocke aber auch:** Ich mache auf mich aufmerksam, ich bin ein besonderer Mensch. Jede Krise ist auch eine Chance.

Der weiße Boden – ❸

Vordergründig: Schnee, Eis und Kälte. **Positiv:** Hinweis auf die (Auf-)Gabe, etwas zu bereinigen, mit sich und anderen ins Reine zu kommen, heil zu machen, zu heilen. **Warnung** vor bodenlosem Verhalten.

Schneeflocken / Schwarze Wand – ❹

Vordergründig: Schnee, Eis und Kälte. **Symbolisch auch:** Der Kontrast von schwarz und weiß wird aufgehoben, die Mauern werden durchlässig, innen und außen sind zwei Seiten derselben Medaille.

Licht ins Dunkel – ❺

Licht, Wärme, Reichtum auf der einen Seite, Dunkelheit, Kälte, Armut auf der anderen. Es geht um Ihre Anteilnahme und Mitverantwortung. Es geht um Nöte von Menschen draußen wie drinnen, von Ihnen selbst.

Fünf Münzen als Quintessenz

Die schönsten Talente bringen nur etwas, wenn sie anderen Menschen nützen. Und wo die Not des anderen am größten ist, ist die geleistete Hilfe am wertvollsten. So werden Hilfe und Eigennutz zu Geschwistern.

Fünf Münzen

Ein Bild der Not. Aber auch ihrer generellen Überwindung: Eine Legende erzählt vom Blinden und vom Lahmen, die sich zusammen auf den Weg machen. Der Blinde stützt den Lahmen und der Lahme führt den Blinden. Indem sie ihre Nöte teilen, werden sie aus der generellen Hilflosigkeit erlöst.

Die Not wenden!

■ **Grundbedeutung**

Jedes menschliche Vermögen (Besitz und Fähigkeiten) besitzt soviel Wert, wie es dazu beiträgt, vermeidbare Notlagen auszuschließen und unvermeidliche Notlagen lebenswert zu machen. Es gibt Nöte, die durch Katastrophen und Krankheit entstehen, und andere Nöte, die aus unerfüllten Bedürfnissen erwachsen: etwa einen Hunger nach Sinn, einen Durst nach Liebe, eine Sehnsucht nach Heimat. Wo sich die Fülle Ihrer Möglichkeiten mit der Linderung der dringendsten Nöte verbindet, bewirken Ihre Talente am meisten.

■ **Spirituelle Erfahrung**

»Gib Gott deinen Mangel. Er kennt keinen« (Dorothee Sölle).

■ **Als Tageskarte**

Wer allein arbeitet, dessen Kräfte addieren sich. Wer mit anderen zusammenarbeitet, dessen Kräfte multiplizieren sich.

■ **Als Prognose / Tendenz**

Einmal gilt es, sich geschlagen geben zu können; ein Ende anzunehmen; einen Mangel zu ertragen. Zum anderen gilt aber ebenso unabweisbar: Es gibt unnötige Not und zu viel Elend auf der Welt - und im eigenen Haus. Es lohnt sich, dagegen anzugehen.

■ **Für Liebe und Beziehung**

Weisen Sie unbegründete Ansprüche und sinnlose Opfer zurück.

■ **Für Erfolg und Glück im Leben**

Erfüllen Sie sinnvolle Verpflichtungen mit leichtem Herzen!

Die 10 wichtigsten Symbole

Das Bild als Spiegel

In welcher der drei Bildfiguren sehen Sie sich spontan als erstes wieder? Alle drei Bildfiguren, einzeln oder zusammen, können ein Spiegel für Ihre Person sein. Vgl. auch *V – Der Hierophant*.

Der Reiche – ❶

Die große Bildfigur steht für Ihre Stärken, für Ihren Reichtum an Erfahrungen und Talenten, für Ihr Vermögen, welches immer da ist und von dem es genug zum Teilen gibt – unabhängig davon, wie hoch Ihr Bankkonto ist.

Die beiden Bittsteller – ❷

Sie stehen für die eigenen Schwächen. Eine der beiden Figuren bekommt etwas, die andere geht leer aus. Auch die beiden Bittenden sind wertvolle Teile Ihrer Persönlichkeit und Ausdruck wertvoller Erfahrungen.

Die Waage I – ❸

Mit der Waage wird abgewogen: Welche Bitten sind sinnvoll und sollen erhört werden, welche Wünsche sind sinnlos und sollen leer ausgehen? Wägen Sie ab, welche Bedürfnisse Ihnen wichtig sind.

Die Waage II

Wenn Geben und Nehmen sich die Waage halten, gibt es zwei gegensätzliche Gründe dafür. Entweder hat das, was gegeben und genommen wird, gar kein Gewicht. Oder eine Win-win-Situation, worin jeder gewinnt.

Die vier kleinen Münzen I – ❹

Wenn der Gebende im Akt des Gebens nichts verliert, sondern sich bereichert fühlt und wenn der Empfangende sich im Akt des Nehmens nicht beschämt, sondern bestätigt und als wirklich wichtig empfindet, …

Die vier kleinen Münzen II

… so entsteht ein Zugewinn, weil sich beide Seiten nachher reicher fühlen als vorher. Diesen Zugewinn drücken die vier kleinen Münzen aus, die zwischen den Händen der beiden Bildfiguren links im Bilde schweben.

Das Segenszeichen – ❺

Das Fingerzeichen wiederholt den Segensgruß des *Hohepriester*. **Positiv:** Hier entsteht für alle ein Zugewinn, so liegt tatsächlich ein Segen über dieser Situation. **Negativ:** Dünkel, Moral, Almosen.

Die Münzen im Himmel

Negativ: Der wirkliche Reichtum kommt bei den Menschen »unten« gar nicht an. **Positiv:** Wo Geben und Nehmen sich aber im guten Sinne die Waage halten, verwirklichen wir ein Stück Himmel auf Erden.

Die Stadt / Die Burg – ❻

Diese liegt entfernt im Hintergrund. Man muss sich einmal aus den Gewohnheiten und dem Trubel lösen, um mit sich selbst, den Stärken und Schwächen, ins Reine zu kommen. **Negativ:** »Sein eigenes Süppchen kochen«.

Sechs Münzen

Hier geht es um Geben und Nehmen, um die Umsetzung von Bedürfnissen, um Umsatz. Wenn »Münzen« wirkliche Bedürfnisse zur Geltung bringen, dann gewinnt sowohl derjenige, der sie ausgibt, wie auch derjenige, der sie einnimmt.

… eine Win-Win-Situation?!

■ Grundbedeutung

Caritas, Almosen? Es geht um mehr. Wenn Sie mit Ihren Talenten Bedürfnisse erfüllen und mit Ihren Bedürfnissen Talente wecken, entsteht jedes Mal ein *Zugewinn*. Beide Seiten profitieren vom Ergebnis; eine Win-Win-Situation. So verwandeln Sie Notwendigkeiten und Bedürfnisse in ein segensreiches, schöpferisches Tun. Für den Segen, den gemeinsamen Zugewinn stehen die vier zusätzlichen kleinen Münzen im Bild.

■ Spirituelle Erfahrung

Der Wert des Eigenen ist am größten, wenn möglichst viele davon profitieren. In diesem Sinn besitzen Sie nur, was Sie weggeben.

■ Als Tageskarte

Neue Wege zur Verwirklichung der eigenen und zur Befriedigung fremder Bedürfnisse stehen nun auf der Tagesordnung.

■ Als Prognose / Tendenz

Konzentrieren Sie sich darauf, einen Zugewinn für alle Beteiligten zu realisieren, das ist entschieden besser, als einen Mangel zu verwalten.

■ Für Liebe und Beziehung

Geben und nehmen: Sie schaffen eine Situation, in der Sie ohne Skrupel nehmen und empfangen können …

■ Für Erfolg und Glück im Leben

… in der Sie schwach sein können, ohne damit Härte oder Häme zu provozieren.

Die 10 wichtigsten Symbole

Die Haltung der Bildfigur I

Abwarten, Muße, Pause oder Stillstand. Ob Sie nun Arbeit hinter sich oder vor sich haben, hier geht es um eine Bilanz, um eine Bewertung oder auch eine Enträtselung: »Ich weiß nicht, was soll es bedeuten!«

Die Haltung der Bildfigur II

Wie »der Ochs' vorm Berg«?! Vielleicht stellt die Haltung auch eine kreative Pause dar. Vielleicht auch eine aufmerksame Betrachtung des Vorhandenen, eine sorgfältige Untersuchung der Spuren und Zeichen!

Die Verteilung der Münzen I – ❶

Der Haufen von Münzen steht dafür, wie Sie es bisher *immer* gemacht haben oder wie *man* es üblicherweise macht. Die eine Münze vor Ihren Füßen markiert das Neue, Ihren eigenen Standpunkt, einen neuen Ansatz.

Die verschiedenfarbigen Schuhe – ❷

Es sind tatsächlich »zwei verschiedene Paar Schuhe«, ob man den Stand der Dinge – Lage und Aufgaben – nach allgemeinen Gesichtspunkten betrachtet oder speziell vom eigenen, persönlichen Standpunkt aus!

Die Verteilung der Münzen II

Alles hat seine berühmten zwei Seiten. Bestimmte Sachverhalte werden erst einsichtig, wenn man auch bereit ist, den eigenen Standpunkt in Frage zu stellen und neue Perspektiven zuzulassen.

Der Blick I – ❸

Kopfhaltung = Erschöpfung oder Ratlosigkeit, aber auch: eine aufmerksame Betrachtungsweise. Einen Sachverhalt genau betrachten (wörtlich: wieder und wieder lesen) = eine Bedeutung des Wortes Religion.

Der Blick II

Wer andächtig allen Gegebenheiten und Sachverhalten gegenübertritt, braucht manchmal vielleicht mehr Zeit als andere. Aber er findet eher die in der Sache verborgenen Zusammenhänge und neue Lösungen.

Die Harke / Hacke I – ❹

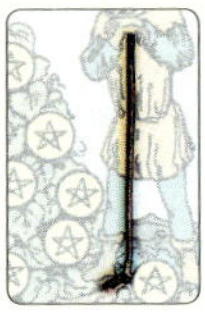

Elle, Maßstab. Symbolisiert den richtigen Einsatz eines geeigneten Werkzeuges, die gekonnte Verbindung von Geist und Materie (für die auch generell jede Münze mit dem eingeprägten Pentagramm steht).

Die Harke / Hacke II

Vorhandene Erfahrungen = Werkzeug für Neues. Nehmen Sie aus der Tradition, was daran gut ist, mit, und fügen Sie Ihren Ansatz hinzu, so dass die vorhandenen positiven Anlagen sich mischen und mehren.

Die gemischten Farben – ❺

Die gemischten Farben der Kleidung zeigen an: Das Eigene und das Andere, Tradition und eigener Standpunkt sind vermischt. Sie finden jetzt die Aufgabe, die Ihnen gut tut, den Beitrag, auf den die Welt wartet!

Sieben Münzen

Sie mögen einen Berg von Mühen und Sorgen vor oder hinter sich haben, hier geht es um eine Bilanz Ihrer bisherigen Ergebnisse und die Festlegung neuer Ziele. Sind Sie mit Ihren Ergebnissen zufrieden? Damit, wie Sie gearbeitet haben? Betrachten Sie Ihre Ergebnisse unter allen Aspekten.

»Ich weiß nicht, was soll es bedeuten …«

■ Grundbedeutung

Alle Dinge und Aufgaben haben neben ihrer sachlichen Seite auch eine *persönliche Bedeutung*. Worauf sind Sie stolz? Kränkt Sie etwas? Fehlt etwas? Finden Sie den Unterschied heraus, wo Sie die Dinge anders sehen als andere. Was möchten Sie am liebsten abschaffen? Was möchten Sie pflanzen? Welche Gewohnheiten einrichten?

■ Spirituelle Erfahrung

Um Ihren eigenen Standpunkt auszuloten, müssen Sie den Stand der Dinge wieder und wieder betrachten. Diese aufmerksame, »andächtige« Betrachtung aber ist eine Übersetzung des Wortes »Religion« (lat. »Losbindung« wie auch »wieder und wieder lesen«).

■ Als Tageskarte

in Ihren aktuellen Fragen heißt es: Spuren suchen und Zeichen deuten. Manchmal geben auch Stolpersteine wichtige Hinweise.

■ Als Prognose / Tendenz

Zeit zur Bilanz: Gefühlsmäßige oder gedankliche Klarheit hat nur so viel Wert, wie Sie davon in fruchtbare Resultate ummünzen. Und Ihre Errungenschaften bringen nur Befriedigung, wenn Sie sich darin wiederfinden.

■ Für Liebe und Beziehung

Was möchten Sie wachsen lassen, was Ihren Liebsten und der Welt mitgeben?

■ Für Erfolg und Glück im Leben

Halten Sie sich an die wirklichen Ergebnisse und Voraussetzungen.

Die 10 wichtigsten Symbole

Die Haltung der Bildfigur

Dies ist die einzige der 14 Münzen-Karten bei der eine Bildfigur direkt an den Münzen arbeitet. Ein Bild der Arbeit im Beruf, an einer Aufgabe oder Sache, aber auch ein Bild der Arbeit an sich selbst.

Die Arbeit an der Münze I – ❶

Ohne Üben und Lernen keine Meisterschaft. Wenn die Bildfigur noch sieben Münzen vor sich hat, erscheint sie als Lehrling. Hat sie die sieben Münzen bereits fertiggestellt, erscheint sie als Meister.

Die Arbeit an der Münze II

Wie eine Münze besitzt jeder Mensch hervorragende und eher flache Eigenschaften. **Die eine Seite der Medaille fragt:** Wie bin ich geprägt worden? **Die andere Seite der Medaille:** Was will ich selbst prägen?

Baumstamm mit Münzen – ❷

Positiv: »In der Beschränkung zeigt sich der Meister«, hier in der Beschränkung auf eine bestimmte Fertigkeit und deren Vervollkommnung. Verbindung von Himmel und Erde. **Negativ:** Monotonie, Wiederholung.

Eine Münze auf dem Boden – ❸

Sie betont den eigenen Standort, den Unterschied des Eigenen, vielleicht eine neue Herangehensweise, aber auch eine Münze, die unter den Tisch fällt, also Stärken und Talente, die zu wenig beachtet werden.

Blau und Rot

Die Farben für Feuer und Wasser, zusammen genommen für Eifer und Leidenschaft. **Positiv:** Große Einsatzbereitschaft, Meisterung von Widerständen. **Negativ:** Blinder Eifer, Wiederholung des Gleichen.

Das Dorf im Hintergrund

Achtung: im Rücken der Bildfigur. Sich von der Allgemeinheit absetzen, um das Besondere der eigenen Talente herauszuarbeiten. Die schönsten Talente bleiben andererseits wertlos, wenn sie nicht anderen nützen.

Die Werkbank – ❹

Positiv: Nichts auf die lange Bank schieben. Selbst Hand anlegen. Tun, was zu tun ist. Sich selbst als »Bank« (Geld-, Talent-Reserve) sehen. **Negativ:** Mangelndes Vertrauen zu anderen. Hantieren an Einzelheiten.

Markierungen am Baumstamm – ❺

Positiv: Jahresringe. Geduld. Wachstum. Meisterschaft. Allmähliche Entwicklung. **Negativ:** Astlöcher, fehlende Verzweigung, leere Routine, Wiederholungsdrang, Phantasielosigkeit, Langeweile.

Hammer und Meißel – ❻

Positiv: Sinnbild der eigenen Prägekraft. Fähigkeit, nachhaltige Werte zu (er-) schaffen. Veränderungen und bleibende Werte. **Negativ:** Allem und jedem seinen eigenen »Stempel aufzudrücken«.

Acht Münzen

Die vielen Münzen stehen für Erfahrung und Meisterschaft, warnen allerdings auch vor Einfallslosigkeit und steter Wiederholung. Zur Meisterschaft gehört, dass Arbeit nicht nur Kraft kostet, sondern auch gibt; dass man zu seinem Stil, seinem Rhythmus findet, zu einem kreativen Dialog von Mensch und Metier.

Eigen-Art und Meisterschaft …

■ Grundbedeutung

Wir selbst gleichen einer Münze: geprägt und prägend. Die Arbeit an den Münzen ist auch ein Spiegel der Arbeit an uns selbst! Die Produktivität eines Menschen besteht darin, sich selbst zu erschaffen und die Dinge der (eigenen) Welt in Ordnung zu bringen. So entwickeln Sie eine Situation von persönlichem Luxus: ein Reichtum an Wohlbehagen, verwirklichten Ideen und befriedigten Wünschen. Alles ist dabei wichtig, nicht nur die Endprodukte, sondern auch die »Begleitumstände«.

■ Spirituelle Erfahrung

Gurus produzieren Schüler. Nur (eigene) Übung macht den Meister.

■ Als Tageskarte

Lassen Sie sich nicht für fremde Zwecke verschleißen; finden Sie die Aufgaben, für die Sie wirklich nötig sind!

■ Als Prognose / Tendenz

Der Meister ist der wahre Anfänger, gerade weil er sein Metier kennt, weiß er, dass alle bisherige Erfahrung Geschichte ist.

■ Für Liebe und Beziehung

Liebe ist nicht nur eine Frage des Gefühls, sondern auch der gegenseitigen Unterstützung des Lebenswerks eines jeden Partners.

■ Für Erfolg und Glück im Leben

Sie sind und bleiben der Chef in Ihrem Leben (auch wenn Sie irgendwo angestellt sind), Leiter und Meister in Ihrem Lebenswerk, mit Beharrlichkeit.

Die 10 wichtigsten Symbole

Das Gewand

Pracht, Schönheit und Kostbarkeit äußern sich im Gewand, prägen die Szene. Die lange Schleppe stellt jedoch auch die Frage, ob die Kleider eine Nummer zu groß sind oder ob hier etwas *verschleppt* wird.

Die Hecke

Steht die Bildfigur vor der Hecke (wie für den Betrachter der Karte)? Oder hinter einer Hecke (aus Sicht der Mitwelt)? Strahlt die Pracht der Talente in die Welt, oder wird sie unter Verschluss gehalten?

Der Jagdfalke – ❶

Kultivierte Jagd oder aggressiver Egoismus? Der Falke trägt eine Haube, er ruht, ist aber einsatzbereit. Gezielter oder gehemmter Einsatz? Hochfliegende Leidenschaften oder hartnäckige Verfolgung anderer?

Die Schnecke – ❷

Positiv: Immer bei sich zu Hause. Sich in sich selbst zurückziehen können. Selbstständig und eigener Rhythmus. **Negativ:** Schleppender Gang, Langsamkeit, Rückzug als Weltflucht, mangelnde Anteilnahme.

Die Verteilung der Münzen – ❸

Das Thema der Karte *Sechs Münzen*: Geben und nehmen als Einsatz und Veräußerung persönlicher Begabungen und Bedürfnisse. Sowie die *Drei Münzen*: Die Förderung und Entwicklung *verborgener* Talente.

Die Weintrauben I – ❹

Trauben und Wein = höchste Genüsse: Die Freuden von Sinn und Sinnlichkeit (das Dionysische, Weingötter Bacchus und Dionysos) und der Genuss von Sinn und Wahrheit (das Apollinische; »in vino veritas«).

Die Weintrauben II

Seit der Antike sind die Weintrauben aber auch ein Symbol härtester Arbeit, die Mühen der Tagelöhner im Weinberg sind ein Inbegriff dessen, was es heißt, im Schweiße seines Angesichts sein Brot zu erwerben.

Die Weintrauben III

Weil die Weintrauben bei uns zu den spätesten Früchten des Jahres zählen, sind sie auch ein Symbol der Reifung, des gelingenden Lebens und der Vollendung (s. *Zehn Münzen*: Greis mit den Weintrauben).

Die Blumen auf dem Gewand – ❺

Flower-Power. Erblühen der Persönlichkeit. Variante des Venus-Zeichens. Symbol der Fruchtbarkeit der (eigenen) Natur. **Negativ:** Selbstverliebt, im Eigenen verhaftet. **Positiv:** Seine Talente zum Besten geben.

Kleines Haus am Bildrand – ❻

Positiv: Inmitten seiner Münzen, das heißt seiner Talente und der Früchte, die daraus erwachsen, findet der Mensch sein wahres Zuhause. **Negativ:** Wenig entwickelte Identität. Naturbursche. Eigenbrötler.

Neun Münzen

Hier blühen Sie auf: Ihre persönliche Blüte erreichen Sie (in jedem Lebensalter) in der Freude über Ihr Dasein und in der Zufriedenheit mit Ihren Talenten. Ihre Früchte ernten Sie Tag für Tag durch liebevolle Zuwendung zur Lage und Ihren Aufgaben. Lieben Sie sich, Ihr Wachstum und Ihr Reifer-werden.

Gold-Schatz!

■ Grundbedeutung

Ob Sie auf der Welt sind oder nicht, das macht einen großen Unterschied aus. Sie bringen etwas mit, das die Erde reicher macht. Darum: Verstecken Sie Ihre Talente nicht! Seien Sie großzügig und zeigen Sie Ihren Mitmenschen, welche Schätze Sie zu bieten haben, weil Sie selbst ein *Schatz* sind.

■ Spirituelle Erfahrung

Erst durch den Schnitt kann die Rose ihre Schönheit entfalten: Konsequent verzichten Sie auf unnötige Ideale, ungewollte Verpflichtungen und unverbindliche Experimente.

■ Als Tageskarte

Hören Sie auf, wie ein Falke durchs Leben zu jagen oder sich ins Schneckenhaus zurückzuziehen.

■ Als Prognose / Tendenz

Wir finden zunächst Lebensgewohnheiten vor, die auch ohne uns existieren würden. Und keineswegs immer werden wir mit Liebe empfangen. Dagegen setzen wir unser eigenes Reich der Liebe, der Fruchtbarkeit und der Schönheit!

■ Für Liebe und Beziehung

Springen Sie über die Schatten von Kleinlichkeit und Eifersucht.

■ Für Erfolg und Glück im Leben

Grenzen Sie sich von sinnlosen Gepflogenheiten ab! Entwickeln Sie sinnvolle Regeln und leben Sie danach!

Die 10 wichtigsten Symbole

Die 10 Sephirot – ❶

Die 10 Münzen markieren die Stationen des kabbalistischen Lebensbaumes (= 10 Sephirot). Doch die Verbindungslinien zwischen diesen 10 Eckpunkten fehlen. Das bedeutet: Alles ist da, aber die Verbindungen fehlen.

Die Generationen – ❷

Kindheit, Lebensmitte und Alter sind im Bild. Nehmen sie sich gegenseitig wahr? Oder leben sie nebeneinander her? Die beiden Menschen im Mittelpunkt: Nehmen sie Anteil aneinander oder gehen sie nur vorüber?

Mensch und Tier – ❸

Die gleiche Frage stellt sich im Verhältnis von Mensch und Tier. Hat das Animalische nur draußen vor den Toren Platz? Verstehen wir die Macht der Natur und der Instinkte mit ihren Stärken und Schwächen?

Kultur – Natur – ❹

Am linken Bildrand Wellenlinien = Meer oder See. **Unter dem Torbogen Häuser** = Zivilisation. Gibt es eine innere Verbindung zwischen Natur und Kultur, oder basiert das eine auf dem Verdrängen des Anderen?

Greis mit Weintrauben – ❺

Weintrauben = Genuss und harte Arbeit (Weinberg). Zugleich geht es um die Reife des Lebens: »Wer meint, alle Früchte würden mit den Erdbeeren reif, versteht nichts von den Trauben« (Paracelsus).

Wanderstab / Speer – ❻

Positiv: Das Ziel der Suche ist erreicht. Den Wanderstab in die Ecke stellen. Aber auch: Weiter bereit sein, wach bleiben. **Negativ:** Stets unterwegs: »Überall anklopfen – aber nirgends wirklich zu Hause«.

Brücke – ❼

Liebe, Respekt und Achtung sind die Brücke von Mensch zu Mensch. Alles ist da, aber gibt es einen inneren Zusammenhang, eine innere Verbindung? Auch die Brücke ist nur halb im Bild zu sehen.

Burg / Turm

Positiv: Achtsamkeit, Wachheit, Überblick, Geborgenheit, klare Identität, Heimat, Sicherheit. **Negativ:** Elfenbeinturm, Egoismus, Arroganz, Gefangenschaft, Isolation, Selbst-Begrenzung, Verschlossenheit.

Zwei Wappen – ❽

Burg: siehe oben – **Die Waage im Gleichgewicht** (vgl. *Sechs Münzen*): Es findet kein Austausch statt, nichts, das Gewicht hätte. **Oder aber positiv:** Geben und nehmen sind gleichgewichtig. Ausgleich der Bedürfnisse.

Odysseus / Ende der Odyssee

Am Ende seiner Irrfahrten kehrt Odysseus nach Theben zurück. Er verkleidet sich als Bettler, und nur seine Hunde erkennen ihn. Er »räumt auf«. Was gilt es in Ihrem Leben zu suchen und ins Lot zu bringen?

Zehn Münzen

Kind, Erwachsene und Greis, Mensch und Tier, Kultur und Zivilisation, Heimat und Fremde und vieles andere mehr: Alles ist da, die Frage ist nur, ob sie alle innerlich in Verbindung stehen (siehe die Brücke im Bild), oder ob sie aneinander vorbeilaufen (wie vielleicht an dem Bettler vor dem Tor)?!

Kein Mensch ist eine Insel …

■ Grundbedeutung

Der größte Reichtum besteht darin / entsteht daraus, den eigenen Anteil am Weltgeschehen wahrzunehmen. Erfahrungen von Ihnen und anderen fließen zusammen zu einem größeren Ganzen. Sie sehen sich als Teil der Schöpfung, des kosmischen Stroms. Sie wissen, dass Ihr Tun auf dem der Alten aufbaut und dass die Jungen es weiterführen. Zeit ist nur relativ. Nichts geht verloren. Nichts hält Sie davon ab, zu leben und Ihren Puls zu spüren, zu verweilen und zu gehen.

■ Spirituelle Erfahrung

Zeit ist nur relativ.

■ Als Tageskarte

Nehmen Sie sich vieler Menschen und Begebenheiten tagtäglich in Liebe an. So erreichen Sie maximale Ergebnisse.

■ Als Prognose / Tendenz

Wahre oder bewusste Individualität ist nicht im Alleingang möglich. Wenn wir die Brücke zum anderen finden, verschwindet auch die Einsamkeit, dieser Schatten einer fehlenden Individualität. Genauso wie die Gefahr, in der Masse unterzugehen.

■ Für Liebe und Beziehung

Pflegen Sie die Wonnen der Gemeinsamkeit …

■ Für Erfolg und Glück im Leben

… und tragen Sie zu einem Zusammenleben bei, worin jede/r den eigenen Weg mit vielen Freuden verwirklichen kann.

Tarot und Astrologie

Die Astrologie reicht in ihren Ursprüngen mehrere tausend Jahre zurück. Die Tarot-Karten sind dem gegenüber wesentlich jünger, zählen aber auch schon bald 600 Jahre. Doch erst Ende des 19. Jahrhunderts wurde die Verbindung von Tarot und Astrologie zum (in Fachkreisen) beachteten und diskutierten Thema.

Die entscheidende Arbeit für die Kombination der beiden Symbolsprachen leistete der **»Golden-Dawn«-Orden.** Auf diesen geht die heute üblich gewordene Zuordnungsweise der Symbole aus Astrologie und Tarot zurück. »Golden Dawn« heißt »Goldene (Morgen-) Dämmerung / Goldene Morgenröte«. Dieser Orden war eine Rosenkreuzer-Vereinigung in England um die Wende vom 19. ins 20. Jahrhundert.

Die heute am meisten verbreiteten Tarot-Karten, das Rider/Waite-Tarot und das Crowley-Thoth-Tarot, gehen auf Urheber/innen zurück, die zuvor einmal Mitglied im Golden-Dawn-Orden waren: Pamela Colman Smith und Arthur E. Waite sowie Lady Frieda Harris und Aleister Crowley. Bei der Konzeption ihrer Karten folgten beide Produzentenpaare, mit geringen Unterschieden, in der astrologischen Zuordnung dem Muster des Golden-Dawn.

Deshalb finden sich diese Zuordnungen im Rider/Waite-Tarot oftmals direkt im Kartenbild wieder (z. B. Widderzeichen auf der Karte *IV – Der Herrscher* und Stierköpfe im Bild des *Königs der Münzen*); auf den Crowley-Karten sind diese Zuordnungen fast sämtlich als Zeichen angegeben.

So wird's gemacht

Jedem Tierkreiszeichen und jedem Planeten sind bestimmte Tarot-Karten zugeordnet. So steht etwa für den astrologischen Mond, für das individuelle Reich der Seele und des Unbewussten, die Karte *Die Hohepriesterin*. Und zu den Fischen, diesem Inbegriff des kollektiven Unbewussten und der »ozeanischen Gefühle«, gehört die Karte *Der Mond*.

- In der folgenden Tabelle finden Sie die sechs Tarot-Karten, die zu einem Tierkreiszeichen gehören. Welches Tierkreiszeichen interessiert Sie zur Zeit am meisten? Nehmen Sie die zugehörigen sechs Karten aus Ihrem Tarot-Spiel und betrachten Sie sie aufmerksam. Alle sechs zusammen ergeben ein Bild für die Bedeutung des jeweiligen Tierkreiszeichens.
  Die sechs Karten eines Tierkreiszeichens verkörpern ein bestimmtes Spannungsmuster, das für das Verständnis des Tierkreiszeichens bedeutsam ist.
  Beispiel Widder: Da gibt es innerhalb der sechs Karten den Widerspruch zwischen *Herrscher* und *Turm*, zwischen Aufbau und Abbau von Macht; da ist auch der Gegensatz zwischen *Herrscher* und *Königin der Stäbe*, zwischen männlicher und weiblicher Feuer-Energie, deren Verknüpfung unter anderem im Bild der *Vier Stäbe* enthalten ist.
  Beispiel Skorpion: Tod und Wiedergeburt, das Prinzip »Stirb und Werde« in Gestalt der Karten *Tod* und *Gericht*.
  Beispiel Zwillinge: Das Spannungsverhältnis zwischen dem Zauber der Liebe einerseits *(Der Magier, Die Liebenden)* und den Herausforderungen der hohen Schwert-Karten *(Schwerter Acht, Neun, Zehn)* auf der anderen Seite.

- Es hat sich bewährt, diese sechs Bilder einmal oder immer wieder für längere Zeit auszulegen. Meditieren Sie über die Karten zu »Ihrem« Tierkreiszeichen. Jedesmal werden sie mit einer neuen Botschaft zu Ihnen sprechen.

Datum	Tierkreiszeichen	Planet	Große Karte des Tierkreiszeichens
21.3.–20.4.	Widder	Mars	IV – Der Herrscher
21.4.–20.5.	Stier	Venus	V – Der Hierophant
21.5.–21.6.	Zwillinge	Merkur	VI – Die Liebenden
22.6.–22.7.	Krebs	Mond	VII – Der Wagen
23.7 .–22.8.	Löwe	Sonne	VIII – Kraft
23.8.–22.9.	Jungfrau	Merkur	IX – Der Eremit
23.9.–22.10.	Waage	Venus	XI – Gerechtigkeit
23.10.–21.11.	Skorpion	Pluto	XIII – Tod
22.11.–20.12.	Schütze	Jupiter	XIV – Mäßigkeit
21.12.–19.1.	Steinbock	Saturn	XV – Der Teufel
20.1.–18.2.	Wassermann	Uranus	XVII – Der Stern
19.2.–20.3.	Fische	Neptun	XVIII – Der Mond

zugehörige Hofkarte	zugehörige Zahlenkarten	Große Karte des Planeten
Stab-Königin	Stab 2-4	XVI – Der Turm
Münz-König	Münz 5-7	III – Die Herrscherin
Schwert-Ritter	Schwert 8-10	I – Der Magier
Kelch-Königin	Kelch 2-4	II – Die Hohepriesterin
Stab-König	Stab 5-7	XIX – Die Sonne
Münz-Ritter	Münz 8-10	I – Der Magier
Schwert-Königin	Schwert 2-4	III – Die Herrscherin
Kelch-König	Kelch 5-7	XX – Gericht
Stab-Ritter	Stab 8-10	X – Rad des Schicksals
Münz-Königin	Münz 2-4	XXI – Die Welt
Schwert-König	Schwert 5-7	XXII/0 – Der Narr
Kelch-Ritter	Kelch 8-10	XII – Der Gehängte

10 aktuelle Bücher der Autoren

J. Fiebig / E. Bürger: **Tarot Basics Crowley.** Tarot-Deutung – leicht gemacht. Königsfurt-Urania 2008 (Parallel-Ausgabe des vorliegenden Buchs für das Crowley-Tarot)

E. Bürger / J. Fiebig / Jutta Koch: **Sternstunden mit Tarot.** Ihr persönlicher Weg zum Stern. Königsfurt-Urania 2007 (Diesen Titel gibt es in drei Versionen: »Sternstunden mit dem Waite-Tarot«, »Sternstunden mit dem Crowley-Tarot« und »Sternstunden mit Tarot – Universal (für alle Tarot-Sorten)«. Diese Bände bieten vielfältige Hilfe zur Selbsthilfe. Mit Tages-, Monats- und Jahreskarten. Hier geht es um den persönlichen »Weg der Wünsche« und darum wie Sie Ihren »Stern« erreichen.)

Johannes Fiebig: **Visconti-Tarot.** Das erste Tarot der Welt. Lüchow Verlag 2006 (Set mit Buch und Nachdruck der historischen Visconti-Karten)

Johannes Fiebig: **Dalí-Tarot.** 2. Aufl. Königsfurt-Urania 2007 (das Dalí-Tarot ist ein echtes Tarot-Meisterwerk, hier erstmals nahezu komplett entschlüsselt. Erschien aus Anlass des 100. Geburtstags von Salvador Dalí 2004 auch in Spanisch, Englisch, Holländisch und Hebräisch)

E. Bürger / J. Fiebig: **Tarot – Liebe, Glück, Erfolg.** 4. Aufl. Königsfurt-Urania 2008 (ohne Vorkenntnisse sofort Karten legen. Erhältlich als Buch allein oder im Set mit Karten)

E. Bürger / J. Fiebig: **Crowley Tarot – Liebe, Glück, Erfolg.** 2. Aufl. Königsfurt-Urania 2008 (ohne Vorkenntnisse sofort Karten legen. Erhältlich als Buch allein oder im Set mit Karten)

Johannes Fiebig (Hg.): **Abschied vom Ego-Kult.** Königsfurt 2001 (mit Beiträgen von Heiner Keupp, Ulrich Beck, Horst-Eberhard Richer u.v.a. Enthält eine Zusammenfassung der berühmten Studie über die »Kulturell Kreativen« [Paul H. Ray] von Harald Jösten)

E. Bürger / J. Fiebig: **Tarot für Einsteiger.** 4. Aufl. Heyne 2008 (erstmals 1994 erschienen; in viele Sprachen übersetzt; jetzt als Taschenbuch erhältlich – Buch allein oder im Set mit Karten)

E. Bürger / J. Fiebig: **Tarot – Wege des Glücks.** Die Bildersprache des Waite-Tarot. Heyne 2007 (erstmals 1993 erschienen; in div. Sprachen übersetzt; jetzt als Taschenbuch)

E. Bürger / J. Fiebig: **Das große Buch der Tarot-Legemuster.** Heyne 2007 (erstmals 1995 erschienen als »Tarot-Praxis«; in div. Sprachen übersetzt; jetzt als Taschenbuch)

Wir unterstützen den Ersten deutschen Tarotverband (Tarot e.V.) – www.tarotverband.de.